Astrologie : Livre 7

Les aspects au Soleil et à Mars

© 2015/2021 – Eric Jackson Perrin
www.coaching-evolution.net

**Edité par Eric Jackson Perrin
69300 Caluire et Cuire**

Imprimé en Allemagne par BoD – Books en Demand

**ISBN 979-10-94871-08-9
Dépôt Légal : Novembre 2015**

Livres du même auteur

Série civilisations

Traité pratique d'Astrologie Maya
Le Yi King de voyage
Le Tarot Éternel et Le Tarot Éternel 2
Le Tarot Éternel complet et L'Histoire Secrète du Tarot
Les Runes Germaniques sacrées et magiques
Le Diamant de Naissance et Le cahier pratique du Diamant de Naissance
Cinq outils extraordinaires de connaissance de soi
Les outils et techniques de développement personnel pour thérapeutes et particuliers
Planches de radiesthésie pour thérapeutes et particuliers
Guide pratique de soins énergétiques pour thérapeutes et particuliers
Le Manuel Professionnel du Diamant de Naissance 1 et 2
Ami-Enfant des Étoiles, Ami revient et Civilisations Internes
Physique classique et physique quantique pour thérapeutes et particuliers
Le Guide pratique des appareils de bien-être

***

Série apprendre l'astrologie, c'est possible…

1-Les bases pratiques de l'astrologie
2-Les planètes, les signes, les secteurs
3-Maitriser l'analyse et l'interprétation du thème astrologique
4-Les planètes en signes et 5-Les planètes en secteurs
6-Les aspects à la Lune et à Vénus
7-Les aspects au Soleil et à Mars
8-Les aspects Mercure, Jupiter, Saturne et Uranus
9-Les bases de l'astrologie karmique
10 - Le cahier astrologique : Comment interpréter un thème astral
11- L'Astrogéolocalisation

Série Sonothérapie

Diapasons, Kinésiologie et Acupuncture traditionnelle chinoise
Les diapasons thérapeutiques
Passion bols avec Alain Métraux
Le Guide Pratique des Mantras
Le Cahier Pratique des Bols Chantants

Édité par Éric Jackson Perrin

Logiciel professionnel Diamant de Naissance
Version de base (80€) et complète avec édition d'études (360€)

Table des matières

PREFACE ET REMERCIEMENTS

L'astrologie est en pleine évolution depuis quelques décennies et chacun a son opinion sur cette discipline.

L'objectif n'est pas ici de présenter un résumé des aspects astrologiques, différents auteurs le faisant fort bien, mais de traiter chaque aspect en profondeur, en envisageant les différentes facettes sous lesquelles l'aspect peut s'exprimer, et de donner quelques clefs pour canaliser chaque aspect dans le sens d'un développement personnel. Les textes qui suivent ont donc vocation à être utilisés pour effectuer des prises de conscience puis des transformations.

Ce livre s'adresse aux astrologues qui veulent approfondir leur pratique des aspects astrologiques, aux étudiants en astrologie et à toute personne souhaitant approfondir sa connaissance de la nature humaine.

Pour utiliser les textes qui suivent sur les aspects, il est préférable d'avoir des notions de base en astrologie. Cependant, il est simple de comprendre que l'être humain est constitué d'un ensemble de personnages, tout comme le corps physique est constitué de différentes parties.

L'âme humaine est fabriquée à partir de 144 « archétypes » ou personnages et les « aspects » sont une partie de ces archétypes. La totalité de chaque archétype est présentée ici. Il est cependant important de noter que chaque individu va exprimer un aspect à sa façon, en fonction de son histoire personnelle et de l'ensemble de son thème astral, c'est-à-dire de sa structure psychologique. Chacun pourra reconnaitre sa façon personnelle d'exprimer un aspect mais aussi le potentiel de chaque aspect, potentiel qui n'a peut-être pas été exprimé.

Chacun est ensuite libre d'exprimer chaque personnage en lui donnant une forme adaptée à son évolution.

Ce livre et les suivants, dont je suis simplement l'interprète, sont issus de deux millénaires de civilisation occidentale baignée par l'astrologie. Ils n'auraient pu être écrits si des astrologues anciens et contemporains, Américains, Arabes et Européens, n'avaient pas effectués des recherches et différentes publications, et si ceux qui nous guident dans les hautes sphères de l'invisible n'étaient pas là pour faciliter leur réalisation.

Un grand merci aux astrologues conditionnalistes sans lesquels ce livre n'aurait pu être aussi détaillé et aux ami(e)s, qui par leurs témoignages et commentaires, ont permis de faire coller la théorie à la réalité vécue.

Un fervent hommage et un chaleureux merci à :

Sylvie Beauget
Jean-Pierre Nicolas
Bernard Blanchet
Christophe de Cène

Ce livre et les suivants sont dédiés :

 - A toutes les personnes qui souhaitent utiliser un outil source de conscience.

- Aux professionnels des sciences humaines et de la relation d'aide pour qu'ils expérimentent l'outil astrologique.

 Et à mes ancêtres

- Aux descendants de Sir James Whitaker Jackson et Elizabeth Stackhouse Dowbiggin.
- Aux descendants de Charles Louis Meiner et Rosalie Japy
- Aux descendants de Jean-Frédéric et Suzanne Peugeot
- Aux descendants de Don Antonio Bennasar Joy et Margarita Ballester Gari.
- Et aux descendants de Melchior Perrin et Jeanne Collilieuf.

Enfin, un chaleureux merci aux ami(e)s de Besançon.

Besançon le 01/01/1996
Caluire et Cuire le 02/04/2021

INTRODUCTION ET GESTION DES ASPECTS : QUELQUES DONNEES TECHNIQUES.

L'interprétation plus détaillée des aspects est décrite dans le livre « Analyse et interprétation du thème astrologique. Vous trouverez néanmoins ici l'essentiel des données techniques.

DEFINITION D'UN ASPECT :

D'un point de vue astronomique, un aspect est une distance angulaire significative entre deux planètes, où entre le Soleil et une planète. Un aspect se mesure en degrés d'angles. Dans l'interprétation astrologique, un aspect est une relation cyclique entre deux ou plusieurs fonctions psychologiques, c'est-à-dire entre un ensemble de besoins, de tendances et d'aptitudes à satisfaire ces besoins. Il existe un aspect entre deux fonctions psychologiques lorsque les deux planètes forment un certain angle entre elles.

Prenons l'exemple du Soleil et de la Lune : Une relation entre ces deux fonctions psychologiques débute lorsque les deux planètes sont l'une à coté de l'autre, à la nouvelle Lune. Cette relation évolue au fur et à mesure que la planète la plus rapide s'éloigne de la plus lente. Au cours de cette évolution, la relation entre ces deux fonctions traverse différentes étapes, différentes phases, où la relation entre les deux fonctions a une signification particulière par rapport à l'ensemble du cycle.

Les aspects sont donc les étapes importantes de la relation cyclique entre deux fonctions psychologiques. Les étapes les plus importantes se produisent lorsque les deux planètes forment des angles de zéro degré (on appelle cet aspect la conjonction), de soixante degrés (on appelle cet aspect le sextil), de quatre vingt dix degrés (on appelle cet aspect le carré), de cent vingt degrés (on appelle cet aspect le trigone) et de cent quatre vingt dix degrés (on appelle cet aspect l'opposition). On dit qu'il y a par exemple une conjonction Soleil-Lune, un sextil Soleil-Lune etc. En nommant un aspect, on nomme en premier la planète la plus rapide puis la plus lente. On parle ainsi d'un aspect Soleil-Vénus, Jupiter-Saturne, Saturne-Uranus, et non d'un aspect Vénus-Soleil, Jupiter- Saturne etc.

Chaque aspect ou relation a des caractéristiques particulières. Certaines relations (les sextils et trigones) sont vécues de façon naturelle, souvent inconscientes, spontanée et en douceur. Les deux fonctions psychologiques se comportent comme des associés, des partenaires, des complices ou des amis, en accord l'une avec l'autre, l'une intervenant systématiquement quand l'autre se manifeste en l'aidant, mais sans qu'il y ai forcément la tension nécessaire pour évoluer.

D'autres relations (les carrés et oppositions) sont vécues comme des crises ou des défis, dans la difficulté et la dualité. Les deux fonctions se comportent comme des rivales et sont en compétition, en rapport de force l'une avec l'autre. Cela engendre cependant une tension intérieure qui, lorsqu'elle est bien gérée, permet à l'individu d'évoluer.

Lorsque deux planètes sont en conjonction, elles tendent à fonctionner ensemble, l'une intervenant quand l'autre se manifeste, le résultat pouvant être bénéfique ou source de difficultés suivant la nature première des planètes en conjonction. Il existe des aspects dit majeurs car ce sont eux qui ressortent le plus dans la personnalité. Les aspects majeurs sont la conjonction, le sextil, le carré, le trigone et l'opposition.

Il existe également des aspects dits mineurs dont on tient éventuellement compte que lorsque les aspects majeurs ont été pleinement exploités ou lorsqu'il y a très peu d'aspect majeurs. Les aspects dit harmoniques sont basés sur une division du zodiaque par trois ou par des multiples de trois (30 degrés = 360 divisé par 12, 60 degré = 360 divisé par 6) tandis que les aspects dissonants sont basés sur une division du zodiaque par deux ou par des multiples de deux (180 degrés = 360 divisé par 2, 90) = 360 divisé par 4). Chaque type de relation ou aspect est expliqué dans l'ouvrage consacré à l'interprétation.

Les orbes

Un orbe est un espace de tolérance entre l'aspect exacte et le moment où l'aspect commence à être opérationnel même s'il n'est pas exact.

Exemple : un sextil existe lorsque les deux planètes sont distantes de soixante degrés mais les effets du sextil commencent à se manifester avant et après que les deux fonctions forment un angle exact de soixante degrés.

Cette marge de tolérance s'appelle l'orbe de l'aspect. Plus l'orbe est réduite et plus l'aspect, c'est à dire la relation entre les fonctions, est fort. L'intensité de l'aspect dépendra également de l'importance respective des planètes en relation au sein de la structure psychologique. Ainsi un aspect entre deux fonctions psychologiques qui sont « dominantes » chez une personne pourra fonctionner et se voir dans la vie de l'individu alors que l'orbe est supérieur à la moyenne.

Inversement, un aspect précis de par exemple 180 degrés formé par deux planètes qui jouent un rôle mineur au sein de la personnalité sera relativement peu visible dans la vie de l'individu. Les orbes admis peuvent être différentes suivant les auteurs et les astrologues. L'important est de vérifier si et comment l'aspect s'exprime dans la personnalité du sujet.

Les orbes des aspects dits « majeurs ».

Conjonction : Orbe de 10° et de 12° pour les luminaires (Soleil et Lune). (soit une distance de 350° à 10°).

Sextil : Orbe de 6° et de 7° pour les luminaires. (de 55° à 65°).

Carré : Orbe de 7° et de 8° pour les luminaires. (de 83° à 97°).

Trigone : Orbe de 7° et de 8° pour les luminaires. (de 113° à 127°).

Opposition : Orbe de 10° et de 12° pour les luminaires. (de 170 0 190°).

La tradition divisait les aspects en bénéfiques et maléfiques. S'il est vrai que les aspects jadis appelés bénéfiques engendrent une certaine facilité, ils permettent en revanche difficilement à l'individu d'évoluer. De même, si les aspects jadis appelés maléfiques correspondent à des problèmes qu'il faut résoudre, à des faiblesses lorsqu'ils ne sont pas maîtrisés, et à une tension intérieure opposée au bien-être, ils deviennent des armes plus efficaces que les aspects dit bénéfiques lorsqu'ils sont maîtrisés et ils favorisent l'évolution.

De nos jours, on parle d'aspects harmoniques et d'aspects dissonants ou dynamiques, de relations tendues ou de relations détendues.

Importance d'un aspect dans le thème : Certains thèmes astraux comportent de très nombreux aspects et d'autres très peu. Certains aspects sont plus importants que d'autres dans un thème et il est essentiel de connaître l'importance respective de chaque aspect pour effectuer une analyse correcte. Comment échelonner l'importance respective des différents aspects ? Cela se fait en hiérarchisant l'importance des planètes à travers un calcul que l'on nomme calcul de la dominante, puis en additionnant les points attribués à chaque planète. Les aspects sont ensuite classés par ordre d'importance. (Voir le livre sur l'interprétation).

Les aspects qui sont le plus mis en valeur dans un thème sont appelés « aspects dominants ». Les aspects ayant moins d'importance sont appelés aspects « sous-dominants », « secondaires » ou « aveugles ».

Un aspect dominant s'exprime plus fréquemment et avec plus de conscience. Un aspect entre deux planètes peu exprimées, que l'on appelle « planètes aveugles » parce que c'est comme si la personne ne les voyait pas, tend à être enfoui dans l'inconscient. Un travail de prise de conscience est alors nécessaire pour ramener l'aspect « à la lumière ».

Présentation des textes qui suivent

Chaque aspect est décrit à l'état « pur », hors du contexte du thème.

La première partie du texte décrit l'aspect sous sa forme harmonique, c'est-à-dire lorsqu'il est vécu d'une façon naturelle et plus ou moins consciente, sans que des efforts importants soient nécessaires pour bien intégrer l'aspect, sous une forme harmonieuse. Cette partie montre comment une relation entre deux planètes peut être bien vécue et utilisée constructivement. Chacun peut ainsi choisir, parmi les différentes formes d'expression possible de l'aspect, celle qui convient à sa personnalité. La deuxième partie décrit chaque aspect sous sa forme conflictuelle, en envisageant une large gamme d'expressions possibles pour chaque aspect. Un aspect dissonant indique le plus souvent un conflit à résoudre et des efforts à faire pour canaliser consciemment et constructivement la partie de la personnalité correspondant à l'aspect.

C'est grâce à ces efforts que la personnalité évolue car les aspects dit dissonant/dynamiques fournissent la tension sans laquelle peu de réalisations sont possibles. L'objectif de cette partie est de permettre à chacun de formuler les difficultés, les obstacles ou les faiblesses rencontrées. Comme chaque personne ressent un aspect d'une façon spécifique, l'important est de localiser la partie de l'aspect correspondant au vécu, puis d'envisager d'utiliser le potentiel conféré par l'aspect d'une façon constructive, en opérant une transformation. La troisième partie évoque les différentes façons de canaliser une relation conflictuelle entre deux planètes, ou comment passer d'une relation planétaire conflictuelle à une relation planétaire dynamique exprimée consciemment.

DEFINITION DU SOLEIL

Le Soleil correspond au premier des quatre grands personnages masculins ou archétypes masculins en vous. Il est votre homme intérieur dans sa volonté, son idéal, sa force d'amour, son pouvoir Divin, sa vision, son esprit de synthèse, sa conscience et sa créativité. Il est votre adulte intérieur, bien centré dans son cœur, responsable et organisé.

Il est représenté graphiquement par le cercle de l'esprit au centre duquel se trouve un autre petit cercle, qui correspond à notre centre, celui qui est situé au centre de notre cœur et qui est en liaison avec La Source. Vous exprimez votre Soleil surtout entre 17 et 28 ans, puis en toile de fond pour le reste de votre vie. Feu intérieur tout puissant qui enflamme celui qui l'éprouve, source créatrice de lumière, de chaleur et de toute vie, le Soleil vous pousse à vivre des valeurs, des modèles et des idéaux vous permettant de vous fixer des buts dans la vie, des objectifs, des repères, un cadre de référence et des principes directeurs. Le Soleil est votre conscience, vos repères, votre vision, votre lumière intérieure, celle qui vous donne un sentiment d'identité et qui vous permet de dire «Je Suis». Il est votre volonté intentionnelle et votre volonté de réussir.

Le Soleil est votre Esprit qui exprime sa créativité dans le monde matériel. Il vous permet de vous organiser, de vous structurer, de faire la synthèse et d'organiser votre vie en fonction de vos repères, de vos valeurs et de votre idéal mais aussi en fonction de l'image que vous avez de vous-même et de celle vous voulez donner aux autres.

Le Soleil vous demande de donner le meilleur de vous-même, de devenir un être complet et unique, c'est à dire de soumettre et d'unir, à votre volonté, vos forces physiques et les forces de votre âme, afin de tendre vers une perfection, vers un absolu, vers la «Lumière en Soi ou Lumière Incarnée» et vers une identification à l'état d'esprit nommé Dieu. Tout comme, dans le système Solaire, le Soleil est le centre et la source de rayonnement autour duquel tout gravite, le Soleil vous demande aussi d'occuper une position centrale dans un créneau d'activité. Il vous demande de vous mettre en valeur, de rayonner, d'être une source de vie, d'énergie et de chaleur, de monter l'exemple en servant de référence, d'être créateur, d'assumer un rôle de chef, un rôle de modèle, d'être un adulte responsable, d'exprimer l'amour et de réussir.

Le Soleil en signe décrit comment, c'est à dire dans quel état d'esprit et avec quelles attitudes, comportements, besoins et capacités vous exprimez l'amour et la créativité, comment vous abordez la vie, affirmez votre volonté et vos ambitions, comment vous vous mettez en valeur en exprimant votre essence. Il décrit vos idéaux, vos repères, vos valeurs, votre cadre de référence, vos convictions, vos centres d'intérêts, et les modèles vous servant de référence. Le modèle servant de référence est souvent le père, mais il peut aussi être un homme qui a marqué votre vie. Le Soleil indique aussi ce que signifie réussir pour vous et les compétences qui vous aident à réussir. Il décrit vos buts et vos objectifs, les grandes lignes directrices de votre existence et la voie que vous devez prendre pour vous réaliser, pour prendre conscience de notre identité et pour parvenir à une réalisation.

Il renseigne également sur votre image de marque, sur la façon dont vous vous définissez et sur votre potentiel créatif. Comme à toute lumière correspond une ombre, le Soleil en signe décrit aussi la forme de votre ego qui utilise la réalité pour créer et nourrir vos fictions.

DEFINITION DE MARS

Mars correspond au deuxième des quatre grands personnages masculins ou archétypes masculins en vous. Il est votre homme intérieur dans son feu passionnel, dans sa force de frappe, dans son instinct sexuel conquérant, dans son désir de s'affirmer, de faire et d'expérimenter sur le terrain, dans sa capacité à être dans l'instant présent et à concentrer son énergie pour décider, agir, combattre, surmonter les obstacles, conquérir, lutter pour vivre et se faire une place dans le monde et obtenir la victoire.

Mars fonctionne sur le mode de la dualité, de la différence, de l'opposition, de la confrontation, de l'action et de la réaction. Il y a lui et les autres, lui et le reste. Et là où Vénus vous permet d'accorder une importance prépondérante à l'autre, Mars place vous place au centre du monde, sur le terrain de l'expérience vécue et de la vie pratique. Il a tendance à vous faire fractionner la réalité en vous situant en opposition par rapport aux différents éléments qui compose la situation, tout en vous poussant à vous engager intensément sur le terrain, tout en restant vous-même et sans être vous-même divisé. Provoquant initialement la division et la séparation, il a vocation à devenir votre guerrier au service de l'Amour et de la réalisation de votre Etre.

Il était représenté graphiquement par le cercle de l'Esprit surmonté de la croix de la matière, puis sa représentation graphique est devenue un bouclier et une flèche orientée en haut à droite, symbolisant les armes permettant de faire face à la vie. Mars vous permet de faire la liaison entre l'Esprit et la matière par l'action, d'incarner la force dans la matière et de vous incarner dans la vie grâce au corps et aux capacités à réagir aux sollicitations concrètes de l'existence. Il correspond à vos envies, à vos instincts, à vos pulsions et à vos décisions. Mars en signe décrit comment, c'est à dire dans quel état d'esprit et avec quelles attitudes, comportements, besoins et capacités vous vous affirmez, vous expérimentez, vous luttez et agissez dans le monde extérieur, comment vous réagissez instinctivement à une situation, comment vous exprimez votre agressivité, votre sens de l'initiative, votre esprit d'entreprise et votre sens de la conquête. Chez un homme, Mars en signe décrit comment il exprime sa virilité et sa sexualité, comment il se sent homme, comment il se sent fort, quelles sont ces sources de forces, quelle est la fonction qu'il tend à utiliser le plus spontanément pour s'affirmer, agir, lutter et comment il conquiert la femme.

Chez la femme, Mars en signe décrit l'image qu'elle a de l'homme (sa façon de voir l'homme), les qualités ou la fonction psychologique qu'elle recherche en particulier chez un homme et le type de comportements qu'elle tend à induire chez lui de part ses images intérieures. Mars renseigne souvent sur l'activité qu'exerce le père et sur la manière dont celui ci s'exprime dans la vie. Mars en signe peut aussi indiquer un état d'esprit de rébellion, de révolte, de refus d'accepter ce qui est, de colère, d'agressivité, d'impulsivité et de difficultés du fait que l'on réagit en fonction de blessures non encore guéries. Si la colère est parfois nécessaire, elle peut être souvent très destructrice. La colère est un mouvement désordonné de l'âme offensée et blessée car elle n'a pas accepté quelque chose et qu'elle en a fait une affaire personnelle. Pour transformer la colère en énergie, vous devez prendre conscience que ce qui s'est passé ne pouvait pas être autrement vu l'état psychologique des personnes, et pardonner, tout en prenant les décisions qui s'imposent.

Travail sur soi proposé pour être votre propre coach :

Vous pouvez si vous le souhaitez, faire l'exercice ci-dessous pour chaque aspect. Vous avez été créé par la Source, par le Créateur de toute Vie et vous êtes une partie de ce Créateur. La vie vous demande d'utiliser votre pouvoir créateur et d'incarner le meilleur et vous-même, en donnant à chaque partie de vous-même la meilleure forme possible. Vous pouvez répondre aux questions suivantes :

1- Par rapport au texte ci-dessus, comment vivez-vous actuellement cette partie de votre personnalité, quelles sont les croyances que vous avez nourries jusqu'à présent, quels sont vos comportements en lie avec le texte et quelles sont vos prises de conscience suite à la lecture du texte ? La première étape est de reconnaître ce qui est et de vous acceptez tel que vous êtes, là où vous en êtes.

2- Quelle est votre prise de conscience principale ?

3- Quels objectifs pouvez-vous choisir pour améliorer la façon dont vous vivez cette partie de votre personnalité décrite dans le texte ?

4- En fonction de votre prise de conscience principale, de vos autres prises de conscience, quelles actions souhaitez-vous mettre en place ?

La vie est une succession de choix qui amènent des expériences et des transformations. Selon votre choix et vos décisions, vous dirigez votre volonté vers l'expérience en conséquence. Votre choix et vos décisions déterminent la direction que prend votre volonté dans le monde physique. En fonction de votre choix, vous orientez votre volonté. Tant qu'il n'y a pas de décision de changer, le changement ne se fait pas. Si vous n'y arrivez pas, c'est que vous n'avez pas fait le choix. Observez que quand vous décidez vraiment, petit à petit, vous pouvez changer les choses. Acceptez que cela prenne un peu de temps. Remerciez-vous de vous être donné les moyens d'incarner le meilleur de vous-même.

5- Quand souhaitez-vous réaliser ces actions ?

6- Quand souhaitez-vous faire le point avec vous-même par rapport aux actions réalisées ?

LES ASPECTS AU SOLEIL

ASPECT HARMONIQUE SOLEIL-LUNE

Conjonction harmonieuse, sextil, trigone.

Il y a dans votre thème astral une relation permanente, continue et symbiotique entre le Soleil et la Lune qui s'expriment en vous comme deux partenaires. Comme vous êtes sensible aux effets positifs que chacune des fonctions à sur l'autre et comme vous tendez à croire que lorsque vous vivez l'une des fonctions, alors l'autre viendra systématiquement la soutenir, vous tendez à récolter le meilleur de chacune de ces deux fonctions psychologiques et des expériences qui y sont associées.

Le besoin de rechercher le bien être, la quiétude et la sécurité, le besoin de vous créer un univers personnel vous protégeant du monde extérieur, les valeurs refuges vous permettant de vous ressourcer, la famille, la mère, les relations avec un public, ce qui vous nourrit et les échanges émotionnels intimes, la vie privée, les souvenirs, l'irrationnel peuvent être pour vous essentiels. Ils peuvent constituer un des centres de votre existence, vos repères dans la vie et votre source principale de dépense d'énergie. Ces valeurs et besoins contribuent à renforcer votre sentiment d'identité. Ils alimentent une bonne image de vous-même et votre fierté naturelle. Ils peuvent faciliter votre réussite et votre rayonnement personnel, contribuer à vous mettre en valeur, vous permettre d'être estimé, reconnu ou admiré. Ils vous permettent d'exprimer votre créativité, votre énergie et l'amour qu'il y a en vous. Votre imagination et vos émotions tendent ainsi à être mise au service de votre créativité et de vos engagements.

Vous avez des facilités pour créer votre propre univers, pour créer une bulle dans laquelle vous pouvez vous réfugier et parfois pour vivre dans un monde imaginaire ou dans votre propre monde. Vous n'aimez pas que l'on dérange votre univers intime. Vous êtes particulièrement sensible aux variations d'ambiance et pouvez avoir besoin d'une certaine ambiance ou d'un climat d'intimité et de convivialité pour affirmer votre volonté et pour réaliser vos idéaux. Autant vous savez vous accrocher à vos idéaux avec ténacité, autant vous savez être complètement indifférent à ce qui n'est pas idéal, à ce qui ne correspond pas à vos principes, à ce qui n'est pas pour vous essentiel et à ce qui n'est pas pour vous un centre d'intérêt. Votre idéal de vie peut être centré sur un besoin de fonder une famille, sur un besoin d'exercer votre activité principale au foyer, sur une recherche du bien-être ou de la quiétude ou sur le besoin de vous intégrer au sein d'une collectivité, d'un clan ou d'une famille symbolique.

Vos repères, votre cadre de référence, votre idéal, vos principes et votre vision de la vie peuvent être influencé par vos souvenirs, par votre ressenti et par l'impact émotionnel qu'à le monde sur vous. Votre vision de la vie peut donc être très personnelle. Lorsque vous êtes en famille, entre intimes, en groupe, en réunion, en collectivité ou en public, vous savez vous engager, convaincre et vous mettre en valeur, vous exprimer clairement, affirmer votre personnalité, votre idéal et vos principes, faire preuve de respect, de noblesse et de générosité, être attentionné et mettre autrui en valeur. Cela facilite le succès dans ces circonstances.

L'image que vous donnez de vous-même est conforme à votre nature réelle et ne force en rien votre équilibre de base. D'où sans doute une certaine aisance, des comportements cohérents et une volonté de rester vraiment vous-même, quels que soient les regards extérieurs et les attitudes qu'on attend de vous. Dans le meilleur des cas, votre volonté et votre sensibilité s'expriment en harmonie et en symbiose, vos facultés inconscientes sont mobilisées et gérées par votre vouloir conscient, sans rupture d'équilibre.

L'influence du Soleil vous confère une personnalité chaleureuse, généreuse, idéaliste, volontariste ainsi qu'un besoin de prendre votre vie en main, de vous fixer des objectifs clairs, d'affirmer votre volonté, d'assumer vos responsabilités d'adulte, de réussir, de vous mettre en valeur en jouant un rôle central, de diriger, de régner, de créer quelque chose, d'être connu, reconnu, admiré voire célèbre.

Et dans ces circonstances, vous savez être en accord avec l'ensemble de votre personnalité. Vous savez préserver votre équilibre et votre bien être, être détendu, naturel, convivial et familier, véhiculer des émotions et gérer les émotions présentes. Vous savez tenir compte de l'ambiance, respecter vos rythmes naturels et vos habitudes, ou ceux des autres, vous montrer proche des gens et mettre autrui à l'aise par votre coté sympathique et naturel. Réussite peut donc aller chez vous de pair avec popularité. Vous savez également adapter vos ambitions aux capacités de votre personnalité et suivre la voie nécessitant le moins d'efforts.

La relation Soleil Lune vous permet d'être conscient de vos réflexes conditionnés, de vos automatismes, de vos habitudes, de vos émotions et de vos craintes, des contenus de votre subconscient et des multitudes de forces composant votre âme et votre personnalité.

Cela peut déboucher sur une claire conscience de votre personnalité dans sa globalité, sur une grande maîtrise de vous-même et de vos émotions, sur une capacité à résister aux automatismes et aux conditionnements et sur la possibilité de vivre de riches expériences intérieures.

Votre personnalité peut être très complète. Vous pouvez être doué pour susciter l'émotion, la tendresse et l'attention chez autrui, mais aussi pour influencer autrui à travers l'émotion. Votre aptitude à extérioriser vos émotions peut déboucher sur une grande richesse relationnelle tandis que votre capacité à être à l'écoute de votre sensibilité et de vos besoins peut déboucher sur une certaine quiétude et vous permettre d'accéder au bien être. Votre réceptivité à la lumière du Divin, l'illumination de votre âme et votre capacité à explorer les richesses de votre inconscient peut parfois vous permettre d'accéder aux vérités spirituelles.

Vous pouvez avoir tendance à être éveillé lorsque vous être détendu, à ne dormir que d'un œil, à maîtriser tout laisser aller mais parfois aussi à rêver lorsque vous êtes éveillé. Vous savez protéger votre image de marque, en digérant ou en ignorant tout ce qui pourrait vous dénaturer. L'image que vous donnez aux autres tend à refléter votre personnalité et votre seconde nature.

Cela tend à vous donner un coté transparent et naturel. Vous accordez une certaine importance à l'image et avez besoin pour vous sentir bien et pour exprimer vos émotions d'avoir une bonne image de vous et de donner aux autres une bonne image, d'être mis en valeur et de vous sentir aimé. Vous veillez à préserver, en toutes circonstances, votre fierté naturelle et une certaine dignité.

IMAGE DE L'HOMME, IMAGE DE LA FEMME

Avec une combinaison Soleil-Lune, la femme aime être, à sa façon, une star tandis que l'Homme aime et reconnaît les valeurs féminines. L'aspect Soleil-Lune peut conférer à l'homme une composante féminine bien intégrée et à la femme une composante masculine utilisée positivement. L'homme et l'image de l'homme chez la femme sont marqués par les caractéristiques du signe du Cancer tandis que la femme, l'image de la femme chez l'homme, la personnalité, la seconde nature et les comportements quotidiens sont marqués par les caractéristiques du Soleil et du signe du Lion.

L'homme tend ainsi à être attiré par des femmes brillantes, belles, généreuses, chaleureuses, volontaristes, ayant une certaine classe, qu'il admire et dont il puisse être fier d'être le partenaire. Il peut exister une tendance à considérer la femme comme une parure ou à idéaliser la femme. Sa bonne compréhension de la femme, l'amour qu'il éprouve pour les femmes, la générosité, les comportements chevaleresques et la loyauté dont il peut faire preuve envers elles peut lui attirer les faveurs des femmes. Celles ci peuvent d'ailleurs contribuer à sa réussite.

La femme tendra à être attirée par des hommes sensibles, émotifs, doux, sympathiques, romantiques, capables de complicité et aptes à la faire rêver. Elle peut être douée pour refléter la lumière et ce qu'il y a de meilleur chez son partenaire. Chez les deux sexes, la relation harmonieuse Soleil-Lune facilite l'entente, l'intimité et les échanges émotionnels avec le sexe complémentaire, entre autre parce que chaque sexe est sensible à ce que l'autre a de meilleur.

L'ENFANCE, LA VIE FAMILIALE, LE FOYER

La relation harmonieuse Soleil-Lune prédispose à recevoir, durant l'enfance l'amour, l'attention, l'estime, la reconnaissance, les encouragements et le soutien de vos parents, de votre famille ou d'une personne généreuse et protectrice. Cela a pu induire une confiance en vous et en la vie, des facultés d'engagement et une conscience de votre valeur facilitant votre réussite dans la vie. Votre famille, votre mère ou une femme, votre milieu natal, un public ou une collectivité peuvent jouer un rôle important dans votre vie. Ils peuvent contribuer à votre réussite, à votre rayonnement, à alimenter votre créativité, votre amour propre et votre dignité ou à vous éveiller. Vous pouvez être grandi par le sentiment d'appartenir à une famille riche ou noble ou par le fait d'avoir des ancêtres illustres dans votre arbre généalogique.

Vos origines et vos racines ont souvent une certaine importance à vos yeux. Vous aimez les enfants qui sont pour vous une création, une forme de reconnaissance et un moyen d'exprimer l'amour. Vous pouvez être fier de vos enfants et tendez à faire le maximum pour qu'ils réussissent. Vous sentir bien dans votre foyer peut être pour vous essentiel dans la mesure où votre foyer peut être pour vous un lieu privilégié d'expression. Vous avez besoin d'être le maître chez vous, tel un monarque qui règne sur son domaine. Vous avez besoin d'un foyer propre, bien éclairé, bien chauffé et ayant une certaine classe. Vous aimez personnaliser votre foyer et y créer des ambiances chaleureuses, vivantes et accueillantes. Vous pouvez aimer les réunions où chacun peut s'exprimer et où vous pouvez être le centre d'intérêt.

AMOUR

Coté cœur, l'échange émotionnel et l'intimité sont essentielles pour vous. Vous pouvez avoir besoin de fusionner avec l'autre afin de retrouver l'état d'androgyne qui existait avant votre incarnation dans la matière. Vous avez besoin dans l'amour d'éprouver du bien être, d'un climat de sympathie, d'une ambiance détendue, d'être rassuré et de créer un univers amoureux sur lequel le monde extérieur n'a pas d'emprise.

Vous mettez un certain temps avant de vous engagez dans une relation amoureuse, mais lorsque la relation est établie, vous tendez à vous accrocher. Vous êtes d'autant plus prêt à aimer que votre partenaire vous fait rêver, qu'il vous étonne et vous surprend, ou que sa sensibilité est proche de la votre. Lorsque vous aimez une personne, vous aimez l'ensemble, sa globalité, et cela dune façon plus ou moins consciente, sans forcément pouvoir définir avec précision et clarté le détail qui vous a séduit. Parce que vous êtes en accord avec vos propres émotions, vous tendez à attirer dans votre vie des personnes qui vous correspondent, qui vous procurent un certain bien-être et avec lesquelles vous avez la possibilité de partager votre vie quotidienne, de vous ressourcer et de vivre des moments de quiétude où vous vous laissez porter.

Une tendance aux caprices et aux changements d'humeurs en fonction de vos états d'âme ou de l'ambiance environnante peut donner à votre vie affective un coté folklorique. L'aspect Soleil-Lune vous permet, en amour, d'être accueillant, doux, romantique voire fleur bleue, dévoué, fidèle et attendrissant. Et vous êtes le plus souvent un parent exemplaire.

ASPECT DISSONANT/DYNAMIQUE SOLEIL-LUNE

Il y a dans votre thème astral une relation permanente, mais discontinue, dissociée, duelle, tendue et conflictuelle entre le Soleil (vos repères, votre ego, votre volonté) et la Lune (votre âme, votre sensibilité), car ces deux planètes vibrent en vous à deux fréquences totalement différentes. Chaque planète veut se vivre, à sa façon, à travers vous et tend à considérer l'autre comme une rivale ou comme une perturbatrice. Vous avez alors tendance, soit à exprimer l'une puis l'autre des planètes d'une façon excessive, soit à vivre l'une des planètes et à rejeter l'autre parce que vous la considérez comme perturbatrice, parce que vous voyez son côté sombre plus que son côté lumineux.

Tant que vous nourrissez ce conflit à l'intérieur de vous, vous récoltez le moins bon de chacune des deux fonctions psychologiques et des expériences qui y sont associées. La solution, que vous verrez plus bas dans le texte, est de vivre chaque planète en pleine conscience et de savoir alterner rapidement et consciemment, entre chacune des deux fonctions psychologiques représentées par la planète Vous transformez ainsi une relation conflictuelle en une grande force et vous vivez cette relation de façon consciente et dynamique.

19

Cette facette de votre personnalité peut initialement engendrer, lorsqu'elle n'est pas maîtrisée, des difficultés dans la gestion de votre vie extérieure et au niveau de votre image, dans la vie privée, au niveau du bien-être, dans vos relations avec la famille et avec les enfants et au niveau de votre bien-être de par un conflit ou un désaccord entre par exemple votre moi conscient et votre personnalité inconsciente, entre votre pôle masculin et votre pôle féminin, entre votre vie professionnelle et votre vie privée, entre vos objectifs affichés et vos comportements quotidiens, entre vos repères et vos croyances, entre ce que vous voulez et ce que vous ressentez.

Vous avez alors tendance à incarner plusieurs scénarios, en alternant parfois de l'un à l'autre.

Scénario 1 : Le Soleil domine et l'âme est rejetée ou mal intégrée.

Si le Soleil est dominant dans votre personnalité, vous cherchez à réussir et à être quelqu'un. Vous assumez vos responsabilités d'adulte en jouant un rôle central et un rôle social visible. Vous souhaitez être estimé, connu voire admiré. Vous affirmez votre volonté à travers des objectifs clairs, en fonction de ce qui est essentiel pour vous.

Vous avez besoin d'aimer et d'être aimé. Vous avez besoin de repères, d'un sentiment d'identité, d'un idéal, de valeurs et de principes directeurs. Vous pouvez alors être fortement sensibilisé aux effets perturbateurs que peuvent avoir certains membres de votre famille, votre mère, un enfant, votre passé, vos souvenirs, votre grande sensibilité, vos croyances, vos inquiétudes, vos habitudes, vos rythmes naturels ou votre besoin de rêve, de bien être et de repos.
Cela peut vous inciter, plus ou moins consciemment, à renier et à rejeter ou à ne pas exprimer tout ou une partie de la fonction lunaire parce qu'elle est vécue comme dérangeante. Concrètement, vous pouvez avoir tendance à refuser toute forme de repos et de détente, l'intimité et les échanges émotionnels, la vie commune au foyer, la vie privée, les valeurs refuges et le bien être, vos besoins et rythmes naturels, vos racines et vos traditions, les enfants et la vie familiale, votre part de rêve et les contenus de votre inconscient.

Vous pouvez avoir des difficultés à imaginer votre réussite, à croire en votre succès, à réaliser vos rêves ou à trouver le bien être. Ce refoulement peut engendrer chez vous un certain mal-être, un certain malaise, des inquiétudes, des angoisses ou un sentiment d'insatisfaction dans votre vie.

Vous pouvez avoir l'impression qu'il vous manque des moments de repos et de détente, des moments où vous pouvez vous consacrer à votre vie privée, à votre vie de famille ou à vos rêves.

Plus précisément, vous pouvez avoir une impression, qui peut être subjective ou correspondre à une réalité, que vos objectifs, vos idéaux, vos valeurs, vos repères, vos responsabilités, vos ambitions, la réussite à laquelle vous vous consacrez, la personne qui vous aime ou que vous aimez, les efforts que vous faites pour être aimé, reconnu et admiré, l'image valorisante que vous cherchez à donner vous dénaturent parce qu'ils ne correspondent pas à vos rythmes personnels ou à une certaine partie de votre personnalité, qu'ils ne vous conviennent pas réellement, qu'ils dérangent vos petites habitudes, perturbent votre bien être, vous déstabilisent émotionnellement, et qu'ils vous empêchent de vous détendre, de vivre une vie familiale ou privée.

Peut être avez vous peur de ne plus être à la hauteur, de ne plus être aimé, admiré ou reconnu si vous êtes naturel et sympathique, si vous vous accordez des moments de repos et de rêverie, si vous exprimer vos émotions ou si vous êtes anonyme ? Croyez vous pouvoir vivre votre idéal, faire ce qui vous parait essentiel, préserver votre identité, l'image que vous avez de vous ou celle que vous voulez donner aux autres si vous avez des enfants, une vie familiale ou une relation émotionnelle intime ?

Peut être avez vous peur de perdre vos repères ou le contrôle de la situation si vous vous laissez porter par les événements et par la vie ? Ou vous pouvez avoir du mal à être naturel, à vous sentir bien, à faire partie de l'ambiance, à exprimer vos émotions ou à permettre à autrui d'exprimer les leurs et à préserver votre équilibre lorsque vous êtes sur les devants de la scène, lorsque vous êtes mis en valeur, lorsque vous jouez un rôle central et assumez vos responsabilités. Une difficulté à gérer votre bulle et votre énergie ou à vous détendre et à vous ressourcer peut se traduire par des incidents de santé.

Scénario 2 : L'âme domine et le Soleil est rejeté ou mal intégré à votre personnalité.

Si vous êtes identifié à la Lune, prédomine chez vous un besoin de vous créer un univers personnel intime vous protégeant du monde extérieur, de vous ressourcer à travers des valeurs refuges, d'être bien dans votre peau et d'éprouver du bien être, de vivre selon votre nature et de vous occuper de votre vie privée, d'avoir une vie familiale, des enfants ou une vie paisible au foyer.

Vous pouvez alors être fortement sensibilisé aux effets perturbateurs que peuvent avoir votre idéal, l'influence du père, d'un modèle servant de référence, d'un symbole d'autorité incarné par un patron, un responsable ou par l'état, par vos ambitions, vos valeurs ou par des personnes jouant un rôle essentiel dans votre vie sur votre bien être sur votre vie privée ou familiale, sur votre tranquillité et votre bien être. Cela peut engendrer une mauvaise intégration ou un refoulement de tout ou une partie du Soleil.

Vous pouvez alors avoir du mal à élaborer un idéal, des repères stables et des ambitions, à vous mettre en valeur, à occuper une position centrale sur les devants de la scène, à affirmer votre volonté pour réussir, à vous fixer des objectifs personnels, à vous engager réellement, à vous prendre en main de façon autonome et à développer de bonnes relations avec vos supérieurs.

Vous pouvez avoir des difficultés à faire preuve de logique et d'organisation dans votre vie quotidienne, à acquérir un clair sentiment d'identité, à avoir de l'estime et une bonne image de vous, à vous aimer et à exprimer l'amour que vous portez envers autrui et à être chaleureux, généreux, extraverti ou loyal envers vos intimes, peut être parce que vous avez alors l'impression de ne plus être naturel, d'être quelque part déséquilibré ou de devoir sacrifier une partie trop importante de votre personnalité.

Vous pouvez aussi être insatisfait dans votre vie familiale, quotidienne ou privée parce que vous avez l'impression de ne pas assez être reconnu, connu, admiré, estimé et mis en valeur, de ne pas jouer un rôle central, de ne pas réellement maîtriser, diriger ou régner, que les choses ne sont pas comme vous le voulez. Vous pouvez avoir l'impression d'être aimer pour l'image que vous donnez ou que vous représenter et non pour ce que vous êtes, ou encore avoir l'impression que votre idéal de vie ne vous correspond pas et ne vous convient pas. Cette facette de votre personnalité vous pose alors le défi d'apprendre à concilier votre idéal de vie avec vos besoins quotidiens.

Scénario 3 : Votre Soleil (votre volonté, votre besoin de reconnaissance) est en excès

Lorsque vous êtes identifié au Soleil, vous pouvez avoir tendance à l'être excessivement. Vous pouvez avoir des réactions d'orgueil ou de fierté déplacée, une tendance à vouloir toujours donner une valeur, un sens et une explication logique à ce que vous ressentez, à vouloir tout le temps avoir raison, à vouloir tout le temps vous imposer et imposer votre vision du monde à travers des attitudes autoritaires, tel un monarque à qui l'on doit une obéissance inconditionnelle.

Vous pouvez avoir tendance à être arrogant, présomptueux et intolérant, à afficher un coté "je sais tout ", à vouloir systématiquement jouer un rôle central, à la surestimation du moi suite à une identification à une fausse image de soi, à l'exhibitionnisme et à vouloir vous donner une importance que vous n'avez pas dans les faits, la dignité que vous affichez cachant parfois une nature peureuse voire infantile. Peut-être n'arrivez-vous à vous sentir bien que si vous jouez un rôle central, que si vous êtes l'objet d'une attention particulière voire d'un amour inconditionnel ou que si vous êtes admiré, estimé ou mis sur un piédestal ? Il vous faut toujours donner une certaine image de vous et attirer l'attention. Vous supportez alors mal l'anonymat.

Une tendance à ne vivre qu'en fonction des apparences, de la parure et de l'image que vous voulez donner peut vous dépersonnaliser parce que vous incarnez des modèles ou affichez une parure qui ne vous correspond pas. Vous pouvez cependant avoir peur que l'on vous aime que si vous donnez une certaine image et qu'on ne vous aime pas pour ce que vous êtes.

Peut-être avez vous à tel point un besoin de vivre dans la réalité, d'être maître de votre vie et de votre trajectoire, de vivre à travers une relation privilégiée, d'être aimé et estimé, de briller, de vivre selon vos objectifs, vos repères et selon l'image que vous voulez donner que cela vous empêche d'être naturel, de vivre votre part de rêve, de vous ouvrir à d'autres possibles, de fonder une famille, de vous laisser porter par la vie, de vivre des moments de tranquillité et de détente ou vous vous ressourcez ?

Peut-être vous servez-vous de vos obligations, de vos responsabilités d'adulte, de votre réussite pour ne pas avoir de vie privée, pour ne pas fonder une famille, pour ne jamais être chez vous, pour ne pas vous engager au quotidien dans une relation intime et pour ne pas avoir à faire face à une certaine fragilité émotionnelle ? En amour, si cette facette de votre personnalité est mal intégrée, elle peut vous conférer des difficultés à quitter la famille et le foyer natal, vous conférer une tendance à rechercher des relations où l'un des partenaires est dépendant, soumis et entièrement pris en charge, tel un enfant, par l'autre partenaire (relation parent - enfant), une tendance à ne vivre votre vie amoureuse que dans des rêves et des fantasmes, ou une tendance à fuir toute relation privilégiée par peur qu'elle vous empêche de vivre d'autres relations potentielles. Il peut également être synonyme de difficultés à modifier vos habitudes quotidiennes pour vous adapter à l'autre tandis que lorsque l'adaptation se fait, que l'amour se construit et qu'il s'installe dans le quotidien, vous pouvez alors facilement envahi par une impression d'ennui, de monotonie, d'avoir partagé avec l'autre tout ce qui pouvait l'être, ou par une impression d'être englouti par l'amour et les bonnes intentions de l'autre.

Des difficultés à vivre l'amour au quotidien peuvent provenir de problèmes familiaux vécus durant l'enfance. La dissonance Soleil Lune s'est parfois traduite par un manque ou par un sentiment de manque d'amour, d'attention, de reconnaissance, d'estime et de chaleur ou par une désunion des parents. Où si vous êtes parent, elle a pu se traduire par une séparation avec un enfant due à une discorde avec la mère de l'enfant. Vous pouvez quelquefois avoir du mal à ressentir l'amour ou la reconnaissance que l'on a pour vous et avoir tendance être trop sensible au moindre signe d'inattention et d'indifférence de la part d'autrui. Une impression de ne pas avoir été reconnu et aimé peut vous donner une tendance à vous dévaloriser, à vous déprécier et à alimenter une image négative de vous-même. Mais des difficultés peuvent également exister parce que, dans votre structure psychologique, votre besoin d'amour et votre besoin d'intimité ou de vie quotidienne s'expriment d'une façon totalement différente.

Vous pouvez dans ce cas avoir du mal à éprouver en même temps ou pour la même personne amour et bien être. Cela peut vous prédisposer à attirer des personnes avec qui vous vous sentez bien, avec qui vous pouvez vivre des échanges émotionnels riches et partager votre vie quotidienne sans forcément qu'il y ait d'engagement ni d'amour. Où inversement vous pouvez attirer des personnes que vous aimez mais sans pouvoir vivre avec au quotidien. Vous pouvez alors avoir l'impression que la personne qui vous aime ou que vous aimez ne vous convient pas réellement, qu'elle dérange votre bien être ou vos petites habitudes ou qu'elle vous déstabilise émotionnellement. Vous pouvez avoir du mal à vous installer avec l'autre dans le bien être des habitudes, à vous laisser allez et porté par l'amour, à vivre l'amour au quotidien, à partager sur le plan émotionnel, à exprimer vos émotions ou à être naturel dans vos relations amoureuses. Peut être croyez-vous que l'intimité, les enfants ou les habitudes tuent l'amour ou qu'ils vous décentrent au point d'en perdre votre sentiment d'identité et vos repères? Cela peut générer des difficultés à assurer la continuité d'une relation amoureuse et vous prédisposer à mener une vie amoureuse instable.

Scénario 4 : L'âme est dominante en excès.

Un besoin excessif d'être en sécurité, de préserver votre bien être, de vous protéger contre tout ce qui est extérieur à votre réalité, de vous enfermer dans votre coquille, une tendance à ignorer complètement ce qui vous fait peur ou ce qui n'est pas pour vous essentiel, certaines de vos croyances et de vos habitudes, une tendance à voir le monde comme vous l'imaginez et non comme il est réellement ou à prendre votre imaginaire et votre ressenti pour l'unique réalité ainsi qu'une certaine peur de la vie peut vous empêcher d'assumer pleinement vos responsabilités, nuire à votre réussite, ou engendrer chez autrui l'impression que vous êtes égocentriste ou sectaire.

Vous pouvez avoir du mal à être clairement conscient se votre personnalité, à maîtriser vos émotions, à résister aux automatismes et aux conditionnements de votre passé ou à vous détacher de l'influence familiale.

Vous pouvez avoir des difficultés pour vous sentir à l'aise dans le groupe, pour vous mettre dans l'ambiance et pouvez être excessivement sensible à toute variation d'ambiance au point d'être facilement perturbé. Vous pouvez avoir tendance à suivre trop facilement vos caprices, vos humeurs et vos instincts, à vous comporter de façon totalement inconsciences, désordonnées et étourdie, à être très instable ou à vivre dans un monde virtuel et imaginaire en fuyant la réalité. Votre seconde nature trop longtemps réprimée reprend alors ses droits, ce qui peut vous faire alterner entre des comportements d'adulte responsable et des comportements d'enfant capricieux.

Un penchant pour la facilité, une tendance à vous laisser vivre, un besoin excessif de fusionner avec l'autre et un sentiment d'infériorité peuvent vous donner une tendance à vous mettre dans des situations de dépendance, notamment envers les personnes qui sont pour vous essentielles ou qui jouent un rôle essentiel dans votre vie. Vous pouvez ainsi vivre des périodes d'affirmation volontariste et d'engagement dans ce qui est pour vous essentiel qui contrastent avec d'autres périodes d'indolente passivité, de paresse, d'avachissement et de laissez aller total, jusqu'à ce que vous repreniez à nouveau les choses en main.

L'influence de la Lune peut vous donner tendance à être excessivement centré sur votre inconscient, sur votre monde personnel, sur votre passé, sur votre mère ou sur votre famille. Vous pouvez avoir tendance à vivre dans une bulle dorée en dehors de laquelle rien n'existe, dans la passivité, dans la dépendance, dans la rêverie et dans la subjectivité. Votre inconscient ou des conditionnements issus de votre passé peuvent avoir tendance à diriger votre vie qui peut être incohérente et instable.

Expression positive consciente et naturelle :

Lorsque vous apprenez à maîtriser cette partie de votre personnalité et à utiliser toute sa richesse et lorsque vous avez fait le chemin pour exprimer cette relation en pleine conscience et d'une manière positive. Pour transformer la relation Soleil-Lune dissociée en relation consciente et dynamique, il peut être utile d'apprendre à bien faire la différence entre les valeurs masculines représentées par le Soleil et les valeurs féminines représentées par la Lune, puis d'effectuer un travail sur l'image que vous avez de vous-même et celle que vous donnez aux autres, sur l'image de l'homme, du père, de la mère et de la femme, sur l'enfance et le passé, sur les émotions, sur l'intimité, sur les différentes peurs qui peuvent aller de pair avec cette facette de votre personnalité et sur le rôle que doivent avoir la vie extérieure, la réussite, l'amour, la création, la volonté et l'engagement au sein de votre personnalité.

Les deux planètes peuvent être vécues dans des états d'esprit, dans des lieux ou à des moments très différents, de façon à ce que chacune rectifie l'autre au moindre excès. Vous pouvez alors vivre des moments où vous vous consacrez à ce qui est pour vous essentiel, à vos ambitions et vos responsabilités et à votre idéal. Vous cultivez alors une certaine image de vous et vous vous engagez dans une relation amoureuse. Vous pouvez alors être d'autant plus efficace que vous savez laisser de coté vos émotions et vos inquiétudes éventuelles, et parce que vous savez utiliser votre imagination pour atteindre vos objectifs.

Puis vous savez vivre d'autres moments, où vous exprimez vos émotions, où vous vous reposez, où vous vous détendez et où vous vous ressourcez, où vous vous consacrez à votre foyer, à votre famille, à votre vie privée et à votre santé. Vous savez alors concilier amour et bien être, féminité et pôle masculin, vie extérieure et vie privée.

Bien maîtrisé, la relation Soleil-Lune peut vous conférer un ensemble d'aptitudes qui sont alors vécues d'une façon particulièrement consciente et dynamique. Cela peut par exemple se traduire, pour ce qui concerne la Lune, par des capacités à manier les émotions, à faire face au public ou à être en résonance avec lui, à vous ressourcer, à trouver un équilibre qui sont particulièrement développées et pour ce qui concerne le Soleil par une maîtrise de votre personnalité, un éveil, un rayonnement, une créativité, une autorité, une volonté qui sont au-dessus de la moyenne.

La quiétude, l'équilibre et le bien être sont essentiels pour vous. Vous avez des facilités pour vous créer votre propre univers, pour vous créer une bulle dans laquelle vous pouvez vous réfugier et parfois pour vivre dans un monde virtuel imaginaire. Vous n'aimez pas que l'on dérange votre univers intime.

Vous êtes particulièrement sensible aux variations d'ambiance et pouvez avoir besoin d'une certaine ambiance ou d'un climat d'intimité et de convivialité pour affirmer votre volonté et pour réaliser vos idéaux. Autant vous savez vous accrocher à vos idéaux avec ténacité, autant vous savez être complètement indifférent à ce qui n'est pas idéal, à ce qui ne correspond pas à vos principes, à ce qui n'est pas pour vous essentiel et à ce qui n'est pas pour vous un centre d'intérêt.

Tout ce que représente la Lune, c'est à dire le besoin de vous créer un univers personnel vous protégeant du monde extérieur, les valeurs refuges vous permettant de vous ressourcer, la famille, la mère, les relations avec un public, l'émotion et les échanges émotionnels, la faculté de croire et d'imaginer, la recherche du bien être, de la quiétude et de la sécurité, la vie privée, les souvenirs, l'irrationnel peuvent constituer un des centres de votre existence, vos repères dans la vie et une source principale de dépense d'énergie.

Ces même valeurs et besoins lunaires peuvent contribuer à renforcer votre sentiment d'identité et à alimenter une bonne image de vous-même ou votre fierté naturelle. Elles peuvent faciliter votre réussite et votre rayonnement personnel, contribuer à vous mettre en valeur, vous permettre d'être estimé, reconnu ou admiré et vous permettre d'exprimer votre créativité, votre énergie et l'amour qu'il y a en vous. Votre imagination et vos émotions tendent ainsi à être mise au service de votre créativité et de vos engagements.

Votre idéal de vie peut être centré sur un besoin de fonder une famille, sur un besoin d'exercer votre activité principale au foyer, sur une recherche du bien être ou de la quiétude ou sur le besoin de vous intégrer au sein d'une collectivité, d'un clan ou d'une famille symbolique. Vos repères, votre cadre de référence, votre idéal, vos principes et votre vision de la vie peuvent être influencé par vos souvenirs, par votre ressenti et par l'impact émotionnel qu'a le monde sur vous. Votre vision de la vie peut donc être très personnelle.

Lorsque vous êtes en famille, entre intimes, en groupe, en réunion, en collectivité ou en public, vous savez vous engager, convaincre et vous mettre en valeur, vous exprimer clairement, affirmer votre personnalité, votre idéal et vos principes, faire preuve de respect, de noblesse et de générosité, être attentionné et mettre autrui en valeur. Cela facilite le succès dans ces circonstances.

L'influence du Soleil vous confère une personnalité chaleureuse, généreuse, idéaliste, volontariste ainsi qu'un besoin de prendre votre vie en main, de vous fixer des objectifs clairs, d'affirmer votre volonté, d'assumez vos responsabilités d'adulte, de réussir, de vous mettre en valeur en jouant un rôle central, de diriger, de régner, de créer quelque chose, d'être connu, reconnu, admiré voire célèbre. Vous êtes, à votre façon, une Star ! Et dans ces circonstances, vous savez être en accord avec l'ensemble de votre personnalité.

Vous savez préserver votre équilibre et votre bien être, être détendu, naturel, convivial et familier, véhiculer des émotions et gérer les émotions présentes. Vous savez tenir compte de l'ambiance, respecter vos rythmes naturels et vos habitudes, ou celles des autres, vous montrer proche des gens et mettre autrui à l'aise par votre coté sympathique et naturel. Réussite peut donc aller chez vous de pair avec popularité. Vous savez également adapter vos ambitions aux capacités de votre personnalité et suivre la voie nécessitant le moins d'efforts.

La relation Soleil-Lune vous permet d'être conscient de vos réflexes conditionnés, de vos automatismes, de vos habitudes, de vos émotions et de vos craintes, des contenus de votre subconscient et des multitudes de forces composant votre âme et votre personnalité.

Cela peut déboucher sur une claire conscience de votre personnalité dans sa globalité, sur une grande maîtrise de vous-même et de vos émotions, sur une capacité à résister aux automatismes et aux conditionnements et sur la possibilité de vivre de riches expériences intérieures. Votre personnalité peut être très complète. Vous pouvez être doué pour susciter l'émotion, la tendresse et l'attention chez autrui, mais aussi pour influencer autrui à travers l'émotion. Votre aptitude à extérioriser vos émotions peut déboucher sur une grande richesse relationnelle tandis que votre capacité à être à l'écoute de votre sensibilité et de vos besoins peut déboucher sur une certaine quiétude et vous permettre d'accéder au bien être. Votre réceptivité à la lumière du Divin, l'illumination de votre âme et votre capacité à explorer les richesses de votre inconscient peut parfois vous permettre d'accéder aux vérités spirituelles.

Vous accordez une certaine importance à l'image et avez besoin pour vous sentir bien et pour exprimer vos émotions d'avoir une bonne image de vous et de donner aux autres une bonne image, d'être mis en valeur et de vous sentir aimé. Vous veillez à préserver en toutes circonstances, votre fierté naturelle et une certaine dignité.

Coté cœur, l'échange émotionnel et l'intimité sont essentielles pour vous. Vous pouvez avoir besoin de fusionner avec l'autre afin de retrouver l'état d'androgyne qui existait avant votre incarnation dans la matière. Vous avez besoin dans l'amour d'éprouver du bien être, d'un climat de sympathie, d'une ambiance détendue, d'être rassuré et de créer un univers amoureux sur lequel le monde extérieur n'a pas d'emprise. Vous mettez un certain temps avant de vous engager dans une relation amoureuse, mais lorsque la relation est établie, vous tendez à vous accrocher. Vous serez d'autant plus prêt à aimer que votre partenaire vous fait rêver, qu'il vous étonne et vous surprend, ou que sa sensibilité est proche de la votre.

Lorsque vous aimez une personne vous aimez l'ensemble, sa globalité, et ce de façon plus ou moins consciente, sans forcément pouvoir définir avec précision et clarté le détail qui vous a séduit. Parce que vous êtes en accord avec vos propres émotions, vous tendez à attirer dans votre vie des personnes qui vous correspondent, qui vous procurent un certain bien être et avec lesquelles vous avez la possibilité de partager votre vie quotidienne, de vous ressourcer et de vivre des moments de quiétude où vous vous laissez porter. Une tendance aux caprices et aux changements d'humeurs en fonction de vos états d'âme ou de l'ambiance environnante ainsi qu'un besoin de variété peut donner à votre vie affective un coté folklorique. La relation Soleil-Lune vous permet, en amour, d'être accueillant, doux, romantique voire fleur bleue, dévoué, fidèle et attendrissant. Et vous êtes le plus souvent un parent exemplaire.

L'homme tendra ainsi à être attiré par des femmes brillantes, belles, généreuses, chaleureuses, volontaristes, ayant une certaine classe, qu'il admire et dont il puisse être fier d'être le partenaire. Il peut exister une tendance à considérer la femme comme une parure ou à idéaliser la femme. Sa bonne compréhension de la femme, l'amour qu'il éprouve pour les femmes, la générosité, les comportements chevaleresques et la loyauté dont il peut faire preuve envers elles peut lui attirer les faveurs des femmes. Celles ci peuvent d'ailleurs contribuer à sa réussite.

La femme tendra à être attirée par des hommes sensibles, émotifs, doux, sympathiques, romantiques, capables de complicité et aptes à la faire rêver. Elle peut être douée pour refléter la lumière et ce qu'il y a de meilleur chez son partenaire. Chez les deux sexes, une volonté de réussite et de bien-être facilitent l'entente, l'intimité et les échanges émotionnels avec le sexe complémentaire, entre autre parce que chaque sexe est sensible à ce que l'autre a de meilleur. Vous aimez les enfants qui sont pour vous une création, une forme de reconnaissance et un moyen d'exprimer l'amour.
Vous pouvez être fier de vos enfants et tendez à faire le maximum pour qu'ils réussissent.

Vous sentir bien dans votre foyer peut être pour vous essentiel dans la mesure où votre foyer peut être pour vous un lieu privilégié d'expression.
Vous avez besoin d'être le maître chez vous, tel un monarque qui règne sur son domaine. Vous avez besoin d'un foyer propre, bien éclairé, bien chauffé et ayant une certaine classe. Vous aimez personnaliser votre foyer et y créer des ambiances chaleureuses, vivantes et accueillantes. Vous pouvez aimer les réunions où chacun peut s'exprimer et où vous pouvez être le centre d'intérêt.

ASPECT HARMONIQUE SOLEIL-MERCURE

Conjonction harmonieuse, sextil, trigone.

Il y a dans votre thème astral une relation permanente, continue et symbiotique entre le Soleil et Mercure qui s'expriment en vous comme deux partenaires. Dans la mesure où vous êtes sensible aux effets positifs que chacune des fonctions à sur l'autre et où vous tendez à croire que lorsque vous vivez l'une des fonctions, alors l'autre viendra systématiquement la soutenir, vous tendez à récolter le meilleur de chacune de ces deux fonctions psychologiques et des expériences qui y sont associées.

 Sont essentiels pour vous l'adaptation à l'environnement grâce aux informations, aux idées, à l'intellect, aux études, au savoir, aux livres, la curiosité, le besoin de communiquer, d'être informé et de comprendre, la sociabilité, les frères et sœurs, les contacts avec les personnes faisant partie de votre environnement, le besoin de découverte et le besoin de renouvellement, la souplesse, le mouvement et la mobilité, le sens de l'humour, le besoin de vous divertir, le besoin de rire et de jouer, le sens pratique et l'habileté manuelle. Ils peuvent constituer un des centres de votre existence, vos repères dans la vie et votre source principale de dépense d'énergie. Ces même valeurs et besoins sont utilisées pour vous exprimer, pour vous affirmer, pour vous imposer, pour briller, pour créer, pour construire vos modèles et votre identité, pour vous mettre en valeur, pour réussir et pour alimenter votre amour-propre, une bonne image de vous-même ou votre fierté naturelle.

Ces traits de caractères facilitent votre réussite et votre rayonnement personnel, contribuent à vous mettre en valeur, vous permettent d'être estimé, reconnu ou admiré Ils vous permettent d'exprimer votre créativité, votre énergie et l'amour qu'il y a en vous. C'est à travers la multiplicité, les découvertes et les idées que vous prenez conscience de votre identité.

Lorsque vous vivez votre Soleil, vous vous fixez des objectifs clairs et précis, vous mobilisez votre énergie, vous engagez votre volonté et votre attention, vous êtes centré sur un absolu, sur un idéal, ou sur quelque chose (des valeurs, une relation, un projet) qui est pour vous essentiel. Vous avez besoin de réussir, d'être mis en valeur, d'être estimé, aimé voire admiré ou de jouer un rôle central.

Vous assumez vos responsabilités d'adulte. Vous avez alors le besoin et la capacité d'être bien informé, de rester à l'écoute, d'être ouvert et disponible à toute sollicitation ou à toute idée nouvelle, de communiquer et d'établir des contacts avec les personnes présentes dans votre environnement, de rester souple et mobile, d'envisager les situations sous différents angles, de ruser si nécessaire, d'inventer des outils ou des techniques qui facilitent votre organisation et de faire preuve d'intelligence, d'astuce et d'ingéniosité.

Mais votre curiosité et votre intérêt global pour votre environnement, votre ouverture et votre disponibilité, votre besoin de découvrir, de multiplier les contacts et les expériences, votre besoin d'apprendre ou de vous distraire, votre besoin de vous étendre dans votre environnement ne vous empêche pas de rester centré sur des objectifs bien définis, sur les grandes lignes directrices que vous vous êtes fixées, sur vos modèles, sur vos repères, sur des certitudes bien établies et sur ce qui est pour vous essentiel. Vous avez cependant besoin d'une certaine liberté de mouvement et votre vie tend à être marquée par des expériences variées. Une information anecdotique et simplement intéressante peut devenir essentielle, une curiosité ou une découverte anodine peuvent devenir un centre d'intérêt majeur tandis qu'une rencontre banale peut se transformer en relation essentielle.

De même, vos théories deviennent facilement des convictions et vos idées des certitudes. Cela peut parfois vous donner tendance à accorder de la valeur et de l'importance à des choses banales et sans intérêt. Vous aimez les mots et votre intelligence tend à être vive, claire, nette, précise, réaliste et synthétique. Vous comprenez vite, apprenez vite, assimilez bien et savez organiser l'information de façon logique. Vous avez des facilités pour associer entre elles des données très différentes et pour synthétiser l'information. Vous tendez à vous exprimer clairement, de manière objective, franche, directe, transparente, persuasive, convaincante, et parfois de façon théâtrale. Votre intelligence tend à être mise au service de votre volonté. Vous pouvez être doué pour utiliser la pensée positive et l'auto suggestion pour améliorer vos conditions de vie et pour vous imposer dans votre entourage. Vous savez également vous donner les moyens de vous informer ou de faire entendre ce que vous avez à dire.

Votre besoin de maîtriser l'information et la communication, votre capacité d'être autonome ou autodidacte lorsqu'il s'agit de vous instruire et votre capacité à vous engager, à mobiliser votre volonté et votre énergie, à vous organiser et à persévérer jusqu'à ce que vos objectifs soient atteints lorsqu'il s'agit d'apprendre, de vous adapter ou de communiquer vous prédispose au succès dans les études ou dans les activités en rapports avec les contacts et la communication.

Vous pouvez avoir une excellente vision périphérique ou générale ainsi que le coup d'œil de celui qui sait, ou de celui qui croit savoir, qui croit détenir la vérité.

31

Vous pouvez avoir besoin, pour apprendre et pour comprendre, d'une certaine organisation, de repères précis, d'un cadre de références ou d'avoir une vue synthétique des données. Et vous pouvez avoir besoin pour communiquer ou pour être ouvert, disponible et spontané d'avoir pleinement confiance en vous, d'y voir clair, d'avoir des repères précis, d'estime, d'admiration, de marques de reconnaissance, d'être mis en valeur ou de jouer un rôle central.

Vous pouvez avoir des facilités pour vous dédoubler de sorte qu'une partie de vous-même n'est pas réellement engagée dans la situation, pour pratiquer un dialogue intérieur, pour jouer de nombreux rôles, pour adopter une multitude de masques à travers des attitudes très variées et pour faire plusieurs choses à la fois. Cette multiplicité et ce don d'ubiquité, s'ils vous permettent de vous adapter à toute situation, peuvent dans certains cas poser un problème d'identité car ils peuvent vous conférer une impression d'avoir une double identité ou une identité multiple et une impression de ne plus savoir qui vous êtes vraiment ni où vous en êtes.

La relation Soleil-Mercure peut engendrer des difficultés si vous êtes exclusivement identifié à votre intellect, c'est à dire lorsque vos repères, votre centre de gravité et votre cadre de référence sont uniquement fondés sur des idées, des mots, des livres, des relations et si l'expérience vécue, les instincts, le ressenti, les sentiments, les émotions et la vie ne sont pas assez prises en compte. Il est donc essentiel pour vous d'être ancré et d'être aussi présent dans votre corps. Parce que vous savez rire, vous distraire, exprimer des choses sérieuses avec humour et ne pas prendre la vie trop au sérieux, vous avez souvent un esprit jeune et une agréable légèreté.

AMOUR

En amour, vous avez besoin de communication, d'échanges, de jeu, d'humour, de mobilité et d'une certaine liberté de mouvement.
La recherche de l'âme sœur ou de l'âme frère peut être pour vous un objectif majeur Vous pouvez aimer les personnes plus jeunes ou jeunes d'Esprit. Vous avez parfois des comportements amoureux de type adolescent où priment l'amour fraternel, la curiosité, le flirt, le besoin de faire des découvertes, de vivre des expériences variées sans trop vous attacher en profondeur et la tendance à analyser vos émotions et votre vécu amoureux.

Mais lorsque vous avez vécu vos expériences, que vous avez fait vos découvertes et que vous vous engagez, vous savez être spontané, compréhensif et intéressant, instaurer un dialogue, assurer dans la vie pratique et vous adapter à la vie à deux. Vous avez cependant plus de facilités pour les échanges verbaux et pour partager des centres d'intérêts communs que pour exprimer vos émotions et votre sensibilité, pour témoigner de la tendresse ou pour accorder une grande importance aux rapports sexuels.

IMAGE DE L'HOMME, IMAGE DE LA FEMME

La femme tend à être attirée par des hommes amusants, légers, étonnants, intéressants, drôles, sachant bien communiquer et s'adapter, ayant de bonnes connaissances générales, capables de lui apprendre des choses et adaptés à la vie matérielle.

ASPECT DISSONANT/DYNAMIQUE SOLEIL-MERCURE

Il y a dans votre thème astral une relation permanente, mais discontinue, dissociée, duelle, tendue et conflictuelle, entre le Soleil (vos repères, votre ego, votre volonté) et la Mercure (votre mental, votre sens de la communication et de l'adaptation), car ces deux planètes vibrent en vous à deux fréquences totalement différentes. Chaque planète veut se vivre, à sa façon, à travers vous et tend à considérer l'autre comme une rivale ou comme une perturbatrice.

Vous avez alors tendance, soit à exprimer l'une puis l'autre des planètes d'une façon excessive, soit à vivre l'une des planètes et à rejeter l'autre parce que vous la considérez comme perturbatrice, parce que vous voyez son côté sombre plus que son côté lumineux. Tant que vous nourrissez ce conflit à l'intérieur de vous, vous récoltez le moins bon de chacune des deux fonctions psychologiques et des expériences qui y sont associées. La solution, que vous verrez plus bas dans le texte, est de vivre chaque planète en pleine conscience et de savoir alterner rapidement et consciemment, entre chacune des deux fonctions psychologiques représentées par la planète. Vous transformez ainsi une relation conflictuelle en une grande force et vous vivez cette relation de façon consciente et dynamique.

Cette facette de votre personnalité peut initialement engendrer, lorsqu'elle n'est pas maîtrisée, des difficultés dans la gestion de votre vie extérieure et au niveau de votre image, mais aussi au niveau de votre capacité à écouter, à entendre, à communiquer et à vous adapter de par un conflit ou un désaccord entre par exemple votre moi conscient et votre intelligence, entre votre vie professionnelle et vos amusements, entre vos objectifs affichés et vos pensées, entre ce que vous voulez et ce que vous dites, entre un besoin de synthèse et une curiosité qui multiplie les expériences, entre votre sentiment d'identité et une tendance à mettre des masques.

Vous avez alors tendance à incarner plusieurs scénarios, en alternant parfois de l'un à l'autre.

Scénario 1 : Le Soleil domine et votre mental est rejeté ou mal intégré.

Lorsque vous vivez votre Soleil, vous cherchez à vous affirmer en incarnant le meilleur de vous-même. Vous exprimez vos convictions et vos valeurs. Vous mobilisez votre volonté. Vous élaborez et vivez un idéal, un absolu, un système de référence orientant les grandes lignes directrices de votre vie. Vous cherchez à être admiré, aimé, connu ou estimé. Vous vivez une relation amoureuse. Vous voulez créer, réussir et réaliser vos ambitions.

Vous pouvez alors être excessivement sensibilisé aux effets négatifs et perturbateurs d'un élément représenté par Mercure (par exemple de l'influence de votre entourage, de vos trop nombreux centres d'intérêts, de ce qui se raconte autour de vous, de certains collègues ou camarades, de l'intellect et des études en général, de la curiosité, de la superficialité et des mauvaises plaisanteries, de la communication, des rencontres intéressantes, du brassage des idées pour apprendre et comprendre.

Peut-être avez vous cru à un moment donné dans votre vie qu'on ne vous aimerait plus, que vous risquiez de perdre votre amour propre, la reconnaissance des personnes qui comptaient pour vous ou de vous détourner de ce qui vous était essentiel si vous vous intéressiez à d'autres choses ou à d'autre gens, si vous cherchiez à vous instruire, à communiquer ou à vous informer, si vous plaisantiez ou si vous adoptiez des attitudes légères et superficielles?

De telles croyances peuvent ainsi engendrer une tendance à renier, à dénigrer, à rejeter ou à refouler tout ou une partie de ce que représente Mercure. Votre volonté, votre énergie solaire, vos engagements, vos idéaux, vos repères ne sont pas toujours influencés ou aidés par votre intelligence, par votre sens de la communication et de l'adaptation et ils ne tiennent pas toujours compte de l'entourage et de l'environnement.

Un rejet ou une mauvaise intégration de tout ou une partie de Mercure peut se traduire par une tendance à rejeter toute réflexion, toute spéculation purement mentale, toute recherche d'information, toute curiosité simplement intéressante, toute discussion gratuite, toute distraction, toute rencontre amusante ou toute spontanéité, peut être parce que vous les considérez comme étant superficielles, inutiles et dévalorisantes par rapport à l'image que vous voulez donner ou parce que vous croyez que les autres ne vous apportent pas grand chose.

Vous pouvez alors avoir des difficultés à utiliser votre intellect, votre savoir, votre sens de l'adaptation, votre sens de la communication et des contacts pour vous exprimer, pour vous affirmer, pour vous mettre en valeur, pour briller, pour construire vos modèles, vos repères et votre identité, pour réussir et pour alimenter votre amour propre.

Vous pouvez aussi avoir des difficultés à comprendre ce qui se passe autour de vous, à analyser clairement, à réfléchir, à mettre en paroles votre idéal, vos ambitions, vos repères ou vos élans amoureux, à être bien informé, à être ouvert, curieux, à l'écoute et disponible. Vous êtes peut-être trop centré sur vous-même ou sur une relation importante, sur quelque chose d'essentiel pour vous, sur vos certitudes, sur un absolu, sur une image que vous voulez donner ou sur ce que l'on attend de vous, sur vos objectifs, sur vos responsabilités ou sur vos ambitions.

Cela peut vous empêcher d'utiliser votre vision périphérique, d'aborder une situation sous différents angles et aspects, d'explorer des solutions inédites, d'être vraiment à l'écoute d'autrui, de vous ouvrir à d'autres perspectives, d'avoir des idées nouvelles, d'aller voir ailleurs comment ça se passe, de passer de l'unique au multiple, d 'être souple et mobile, de communiquer avec votre environnement, d'inventer des outils ou techniques qui facilitent votre organisation, de faire preuve d'astuce ou d'ingéniosité et de vous adapter.

Peut être que vous ne faites-vous pas assez d'efforts pour communiquer et pour comprendre autrui ? Vous donnez-vous les moyens de vous adapter ? Peut-être que vous avez du mal à être intéressé par ce qui vous est essentiel ? Vous pouvez aussi avoir besoin de faire une synthèse avant d'avoir recueilli suffisamment d'informations, de réussir sans intermédiaires et de savoir sans vouloir apprendre. Ou peut-être voulez-vous être reconnu et admiré, occuper une position importante, jouer un rôle central ou régner par droit divin, sans passer par l'apprentissage nécessaire, sans être bien informé, sans vous donner la peine de communiquer avec votre environnement et sans faire les efforts pour vous adapter ?

Vous pouvez cependant être insatisfait dans votre vie parce que vous avez l'impression que vos objectifs, vos ambitions, votre absolu, une relation essentielle ou vos repères vous demandent de tels investissements que vous n'arrivez pas à vous occuper de ce qui vous intéresse, à être disponible pour vivre d'autres choses, à diversifier vos occupations, à discuter avec votre entourage, à prendre le temps de réfléchir sur des sujets qui éveillent votre curiosité et qu'il vous manque en fin de compte une certaine liberté de mouvement.

Scénario 2 : Votre mental domine et le Soleil est rejeté ou mal intégré à votre personnalité.

Si au contraire Mercure prédomine dans votre personnalité, vous avez alors besoin de vivre des expériences multiples, d'exprimer votre curiosité en brassant des idées et en établissant une multitude de contacts, de communiquer, de vous adapter à votre environnement, de mouvement, de mobilité, de variété, d'être ouvert et disponible aux expériences nouvelles qui peuvent se présenter, de faire des découvertes, d'utiliser votre intelligence et votre sens pratique.

Vous pouvez alors être fortement sensibilisé aux effets négatifs ou perturbateurs que peuvent provoquer toute discipline, toute stabilité, tout idéal, tout acte volontariste, toute mise en valeur, toute activité exclusive vous imposant de dépenser la majeure partie de votre temps ou de votre énergie au point de croire que tout ou une partie de la fonction solaire perturbera systématiquement votre liberté, votre spontanéité et votre curiosité.

Cela peut vous donner tendance à dénigrer, à rejeter et à refouler tout ou une partie du Soleil. Un tel refoulement peut se traduire par un problème d'identité car votre multiplicité, votre tendance à adopter une multitude de masques, à jouer de nombreux rôles parfois contradictoires et votre tendance à vous centrer sur votre mental ou sur des choses extérieures peuvent vous donner une impression de dualité, une impression d'avoir une double identité, une triple identité, une identité multiple et une impression de ne plus savoir qui vous êtes ni où vous en êtes.

La non-expression du Soleil peut aussi se traduire par une difficulté à avoir confiance en vos capacités d'adaptation, en vos capacités intellectuelles ou à vous sentir mis en valeur par elles. Vous pouvez alors avoir des difficultés à vous exprimer de façon claire et transparente, persuasive et convaincante, à trier l'essentiel du superflu et à organiser l'information de façon logique, à utiliser la pensée positive et l'auto suggestion pour améliorer vos conditions de vie et à voir au-delà des mots.

Vous pouvez aussi avoir des difficultés à élaborer un idéal, à structurer votre identité en fonction d'un cadre de référence, à vous situer dans la vie et à donner un sens à votre existence, à prendre position, à vous centrer sur un objectif et à vous engager dans une direction bien définie, peut être parce que vous avez l'impression que cela vous empêche de vivre une multitude d'autres possibilités.

Vous pouvez également avoir du mal à vous mettre en valeur ou à vous sentir valorisé, à jouer un rôle central, à aimer et à créer, à être autonome et autodidacte, à être clair et objectif, à faire preuve de sérieux, à assumer vos responsabilités d'adulte. Vous pouvez cependant à certains moments être insatisfait parce que vous avez l'impression qu'il vous manque des grandes lignes directrices, une réussite qui vous met en valeur, l'admiration et la reconnaissance d'autrui, une relation amoureuse, une identité claire, un engagement qui mobilise votre volonté et cette partie du Soleil que vous n'exprimez pas.

Scénario 3 : Votre Soleil (votre volonté, votre besoin de reconnaissance) est en excès.

Lorsque vous êtes identifié au Soleil, vous pouvez avoir tendance à l'être excessivement. Vous pouvez alors avoir tendance à faire preuve de naïveté, par excès d'idéalisme, ou d'un complexe du supériorité envers certaine de vos relations.

Peut être n'arrivez-vous à communiquer et à vous ouvrir que lorsque vous êtes admiré, estimé, mis sur un piédestal, que lorsque vous êtes l'objet d'une attention particulière ou que lorsque vous être le centre des conversations. Vous pouvez avoir tendance à imposer vos idées de façon autoritaire, sans être à l'écoute d'autrui ou à avoir des idées fixes, rigides et inadaptées à l'évolution de votre environnement. Vous pouvez avoir une tendance faire preuve d'orgueil, d'égocentrisme autoritaire, de sécheresse de cœur, d'intransigeance, d'intolérance, d'arrogance, de présomption, d'un coté «je sais tout », d'une tendance à l'inflation et à la surestimation du moi suite à une identification à une fausse image de soi et d'une tendance à l'exhibitionnisme verbal.

L'influence excessive du Soleil peut vous donner une tendance à ne vivre qu'en fonction des apparences, de la parure, du personnage que vous voulez incarner et de l'image parfaite que vous voulez donner. En amour, vous avez besoin de communication, d'échanges, de jeu, d'humour, de mobilité et d'une certaine liberté de mouvement. La recherche de l'âme sœur ou de l'âme frère peut être pour vous un objectif majeur. Vous pouvez aimer les personnes plus jeunes. Vous avez parfois des comportements amoureux de type adolescent où priment l'amour fraternel, la curiosité, le flirt, le besoin de faire des découvertes, de vivre des expériences variées sans trop vous attacher en profondeur et la tendance à analyser vos émotions et votre vécu amoureux.

La relation dissociée Soleil-Mercure peut parfois, en amour, se traduire, suivant les cas, par un manque de dialogue et de communication, par une difficulté à s'adapter à la relation amoureuse ou à pouvoir partager dans la relation amoureuse les idées et tout ce qui suscite la curiosité et par une difficulté d'engagement par manque de sérieux et de maturité.

Vous pouvez avoir excessivement besoin de vivre dans la découverte de l'amour par impression qu'un engagement exclusif empêche une certaine liberté de mouvement. Mais lorsque vous avez vécu vos expériences, que vous avez fait vos découvertes et que vous vous engagez, vous savez être spontané, compréhensif et intéressant, instaurer un dialogue, assurer dans la vie pratique et vous adapter à la vie à deux. Vous avez cependant plus de facilités pour les échanges verbaux que pour exprimer vos émotions et votre sensibilité, pour témoigner de la tendresse ou pour accorder une grande importance aux rapports sexuels.

Scénario 4 : Votre mental est dominant en excès.

Lorsque vous êtes identifié à Mercure, vous pouvez avoir tendance à l'être excessivement. Cela peut alors engendrer des difficultés si vous êtes exclusivement identifié à votre intellect, c'est à dire lorsque les repères, le centre de gravité et le cadre de référence sont fondés sur des idées, des mots, des livres, des relations et lorsque l'expérience vécue, les instincts, le ressenti, les sentiments, les émotions et la vie ne sont pas assez prises en compte. Les sociétés dites modernes contribuent fréquemment à développer l'intellect au détriment du reste et à produire des «intellectuels». Il peut alors être utile de situer, d'utiliser et d'aimer le sens intellectuel / relationnel pour ce qu'il est, c'est à dire un excellent outil pour s'adapter au monde extérieur, mais aussi un outil limité lorsqu'il s'agit simplement de vivre, d'évoluer psychologiquement, de parvenir à l'éveil intérieur et à la paix de l'âme.

La culture chinoise compare l'intellect au coq, qui se contente de crier sans jamais pouvoir décoller du sol pour s'envoler, la faculté de crier symbolisant l'activité matérielle ou la parole et la faculté de voler l'action et l'activité spirituelle. Les Indiens comparent l'intellect ou les pensées au singe agité. Une identification excessive à l'intellect peut conférer une certaine nervosité, une difficulté à sortir de ses limites, c'est à dire des limites de la raison et une tendance à empêcher l'expression de l'âme, de la créativité et du reste de la personnalité.

Un excès de Mercure peut se traduire par une tendance à trop réfléchir, à tout le temps vouloir analyser, critiquer, intellectualiser ou cataloguer, à envisager trop de solutions à la fois ou à vous disperser dans trop de directions différentes pour que l'une d'elle prenne le dessus, à vous éparpiller et à dilapider votre énergie en paroles inutiles, à toucher à tout sans rien finir ou à être tellement curieux que vous pouvez vivre n'importe quoi. Vous pouvez également avoir tendance à avoir de multiples relations superficielles mais peu de relations privilégiées parce que vous avez du mal à passer du simple contact à une relation d'amour vécue dans le respect, la confiance et l'engagement.

Vous pouvez également avoir des difficultés à vous sentir concerné que par ce qui vous intéresse et avoir tendance à être toujours intéressé et dans la demande dans vos rapports aux autres, à déformer la vérité selon votre intérêt ou à tenir un double langage, à vous contenter d 'occuper des rôles de subalterne, à vous déterminer qu'en fonction de votre environnement tel une girouette ou qu'en fonction de connaissances livresques, à être nerveux et instable. Votre vision et votre conscience, parce qu'elles restent à la surface des choses, peuvent parfois être superficielle tandis qu'une tendance à ne rien prendre au sérieux peut être synonyme de frivolité. Vous vous compliquez parfois l'existence parce qu'une tendance à être toujours à la recherche d'autres possibilités vous empêche de vous consacrer à ce qui vous est essentiel.

Peut être préférez vous vous amuser et vous distraire, faire le clown ou le bouffon, sortir avec les copains et faire des rencontres intéressantes, étudier pour vous instruire, brasser des idées et des projets ou vous moquer du monde plutôt que d'assumer vos responsabilités d'adulte ?
Ou peut-être vous servez-vous de votre curiosité, de vos études, de vos écrits, de vos copains pour ne pas assumer vos responsabilités ?

Expression positive consciente et naturelle : Lorsque vous apprenez à maîtriser cette partie de votre personnalité et à utiliser toute sa richesse et lorsque vous avez fait le chemin pour exprimer cette relation en pleine conscience et d'une manière positive. Pour transformer la relation Soleil-Mercure dissociée en relation consciente et dynamique, il peut être utile d'effectuer un travail sur l'image que vous avez de vous-même et sur celle que vous donnez aux autres, sur l'image de l'homme, du père, sur le rôle que doivent avoir la vie extérieure, la réussite, l'amour, la création, le fait d'être centré, la volonté et l'engagement au sein de votre personnalité mais aussi sur le rôle que doit avoir la raison, l'intellect, les connaissances livresques et l'environnement proche dans votre vie. Il peut également être utile de travailler les valeurs saturniennes de profondeur et de maturité si celles ci ne sont pas très développées.

Les deux fonctions peuvent être vécues de façon à ce que chacune rectifie l'autre au moindre excès. Vous pouvez alors vivre des moments où vous vous consacrez à ce qui est pour vous essentiel, à vos ambitions et vos responsabilités et à votre idéal. Vous cultivez alors une certaine image de vous et vous vous engagez dans une relation amoureuse. Vous vous consacrez à vos occupations, à vos responsabilités, à vos créations, à vos ambitions, à des activités qui vous mettent en valeur, à ce qui vous demande d'investir la plus grande partie de votre énergie. Vous pouvez alors être d'autant plus efficace que vous savez laisser de coté vos idées et votre curiosité ou les sollicitations de votre environnement, et parce que vous savez utiliser votre intelligence pour atteindre vos objectifs. Puis lorsque le besoin se fait sentir, vous pouvez consacrer d'autres moments où vous vous détournez de vos objectifs pour vous intéresser à d'autres choses et pour vous ouvrir à l'inconnu. Vous vous accordez alors des espaces de liberté, des distractions et des moments de détente.

Vous restez ouvert et disponible à ce qui se présente. Vous savez cependant vous recentrer lorsque vous commencez à vous disperser, être plus ouvert et disponible lorsque vous êtes excessivement centré sur vous-même et faire la différence entre ce qui est essentiel et ce qui est secondaire mais néanmoins intéressant. Bien maîtrisé, la relation Soleil-Mercure peut vous conférer un ensemble d'aptitudes qui sont alors vécues d'une façon particulièrement consciente et dynamique.

Parmi ces aptitudes, on peut citer une intelligence, une capacité à communiquer, des capacités d'analyse, un sens de l'adaptation et une souplesse au-dessus de la moyenne, ou pour ce qui concerne le Soleil, un éveil, des capacités d'engagement ainsi qu'une puissante maîtrise du mouvement et de l'environnement. Vous pouvez aussi être capable d'identifier les différents personnages qui vous habitent, de maîtriser vos masques, d'instaurer un dialogue entre eux, d'unifier votre personnalité à partir de sa multiplicité, de maîtriser votre mental et votre énergie nerveuse, de dompter l'intellect, de prendre conscience de la puissance des mots et de l'énergie qu'ils renferment puis d'utiliser les mots et la " Parole " pour créer.

Soleil-Mercure correspond alors au Verbe Créateur et au messager des Dieux, qui est l'intermédiaire entre le Divin qui est en vous et le reste de votre personnalité.

Mercure représente l'adaptation à l'environnement à travers les idées, l'intellect et les mots, les études, le savoir, les livres, le besoin d'être informé et le besoin de comprendre, la curiosité, le besoin de communiquer, la sociabilité, les frères et sœurs ou la famille proche, les contacts avec les personnes faisant partie de votre environnement et les relations, le besoin de découverte et le besoin de renouvellement, la souplesse, le mouvement et la mobilité, la dualité, le sens de l'humour, le besoin de vous divertir, le besoin de rire et de jouer, le sens pratique et l'habileté manuelle.

Tout cela peut être utilisé par votre moi pour vous exprimer, pour vous affirmer, pour vous imposer, pour briller, pour créer, pour construire vos modèles et votre identité, pour vous mettre en valeur, pour réussir et pour alimenter votre amour-propre. C'est à travers la multiplicité et à travers des expériences variées que vous prenez conscience de votre identité. Les valeurs et caractéristiques de Mercure font donc parties intégrante de votre personnalité. Elles tendent à être pour vous essentielles, à constituer vos repères, votre système de référence dans la vie, le centre de votre existence et à être une source principale de dépense d'énergie.

Lorsque vous vivez votre Soleil, vous vous fixez des objectifs clairs et précis, vous mobilisez votre énergie, vous engagez votre volonté et votre attention, vous êtes centré sur un absolu, sur un idéal, ou sur quelque chose (des valeurs, une relation, un projet) qui est pour vous essentiel. Vous avez besoin de réussir, d'être mis en valeur, d'être estimé, aimé voire admiré ou de jouer un rôle central.

Vous assumez vos responsabilités d'adulte. Vous avez alors le besoin et la capacité d'être bien informé, de rester à l'écoute, d'être ouvert et disponible à toute sollicitation ou à toute idée nouvelle, de communiquer et d'établir des contacts avec les personnes présentes dans votre environnement, de rester souple et mobile, d'envisager les situations sous différents angles et aspects, de ruser si nécessaire, d'inventer des outils ou des techniques qui facilitent votre organisation et de faire preuve d'intelligence, d'astuce et d'ingéniosité. Mais votre curiosité et votre intérêt global pour votre environnement, votre ouverture et votre disponibilité, votre besoin de découvrir, de multiplier et de renouveler les contacts et les expériences, votre besoin d'apprendre ou de vous distraire, votre besoin de vous étendre dans votre environnement ne vous empêche pas de rester ancré et centré sur des objectifs bien définis, sur les grandes lignes directrices que vous vous êtes fixées, sur vos modèles, sur vos repères, sur des certitudes bien établies et sur ce qui est pour vous essentiel.

Vous avez cependant besoin d'une certaine liberté de mouvement et votre vie tend à être marquée par des expériences variées. Avec Soleil Mercure, une information anecdotique et simplement intéressante peut devenir essentielle, une curiosité ou une découverte anodine peuvent devenir un centre d'intérêt majeur tandis qu'une rencontre banale peut se transformer en relation essentielle. De même, vos théories deviennent facilement des convictions et vos idées des certitudes.

Vous aimez les mots et votre intelligence tend à être vive, claire, nette, précise, réaliste et synthétique. Vous comprenez vite, apprenez vite, assimilez bien et savez organiser l'information de façon logique. Vous avez des facilités pour associer entre elles des données très différentes et pour synthétiser l'information.

Vous tendez à vous exprimer clairement, de manière objective, franche, directe, transparente, persuasive, convaincante, et parfois de façon théâtrale. Votre intelligence tend à être mise au service de votre volonté. Vous pouvez être doué pour utiliser la pensée positive et l'auto suggestion pour améliorer vos conditions de vie et pour vous imposer dans votre entourage. Vous savez également vous donner les moyens de vous informer ou de faire entendre ce que vous avez à dire.

Votre besoin de maîtriser l'information et la communication, votre capacité d'être autonome ou autodidacte lorsqu'il s'agit de vous instruire et votre capacité à vous engager, à mobiliser votre volonté et votre énergie, à vous organiser et à persévérer jusqu'à ce que vos objectifs soient atteints lorsqu'il s'agit d'apprendre, de vous adapter ou de communiquer vous prédispose au succès dans les études ou dans les activités en rapports avec les contacts et la communication.

Vous pouvez avoir une excellente vision périphérique ou générale ainsi que le coup d'œil de celui qui sait, ou de celui qui croit savoir, qui croit détenir la vérité. Vous pouvez avoir besoin, pour apprendre et pour comprendre, d'une certaine organisation, de repères précis, d'un cadre de références ou d'avoir une vue synthétique des données, comme vous pouvez avoir besoin pour communiquer ou pour être ouvert, disponible et spontané d'avoir pleinement confiance en vous, d'y voir clair, d'avoir des repères précis, d'estime, d'admiration, de marques de reconnaissance, d'être mis en valeur ou de jouer un rôle central. Vous pouvez avoir des facilités pour vous dédoubler de sorte qu'une partie de vous-même n'est pas réellement engagée dans la situation, pour pratiquer le dialogue intérieur, pour jouer de nombreux rôles, pour adopter une multitudes de masques à travers des attitudes très variées et pour faire plusieurs choses à la fois.

Cette multiplicité et ce don d'ubiquité, s'ils vous permettent de vous adapter à n'importe quelle situation, peuvent dans certains cas poser un problème d'identité car ils peuvent vous conférer une impression d'avoir une double identité, une triple identité ou une identité multiple et une impression de ne plus savoir qui vous êtes vraiment ni où vous en êtes.

ASPECT HARMONIQUE SOLEIL-VENUS

Il y a dans votre thème astral une relation permanente, continue et symbiotique entre le Soleil et Vénus qui s'expriment en vous comme deux partenaires. Comme vous êtes sensible aux effets positifs que chacune des fonctions à sur l'autre, vous tendez à croire que lorsque vous vivez l'une des fonctions, alors l'autre viendra systématiquement la soutenir. Vous tendez ainsi à récolter le meilleur de chacune de ces deux fonctions psychologiques et des expériences qui y sont associées.

Le besoin de plaire, d'attirer, de séduire, de donner une forme à votre amour et à vos créations, de créer des liens affectifs et sociaux, de participer à la civilisation en utilisant votre intelligence relationnelle, l'expression de vos sens et de votre sensualité, le couple et l'union, l'autre et les autres, le besoin d'éprouver de la joie, du plaisir et du bonheur, d'utiliser votre sens esthétique, artistique ou juridique, de créer et gérer un capital ayant une valeur matérielle et le besoin de satisfaire vos désirs sont pour vous essentiels.

Ces même valeurs et besoins peuvent constituer un des centres de votre existence, vos repères dans la vie et votre source principale de dépense d'énergie. Ils sont utilisés pour vous exprimer, pour vous affirmer, pour vous imposer, pour briller, pour créer, pour construire vos modèles et votre identité, pour vous mettre en valeur, pour réussir et pour alimenter votre amour-propre, une bonne image de vous-même ou votre fierté naturelle.

Ces traits de caractère peuvent faciliter votre réussite et votre rayonnement personnel. Ils vous permettent d'être estimé, reconnu ou admiré. Ils vous permettent d'exprimer votre créativité, votre énergie et l'amour qu'il y a en vous. Vous vivez ainsi au rythme de votre cœur, de vos relations et tendez à vous identifier à vos sentiments. Cela peut vous conférer une nature douce, aimable, affectueuse, agréable, capable de répondre aux attentes d'autrui et de susciter des émotions chez autrui, de sacrifier votre ego pour le bonheur du couple et de faire écho à la personnalité de l'autre en étant comme un miroir qui reflète sa valeur.

Vous êtes très sensible à l'image que vous donnez aux autres. Vous attachez une importance considérable à l'effet produit sur autrui, au charme qui émane de votre personnalité. Vous avez besoin de pouvoir compter sur vos capacités de séduction, de gagner la sympathie de votre entourage et de créer des liens forts et vrais.

Aussi serez-vous souvent sensible aux regards extérieurs, répondant aux attentes de vos proches. Pour faire plaisir, certes, mais plus encore pour retenir leur attention et leur soutien. Vous êtes en quête de plaisir, d'estime et d'affection. Comme les idéaux et les désirs ne font qu'un chez vous, vous ne donnez réellement votre pleine mesure qu'avec ceux et celles qui vous séduisent, pour qui vous éprouvez une attirance naturelle, une estime indépendante des faits.

Vos sentiments répondent aussi à une recherche d'absolu : ceux qui vous sont sympathiques sont adoptés. Les autres rejetés sans appel ! Votre caractère très affectif s'avère un atout en maintes circonstances. Vous saurez mieux que d'autres séduire, conquérir l'adhésion d'un être, gagner son estime. Le risque est sans doute parfois d'obéir aux modes et courants ambiants plus qu'à vos propres motivations et de sacrifier l'essentiel à l'apparence.

Vos élans affectifs expriment un amour plus profond, une recherche d'élévation, un besoin de réaliser un idéal ou d'atteindre un objectif prémédité. Le charme peut être pour vous un outil que vous savez utiliser et maîtriser pour vous imposer, pour vous mettre en valeur, pour occuper les devants de la scène et pour réaliser vos objectifs.

Séduire et convaincre vont chez vous de pair tout comme vos goûts sont accordés à vos idéaux. C'est bien souvent à travers les autres, à travers les plaisirs du corps ou ceux de l'âme et grâce à des relations privilégiées que vous développez l'impression de vous réaliser pleinement, d'atteindre votre dimension réelle et d'acquérir un sentiment d'identité.

Vos choix essentiels, vos créations, vos centres d'intérêts, vos repères, vos valeurs, ce qui a de la valeur à vos yeux et vos idéaux sont en tout cas souvent influencés voire déterminés par vos sentiments ou par le degré de plaisir éprouvé, par l'influence d'une femme, par des personnes envers qui vous avez des liens affectifs étroits, par le contexte extérieur, par les autres en général, mais aussi par vos goûts, vos choix, vos désirs et vos préférences personnelles. Ils tendent à être fondés sur la beauté, l'harmonie, l'équilibre, l'amour, la justice et la paix, mais parfois aussi sur l'argent, le plaisir des sens et le matérialisme.

Vous savez plus que tout autre que le vrai bonheur provient d'une part des relations harmonieuses avec autrui et d'autre part de la satisfaction que vous pouvez éprouver, en tant que créateur, de vos créations. Vous accordez beaucoup d'importance à l'image et à l'esthétique.

L'image que vous avez de vous et celle que vous avez des autres est souvent fonction des apparences. Vous êtes très sensible au look, à votre forme corporelle, à votre esthétique, à votre tenue vestimentaire et à votre toilette. Une correspondance étroite entre votre identité réelle et l'image donnée aux autres vous donne une certaine transparence et une certaine clarté dans votre façon de vous exprimer et d'entrer en relation. Votre vision du monde et vos cadres de références peuvent en revanche être très personnels et pas toujours objectifs dans la mesure ou ils sont influencés par vos sentiments, par vos préférences et par les apparences.

Vous aimez la beauté, vous entourer de belles choses et utiliser votre sens esthétique pour embellir ou agrémenter votre vie. Vous pouvez avoir des capacités pour faire du théâtre ou pour jouer la comédie, pour créer des spectacles artistiques et musicaux, pour la création vestimentaire, pour créer et gérer des objets ou un capital, pour exercer une activité consistant à mettre en relation des personnes qui ne se connaissent pas, pour créer par plaisir et par volonté d'éprouver de la joie, pour maîtriser, diriger et enseigner une activité artistique ou artisanale, ou simplement pour vous exprimer de façon spectaculaire et théâtrale.

En amour, Soleil-Vénus vous permet de vivre pleinement vos relations affectives, d'exprimer ce qu'il y a de meilleurs en vous et de concrétiser votre idéal. Parce que vous recherchez à réussir votre vie affective, et que vous savez faire ce qu'il faut pour, en vous fixant des objectifs et en mettant en œuvre les moyens pour les atteindre, c'est en général ce que vous obtenez.

L'ensemble de vos capacités peut vous permettre de créer un univers affectif complet, à la foi stable, évolutif et exaltant, ou chacun, tout en ayant sa dimension d'épanouissement personnel et sa part d'indépendance, peut contribuer à alimenter une vie de couple dont les effets servent de tremplin à l'évolution spirituelle.

Cet aspect vous prédispose dans la majorité des cas à une union heureuse, à un mariage réussi, parfois brillant et qui sert souvent de modèle à d'autres. Votre rayonnement et votre autorité naturelle vous permettent de créer, de préserver ou de rétablir l'harmonie dans vos relations mais aussi de rassurer l'autre. Votre mariage peut parfois être spectaculaire.
Cet aspect vous confère aussi l'amour des enfants et vous permet d'avoir d'excellents rapports avec eux. Vous savez faire preuve de maturité et d'un bon jugement dans vos choix affectifs mais aussi saisir les opportunités qui peuvent se présenter à vous.

Vous savez en général clairement ce qui vous plaît ou vous déplaît, et faites de façon nette et précise la différence entre ce qui vous touche et ce qui vous laisse indifférent. Et il faut que ce qui vous plaît, vous attire et vous séduit (que se soit votre partenaire, vos relations ou ce que vous faites avec votre sens esthétique, social et financier) corresponde à votre idéal de vie ou à un idéal tout court, aux grandes lignes directrices que vous vous êtes fixées, à vos convictions, à vos valeurs et à l'image que vous avez de vous-même. Vous êtes donc sélectif et exigent dans ce qui attire votre attention. Si vous savez discipliner votre vie affective, maîtriser vos élans émotionnels mais aussi exprimer une large gamme de comportements affectifs. Vous concevez difficilement l'amour sans passion, sans une élévation d'âme qui vous enflamme et vous rend plus noble.

Lorsque vous aimez, vos sentiments sont chaleureux, enthousiastes, démonstratifs, sincères, fidèles et loyaux. Vous savez comprendre les attentes et demandes de votre partenaire puis y répondre. Vous savez que la vie à deux implique certaines concessions et vous êtes prêt à les faire parce que vous voyez les avantages qui en découlent. Il peut être difficile de vous résister quand vous avez choisi l'élu de votre cœur. Etant persuadé que tout est possible quand on a la volonté, vous mobilisez toutes vos énergies jusqu'à ce que votre objectif soit atteint, en confondant parfois plaire et éblouir. Votre fierté et votre sens de la dignité vous incitent néanmoins à vérifier la réciprocité de l'attraction avant de passer à la conquête. Vous avez également besoin, pour aimer ou pour être aimé, de respect, d'estime, de marques de reconnaissance et d'admiration.

Vous aimez difficilement une personne que vous n'admirez pas. Vous êtes donc particulièrement sensible aux compliments sincères et aux blessures d'amour propre, et n'avez de pire ennemi que l'indifférence, le rejet et la solitude. Votre grandeur d'âme, votre générosité de cœur, votre fierté naturelle soucieuse de préserver son image et votre aspiration à vivre un amour hors du commun ne vont guère de pair avec la vulgarité, la médiocrité, la mesquinerie, les plaisirs faciles et les goûts de petite vertu.

La relation Soleil préserve le plus souvent de la corruption de part un besoin d'harmonie et d'équilibre. Vous aimez néanmoins vivre votre sensualité sainement mais aussi intensément et passionnément, dans une jouissance corporelle qui grandit l'âme et renforce les liens avec l'autre. Vous pouvez être attiré par des personnes ou des partenaires qui brillent par leur situation sociale, leur beauté physique ou leurs qualités de cœur. Vous appréciez chez l'autre son autonomie, sa clairvoyance, sa classe, sa dignité, sa puissante volonté, sa réussite, son coté paternel, son réalisme, son intégrité morale, ses qualités de cœur mais aussi sa capacité à vous mettre en valeur, à vous admirer et à conforter votre sens de l'identité.

Vous pouvez avoir des goûts, des aptitudes et des talents naturels pour accueillir et recevoir, créer des liens, faire se rencontrer des personnes pour que la relation apporte un plus à chacun, pour concilier, décorer, harmoniser, équilibrer, embellir, maquiller, pour les activités juridiques, pour les activités de loisirs, pour la danse, l'art, la photo, la mode, la parfumerie, la décoration, pour utiliser votre sens artistique et esthétique, pour tout ce qui permet de rendre la vie plus agréable et pour tout ce qui permet à la civilisation d'exister.

RELATION DISSONANTE/DYNAMIQUE SOLEIL-VENUS

Il y a dans votre thème astral une relation permanente, mais discontinue, dissociée, duelle, tendue et conflictuelle, entre le Soleil (vos repères, votre ego, votre volonté) et Vénus (vos désirs, vos plaisirs, vos sentiments, vos choix, votre relationnel), car ces deux planètes vibrent en vous à deux fréquences totalement différentes. Chaque planète veut se vivre, à sa façon, à travers vous et tend à considérer l'autre comme une rivale ou comme une perturbatrice. Vous avez alors tendance, soit à exprimer l'une puis l'autre des planètes d'une façon excessive, soit à vivre l'une des planètes et à rejeter l'autre parce que vous la considérez comme perturbatrice, parce que vous voyez son côté sombre plus que son côté lumineux.

Tant que vous nourrissez ce conflit à l'intérieur de vous, vous récoltez le moins bon de chacune des deux fonctions psychologiques et des expériences qui y sont associées. La solution, que vous verrez plus bas dans le texte, est de vivre chaque planète en pleine conscience et de savoir alterner rapidement et consciemment, entre chacune des deux fonctions psychologiques représentées par la planète Vous transformez ainsi une relation conflictuelle en une grande force et vous vivez cette relation de façon consciente et dynamique.

Cette facette de votre personnalité peut initialement engendrer, lorsqu'elle n'est pas maîtrisée, des difficultés dans la gestion de votre vie, au niveau de votre image et de vos relations amoureuses mais aussi dans le domaine des sentiments, des finances et des relations par un conflit ou un désaccord entre par exemple votre volonté et vos sentiments, entre un besoin d'agir selon votre volonté et un besoin de participer à la civilisation, entre votre pôle masculin et votre pôle féminin, entre votre vie professionnelle et votre vie sentimentale, entre vos objectifs affichés et vos choix réels, entre vos repères et vos désirs, entre ce que vous voulez et ce que vous ressentez.

Vous avez alors tendance à incarner plusieurs scénarios, en alternant parfois de l'un à l'autre.

Scénario 1 : Le Soleil domine et Vénus est rejetée ou mal intégrée.

Si le Soleil prédomine dans votre personnalité, vous cherchez à vous affirmer. Vous exprimez vos convictions et vos valeurs, vous mobilisez votre volonté, vous élaborez un système de référence orientant les grandes lignes directrices de votre vie, vous cherchez à être admiré, aimé, connu, estimé, vous vivez une relation amoureuse ou vous voulez créer, réussir et réaliser vos ambitions. Vous vivez en fonction de vos idéaux, d'un absolu, de vos objectifs, de certaines valeurs, d'une certaine image que vous avez de vous-même et des autres.

Vous avez besoin de vous mettre en valeur, de réussir, de vous consacrer à ce qui est pour vous essentiel, de créer quelque chose et d'aimer. Vous pouvez être alors très sensible aux effets perturbateurs que peuvent avoir une relation privilégiée, toute attache à une personne ou à un objet, l'influence de la mère ou d'une femme, l'expression de vos désirs, de vos sentiments ou de votre personnalité sociale sur votre réussite, votre fierté, votre honneur et sur votre vie en général. Cela peut se traduire par une tendance à refouler, à nier et à dénigrer toute expression des sentiments, touts comportements affectueux, vos désirs, vos plaisirs ou toute vie relationnelle parce qu'elles vous décentrent quelque part. Peut-être avez vous tendance à vous situer en dehors de toute vie de couple, parce que vous avez vécu une déception dont vous vous servez pour ne plus vous engager?

Vos idéaux sont peut-être tellement élevés et votre idéal si absolu que toute situation concrète vous parait bien médiocre en comparaison. Votre vécu affectif vous paraît alors rarement idéal. Vous pouvez être très sensible aux différences qu'il peut y avoir entre la gentillesse, les rapports charnels, les sentiments, les désirs et l'amour pur ou la volonté.

Ce rejet de Vénus peut vous donner des difficultés à créer des relations harmonieuses avec autrui, à croire au bonheur, à être équilibré, à vous engager affectivement ou à participer à votre civilisation. Vous pouvez être insatisfait si le Soleil se manifeste au détriment de Vénus dans votre personnalité. Vous pouvez en effet avoir l'impression que vos occupations, votre travail ou les activités qui vous imposent de consacrer la majeure partie de votre temps ou de votre énergie, vos responsabilités, vos idéaux, vos références, votre prestige, vos valeurs ou vos centres d'intérêts vous empêchent de vivre pleinement une relation affective, d'avoir des loisirs, de vous offrir ou de vivre ce qui vous ferait plaisir.

Vous pouvez également avoir l'impression de ne pas éprouver suffisamment de joie ou de plaisir, de ne pas être vraiment heureux parce qu'il vous manque la tendresse d'une relation privilégiée, où encore de ne pas être rémunéré en fonction de l'énergie que vous dépensez. Vous pouvez avoir l'impression que votre vie ne correspond pas à vos vrais choix. Vous pouvez alors vivre un désagréable sentiment de solitude et de séparation.

Scénario 2 : Vénus domine et le Soleil est rejeté ou mal intégré à votre personnalité.

Si au contraire Vénus prédomine dans votre personnalité, vous vous consacrez alors à vos relations, à votre partenaire, à vivre selon votre plaisir, vos désirs, vos goûts et vos préférences personnelles. Il vous faut agrémenter et embellir la réalité, attirer, séduire, partager avec l'autre et jouer un rôle dans la civilisation. Vous pouvez alors être très sensible aux effets perturbateurs que peuvent avoir toute discipline, tout principe, tout idéal, tout acte volontariste, toute mise en valeur, toute activité exclusive vous imposant de dépenser la majeure partie de votre temps ou de votre énergie au point de croire que tout ou une partie de la fonction solaire perturbera systématiquement votre bonheur, l'expression de votre féminité, votre équilibre, votre épanouissement affectif ou sensoriel.

Cela peut vous donner une tendance à rejeter, à refouler, ou à ne pas assez exprimer votre Soleil. Un tel refoulement peut se traduire par un problème d'identité dans la mesure où vous vous situez plutôt en fonction d'autres personnes ou comme un membre de l'humanité au détriment de ce que vous êtes personnellement. Peut-être avez-vous trop facilement l'impression que ce que représente le Soleil, c'est à dire l'amour, la créativité, la capacité à donner une certaine image ne vous enrichit pas ou ne vous fait pas vraiment plaisir?

Vous pouvez alors avoir des difficultés à avoir confiance en vous, à utiliser la pensée positive et l'autosuggestion pour améliorer vos conditions de vie, à suivre les principes que vous vous étiez fixés, à élaborer un idéal, à structurer votre identité en fonction d'un cadre de référence, à vous situer dans la vie, à donner un sens à votre existence, à prendre position, à vous centrer sur un objectif et à vous engager dans une direction bien définie, à vous mettre en valeur ou à vous sentir aimé et valorisé, à jouer un rôle central, à aimer et à vous engager dans une relation spécifique, à créer, à être autonome et autodidacte, à être clair et objectif, à assumer vos responsabilités d'adulte.

Suite à ce refoulement, vous pouvez être insatisfait lorsque vous exprimez vos sentiments, votre féminité ou lorsque vous vivez une relation affective, parce que vous avez l'impression que votre partenaire ou votre vie affective ne correspondent pas à votre idéal ou à vos valeurs, parce que vous avez l'impression de ne pas pouvoir partager avec l'autre ce qui est essentiel pour vous, soit parce que vous avez l'impression qu'il manque dans votre vie affective la transparence, la générosité, et la créativité qui vous sont nécessaires, ou soit encore parce que votre partenaire ne vous témoigne pas l'estime, l'admiration, l'attention et les marques de reconnaissances dont vous avez besoin.

Vous pouvez également être insatisfait parce que vous avez l'impression qu'il vous manque des grandes lignes directrices, une réussite qui vous met en valeur, l'admiration et la reconnaissance d'autrui, une relation amoureuse stable, une identité claire, un engagement qui mobilise votre volonté et cette lumière intérieure que vous n'exprimez pas.

Scénario 3 : Votre Soleil (votre volonté, votre besoin de reconnaissance) est en excès.

Lorsque vous êtes identifié au Soleil, vous pouvez l'être excessivement. Cela peut vous donner tendance à être naïf par excès d'idéalisme ou à avoir un complexe de supériorité envers certaine de vos relations sociales. Vous pouvez avoir une tendance faire preuve d'orgueil, d'égocentrisme autoritaire, de sécheresse de cœur, d'intransigeance, d'intolérance, d'arrogance, de présomption, d'un coté "je sais tout", d'une tendance à l'inflation et à la surestimation du moi suite à une identification à une fausse image de soi.

Parfois exhibitionniste vous n'existez que lorsque vous occupez les devants de la scène et jouez le rôle central et avez tendance à ne vivre qu'en fonction des apparences, de la parure et de l'image que vous voulez donner. Le contenu peut alors être beaucoup moins élégant que la forme qui lui sert de parure. Peut être n'arrivez vous être sociable, à partager, à vous engager dans une relation affective que lorsque vous êtes admiré, estimé, mis sur un piédestal, que lorsque vous êtes l'objet d'une attention particulière ou que lorsque vous êtes le centre du monde. Ou vous pouvez être tellement fixé de façon dépendante à un absolu, à certains principes, à un idéal ou à quelques relations qui vous sont importantes, et avoir tellement besoin d'être aimé, d'être estimé, de briller, de donner une certaine image ou de vous conformer aux attentes de personnes jouant un rôle essentiel dans votre vie que cela peut vous empêcher d'avoir une vie sociale ou de vous engager dans une vie de couple.

Vos sentiments peuvent devenir autoritaires voire despotes, teintés d'égoïsme, d'un amour excessif de soi, d'une fierté mal placée et d'une tendance à faire fuir les autres par vos excès, vos exigences et vos revendications.

Il peut être important pour vous d'accepter les différences qui existent automatiquement entre votre idéal très élevé ou votre soif d'absolu et la réalité, de surmonter vos éventuelles blessures d'amour propre, d'éviter un attachement aveugle envers la personne que vous idéalisez ou d'être victime de clichés stéréotypés qui vous font rechercher un héros qui doit être beau, riche et intelligent.

Scénario 4 : Vénus (sentiments, désirs, besoins relationnels) domine en excès.

Si vous êtes plutôt identifié à Vénus, vous pouvez l'être excessivement. Vous pouvez alors avoir tendance à vouloir exagérément plaire et séduire, et à tellement vous situer en fonction de l'autre ou des autres que vous y perdez une partie de votre identité.

Vous pouvez avoir tendance à faire de tout une affaire de sentiments ou de plaisirs, à avoir des difficultés pour prendre du recul face aux gens et aux événements et à faire preuve d'une certaine naïveté. Cela peut vous empêcher de voir derrière les apparences, d'analyser votre vécu avec objectivité et vous exposer à des blessures d'amour propre voire à des déceptions.

Une influence excessive de Vénus peut se traduire par une humilité ou une tolérance excessive, par une subjectivité empêchant de voir les choses en face, par une tendance au laxisme, à l'indécision, à l'insouciance, au laissez aller et par une attitude partisane du moindre effort dans la vie.

Vous pouvez avoir tendance à être trop bon et trop gentil, peut être par peur de décevoir, ou par peur de perdre l'estime, l'admiration, l'amour et la reconnaissance de personnes qui sont pour vous importantes, ou à en demander trop à l'autre au point que vos demandes sont parfois difficiles à supporter.

La valeur que vous attribuez à l'argent peut être excessive. Certaines personnes dépensent des sommes au-dessus de leurs moyens pour leur parure, pour leurs plaisirs, ou pour plaire à autrui, quitte à se ruiner. Ou inversement, elles se mettent dans des situations de difficultés financières et de manque afin d'être dans l'impossibilité de dépenser pour les plaisirs ou de financer une vie de couple.

D'autres ont tendance à se mettre dans des situations de dépendance matérielle ou affective vis à vis de personnes jouant un rôle central dans l'existence et dont l'approbation, l'estime et la reconnaissance sont recherchées.

Expression positive consciente et naturelle : Lorsque vous apprenez à maîtriser cette partie de votre personnalité et à utiliser toute sa richesse et lorsque vous avez fait le chemin pour exprimer cette relation en pleine conscience et d'une manière positive.

Pour transformer la relation Soleil-Vénus dissociée en relation consciente et dynamique, il peut être utile d'apprendre à bien faire la différence entre les valeurs masculines représentées par le Soleil et les valeurs féminines représentées par la Vénus, puis d'effectuer un travail sur l'image que vous avez de vous-même et celle que vous donnez aux autres, sur l'image de l'homme, du père, sur vos repères et vos idéaux, sur le rôle que doivent avoir la vie extérieure, la réussite, l'amour, la création, la volonté et l'engagement au sein de votre personnalité et sur le rôle que doivent avoir les choix, vos vrais désirs, le plaisir, la Femme, la vie de couple, la beauté, les relations sociales et la participation à civilisation dans votre vie.

Les deux fonctions peuvent être vécues de façon à ce que chacune rectifie l'autre au moindre excès. Vous pouvez alors vivre des moments où vous vous consacrez à ce qui est pour vous essentiel, à vos ambitions et vos responsabilités, à vos créations, à des activités qui vous mettent en valeur, à ce qui vous demande d'investir la plus grande partie de votre énergie et à votre idéal.

Vous cultivez alors une certaine image de vous et vous vous engagez dans une relation amoureuse. Vous pouvez alors être d'autant plus efficace que vous savez laisser de coté vos sentiments et vos relations, et parce que vous savez utiliser l'énergie du désir et votre capacité à créer des formes pour atteindre vos objectifs. Puis vous pouvez consacrer une autre période (de la journée, de l'année ou de votre vie) dans un autre lieu et/ou dans un autre état d'esprit où vous vivez votre vie relationnelle, votre vie sociale et votre vie de couple, où vous sortez de vos objectifs pour vous consacrer à l'autre et où vous vous consacrez à vos vrais désirs, à ce qui vous fait plaisir, à des relations qui ne vous mettent pas forcément en valeur mais qui vous permettre de vous détendre, à des moments où vous vous laissez aller sans toutefois vous déshonorer ni renier vos valeurs et principes.

Vous savez exprimer vos sentiments et vivre des relations privilégiées agréables sans que cela ne vous décentre et vous faites bien la différence entre votre vie de couple et votre vie publique extérieure.

52

Bien maîtrisée, la relation Soleil-Vénus peut vous conférer un ensemble d'aptitudes qui sont alors vécues d'une façon particulièrement conscientes et dynamiques. Parmi ces aptitudes, on peut citer une intelligence relationnelle, un sens de la diplomatie, une créativité artistique, un sens esthétique et un sens de l'équilibre plus développés la moyenne, ou pour ce qui concerne le Soleil, une force, une volonté, un éveil, une capacité à être centré, des capacités d'engagement ainsi qu'une puissante maîtrise de votre image, de votre vie relationnelle ou de votre rôle dans la société.

Quand la relation Soleil-Vénus est vécue en conscience, le mariage, l'autre et les autres, les liens affectifs privilégiés avec une personne, les plaisirs, l'utilisation de votre sens esthétique ou artistique, votre capacité à créer et à gérer un capital ayant une valeur matérielle et la création de votre bonheur tendent à constituer le centre de votre existence, votre idéal, vos repères dans la vie et votre source principale de dépense d'énergie. Vous vivez ainsi au rythme de votre cœur, de vos relations et tendez à vous identifier à vos sentiments.

Cela peut vous conférer une nature douce, aimable, affectueuse, agréable, capable de répondre aux attentes d'autrui et de susciter des émotions chez autrui, de sacrifier votre ego pour le bonheur du couple et de faire écho à la personnalité de l'autre en étant comme un miroir qui reflète sa valeur.

Vos élans affectifs expriment un amour plus profond, une recherche d'élévation, un besoin de réaliser un idéal ou d'atteindre un objectif prémédité. Le charme peut être pour vous un outil que vous savez utiliser et maîtriser pour vous imposer, pour vous mettre en valeur, pour occuper les devants de la scène et pour réaliser vos objectifs. Séduire et convaincre vont chez vous de pair tout comme vos goûts sont accordés à vos idéaux.

C'est bien souvent à travers les autres, à travers les plaisirs du corps ou ceux de l'âme et grâce à des relations privilégiées que vous développez l'impression de vous réaliser pleinement, d'atteindre votre dimension réelle et d'acquérir un sentiment d'identité.

Vos choix essentiels, vos créations, vos centres d'intérêts, vos repères, vos valeurs, ce qui a de la valeur à vos yeux et vos idéaux sont en tout cas souvent influencés voire déterminés par vos sentiments ou par le degré de plaisir éprouvé, par l'influence d'une femme, par des personnes envers qui vous avez des liens affectifs étroits, par le contexte extérieur, par les autres en général, mais aussi par vos goûts, vos choix, vos désirs et vos préférences personnelles. Ils tendent à être fondés sur la beauté, l'harmonie, l'équilibre, l'amour, la justice et la paix, mais parfois aussi sur l'argent, le plaisir des sens et le matérialisme.

Vous savez plus que tout autre que le vrai bonheur provient d'une part des relations harmonieuses avec autrui et d'autre part de la satisfaction que vous pouvez éprouver, en tant que créateur, de vos créations. Vous accordez beaucoup d'importance à l'image et à l'esthétique. L'image que vous avez de vous et celle que vous avez des autres est souvent fonction des apparences.

Vous êtes très sensible au look, à votre forme corporelle, à votre esthétique, à votre tenue vestimentaire et à votre toilette. Une correspondance étroite entre votre identité réelle et l'image donnée aux autres vous donne une certaine transparence et une certaine clarté dans votre façon de vos exprimer et d'entrer en relation. Votre vision du monde et vos cadres de références peuvent être très personnels dans la mesure ou ils sont influencés par vos sentiments, par vos préférences et par les apparences.

Vous aimez la beauté, vous entourer de belles choses et utiliser votre sens esthétique pour embellir ou agrémenter votre vie. Vous pouvez avoir des capacités pour faire du théâtre ou pour jouer la comédie, pour créer des spectacles artistiques et musicaux, pour la création vestimentaire, pour créer et gérer des objets ou un capital, pour réaliser des œuvres à caractère social facilitant la mise en relation entre des personnes qui ne se connaissent pas, pour créer par plaisir et par volonté d'éprouver de la joie, pour maîtriser, diriger et enseigner une activité artistique ou artisanale, ou simplement pour vous exprimer de façon spectaculaire et théâtrale.

En amour, Soleil Vénus vous permet de vivre pleinement vos relations affectives, d'exprimer ce qu'il y a de meilleurs en vous et de concrétiser votre idéal. Parce que vous recherchez à réussir votre vie affective, et que vous savez faire ce qu'il faut pour, c'est en général ce que vous obtenez. L'ensemble de vos capacités peut vous permettre de créer un univers affectif complet, à la foi stable, évolutif et exaltant, ou chacun, tout en ayant sa dimension d'épanouissement personnel et sa part d'indépendance, peut contribuer à alimenter une vie de couple dont les effets servent de tremplin à l'évolution spirituelle.

Bien maîtrisée, la relation Soleil-Vénus vous prédispose à vivre une union heureuse, un mariage réussi, parfois brillant et qui sert souvent de modèle à d'autres. Votre rayonnement et votre autorité naturelle vous permettent de créer, de préserver ou de rétablir l'harmonie dans vos relations mais aussi de rassurer l'autre. Votre mariage peut parfois être spectaculaire. Cet aspect vous confère aussi l'amour des enfants et vous permet d'avoir d'excellents rapports avec eux. Vous savez faire preuve de maturité et d'un bon jugement dans vos choix affectifs mais aussi saisir les opportunités qui peuvent se présenter à vous.

54

Vous savez en général clairement ce qui vous plaît ou vous déplaît, et faites de façon nette et précise la différence entre ce qui vous touche et ce qui vous laisse indifférent.

Et il faut que ce qui vous plaît, vous attire et vous séduit (que se soit votre partenaire, vos relations ou ce que vous faites avec votre sens esthétique, social et financier) corresponde à votre idéal de vie ou à un idéal tout court, aux grandes lignes directrices que vous vous êtes fixées, à vos convictions, à vos valeurs et à l'image que vous avez de vous-même. Vous êtes donc sélectif et exigeant dans ce qui attire votre attention.

Vous savez discipliner votre vie affective, maîtriser vos élans émotionnels mais aussi exprimer une large gamme de comportements affectifs. Vous concevez difficilement l'amour sans passion, sans une élévation d'âme qui vous enflamme et vous rend plus noble. Lorsque vous aimez, vos sentiments sont chaleureux, enthousiastes, démonstratifs, sincères, fidèles et loyaux. Vous savez comprendre les attentes et les demandes de votre partenaire puis y répondre. Vous savez que la vie à deux implique certaines concessions et vous êtes prêt(e) à les faire parce que vous voyez les avantages qui en découlent.

Il peut être difficile de vous résister quand vous avez choisi l'élu de votre cœur. Etant persuadé que tout est possible quand on a la volonté, vous mobilisez toutes vos énergies jusqu'à ce que votre objectif soit atteint, en confondant parfois plaire et éblouir. Votre fierté et votre sens de la dignité vous incitent néanmoins à vérifier la réciprocité de l'attraction avant de passer à la conquête. Vous avez également besoin, pour aimer ou pour être aimé, de respect, d'estime, de marques de reconnaissance et d'admiration.

Vous aimez difficilement une personne que vous n'admirez pas. Vous êtes donc particulièrement sensible aux compliments sincères et aux blessures d'amour propre, et n'avez de pire ennemi que l'indifférence, le rejet et la solitude. Votre grandeur d'âme, votre générosité de cœur, votre fierté naturelle soucieuse de préserver son image et votre aspiration à vivre un amour hors du commun ne vont guère de pair avec la vulgarité, la médiocrité, la mesquinerie, les plaisirs faciles et les goûts de petite vertu. Vous aimez néanmoins vivre votre sensualité sainement mais aussi intensément et passionnément, dans une jouissance corporelle qui grandit l'âme et renforce les liens avec l'autre.

ASPECT HARMONIQUE SOLEIL-MARS

Il y a dans votre thème astral une relation permanente, continue et symbiotique entre le Soleil et Mars qui s'expriment en vous comme deux partenaires. Comme vous êtes sensible aux effets positifs que chacune des fonctions à sur l'autre, vous tendez à croire que lorsque vous vivez l'une des fonctions, alors l'autre viendra systématiquement la soutenir. Vous tendez ainsi à récolter le meilleur de chacune de ces deux fonctions psychologiques et des expériences qui y sont associées.

Vivre, agir, entreprendre, vous imposer avec audace, mobiliser votre énergie pour atteindre vos objectifs, combattre avec la volonté de vaincre, assurer, être performant et faire face aux réalités extérieures pour vous tailler une place dans le monde sont vos repères, votre idéal, vos valeurs, le centre de votre existence et vos sources principales de dépense d'énergie. Votre dynamisme, votre capacité à convaincre et à vous imposer, votre force, votre combativité, et votre courage tendent à être extériorisés et mises au service de votre volonté, d'un idéal, de votre réussite voire de grandes ambitions. Vous vivez au rythme de vos impulsions, de vos instincts et tendez à vous identifier à ce que vous faites, à votre corps et à vos élans.

Une parfaite complicité entre votre cœur, votre conscience, votre esprit et votre énergie vitale vous permet d'exploiter votre énergie, de la maîtriser et de la canaliser. Cela est synonyme de grande vitalité, d'une abondante réserve d'énergie sans cesse renouvelée, de force musculaire, de vigueur physique, de puissance agressive et de fortes capacités réalisatrices.

Vous avez besoin de vous dépenser pour éprouver des sensations fortes et d'entretenir en permanence une certaine tension. Votre force consiste à savoir orienter constructivement votre énergie sexuelle vers la création, à vivre intensément dans le présent en fonction des événements immédiats et à improviser sur-le-champ en toute spontanéité en fonction des nécessités concrètes du moment. Vous savez vous engager corps et âme dans toute situation en mobilisant vos énergies pour atteindre vos objectifs, en étant prêt à recommencer autant de fois qu'il le faut pour arriver à vos fins, sans vous laisser décourager par les efforts à fournir et les obstacles à franchir. Vous savez également rester vous-même dans le feu de l'action, sans que la pression des événements vous détourne de vos objectifs, de vos idéaux ou de vos valeurs.

Vous savez avoir une vision claire de la situation, du déroulement des événements et des rapports de force existant. Vous avez comme on dit " le coup d'œil ", une vision large, un sens de la synthèse et une capacité de réaction rapide.

Vous savez ce que vous voulez et ce qui vous tient à cœur, ce qu'il faut faire pour l'obtenir, puis vous donner les moyens d'atteindre vos objectifs et de réussir vos entreprises. Cela vous confère une certaine force de frappe, une capacité à vous imposer de façon parfois théâtrale, une capacité d'être percutant et une capacité d'agir efficacement sur les événements par vos initiatives et vos actes.

Cette bonne relation entre vouloir conscient et nature instinctive peut provenir d'une sensibilisation aux effets positifs de l'activité, du dynamisme, du courage, de la confrontation au monde et de l'efficacité. Ces qualités "martiennes " vous mettent en valeur, vous apportent une certaine reconnaissance, améliorent votre image de marque, vous permettent d'occuper les devants de la scène et facilitent votre réussite.

Cette sensibilité aux effets positifs de Mars peut provenir d'une image paternelle bien vécue, de l'influence bénéfique d'un homme ou d'un chef ayant du cœur, des comportements nobles et généreux ou une certaine classe, ou d'un modèle idéalisé qui est suivi avec passion et enthousiasme. L'image du héros est très présente chez vous tandis que la relation avec le père a en général eu des répercussions très importantes sur votre personnalité et sur votre façon d'aborder la vie.

Soleil-Mars vous confère une personnalité virile, dynamique, franche, directe, courageuse, enthousiaste, démonstrative, combative, offensive, loyale, noble et chevaleresque. On peut vous décrire comme une personne entière, primaire et spontanée, ayant une grande confiance en ses moyens, vivant en fonction de certitudes intérieures de nature émotionnelle, loin des calculs, des interrogations, des spéculations et des complications des gens qui ne sont pas comme vous.

Vous êtes sûr et vous savez parce que vous éprouvez les choses avec votre corps et les voyez avec votre conscience. Vos capacités réalisatrices sont également facilitées par votre capacité à oublier. Les mots et les informations peuvent s'effacer aussi rapidement qu'ils s'apprennent et les événements devenir facilement du passé. C'est en partie grâce à cette faculté de désapprendre que vous pouvez ainsi vivre dans le présent.

Si votre besoin de renouvellement permanent vous rend doué pour démarrer une entreprise ou pour assurer dans les débuts d'un événement parce qu'il y a un certain état de tension qu'il vous faut entretenir, vous supportez en revanche mal les situations trop calmes, lorsqu'il n'y a pas de défis ou d'événements nouveaux, lorsqu'il vous faut attendre ou lorsque la situation évolue dans une régularité monotone. Vous pouvez alors être tenté d'aller voir ailleurs et de faire autre chose quitte à conclure et à abandonner ce que vous avez commencé.

Vous avez tendance à vous définir par le face à face avec la réalité, comme un être de terrain, et par la confrontation aux autres. Vous avez un constant besoin de prouver à vous-même et aux autres que vous êtes fort et capable, voire le plus fort et le plus capable et que vous avez raison. Vous êtes parfois indiscipliné et toujours prêt à bousculer ce qui contrarie votre liberté d'action, mais vous êtes néanmoins capable de vous discipliner et de commander à l'instar de l'animal à la tête du troupeau, qui, devant les autres, se fait suivre en servant de modèle et en donnant l'exemple.

Si vous avez parfois mauvais caractère, vous emportez facilement et avez un sens inné de la contestation, vous avez en revanche un cœur généreux, entier, ardent et démonstratif. Vous avez tendance à encourager, à stimuler et parfois à bousculer l'autre pour l'aider à s'affirmer, à agir et à obtenir des résultats. Vous ignorez en général les nuances et les demi-teintes, pratiquez une politique du tout ou rien, aimez l'efficacité, le combat, l'indépendance, l'aventure, le pouvoir obtenu par la force et tendez à mépriser les tièdes et les médiocres. Vos idéaux, vos ambitions, votre image de vous et de la vie tendent à être basés sur des faits concrets, élaborés grâce à des expériences vécues et consolidées suite aux confrontations avec les réalités concrètes du monde extérieur. Vos idéaux sont mis en pratique et vos convictions exprimées.

Et lorsque vous agissez, vous avez le besoin et la capacité d'avoir une bonne image de vous et de donner aux autres une bonne image. Votre fierté et votre sens de la dignité vous incitent en général à évaluer la faisabilité d'une entreprise avant de vous lancer. Dans la mesure où vos actes, vos engagements et vos déclarations correspondent à l'image que vous donnez et à ce que vous êtes, vous avez un coté clair et transparent car votre être est le reflet de votre paraître.

Vous avez besoin, en toute situation, dans les expériences que vous vivez et dans la vie active d'être mis en valeur, de recevoir des marques de reconnaissance, de jouer un rôle central, de créer, de vous montrer, d'être sur le devant de la scène, d'incarner une certaine classe et d'avoir un certain prestige.

Et si ce n'est pas le cas, vous allez en général voir ailleurs ou faites autre chose. Inversement, vous jouez un rôle central et acceptez des marques de reconnaissance, du prestige voire la couronne que si cela ne vous apporte de nouvelles possibilités d'action, que si cela ne vous permet d'avoir une emprise plus sûre sur les réalités extérieures ou que si vous estimez l'avoir mérité. Votre réussite, votre image de marque, votre valeur et votre prestige éventuel doivent être fondés sur des faits, des résultats et de l'efficacité et mérités comme la victoire d'un combat.

Et parce que vous êtes convaincu que l'on a rien sans combattre et que l'on fait sa vie soi même, vous avez souvent l'occasion ou l'obligation de combattre et de lutter tout au long de votre vie. Les grands discours, la poudre aux yeux, les compliments hypocrites, les formes creuses et les conduites superficielles suscitent donc chez vous des réactions de mépris. Vous êtes par contre très sensible aux compliments sincères mais aussi aux blessures d'amour propre. Le sens de la dignité, du respect et des valeurs sont particulièrement développés chez vous.

Coté cœur, vous êtes idéaliste et pouvez facilement croire aux princes charmants, aux princesses et aux contes de fées. Sincère, franc et direct, démonstratif, passionné, chaleureux, généreux, impatient, vous êtes sujet aux coups de foudre, aux passions ardentes et aux aventures.
L'aspect de la conquête et la relation sexuelle sont importantes voire primordiales pour vous, et vécues comme des besoins naturels. Vous avez tendance à vous emballer, à idéaliser l'autre, à vous enflammer et à vous engager à fond dans la relation.

Quand l'amour est en jeu, vous savez mobiliser vos énergies pour conquérir l'être aimé, prendre des raccourcis en brûlant parfois les étapes, évincer un(e) éventuel(le) rival(e), faire des sacrifices si nécessaire et faire preuve d'agressivité s'il le faut. Vous pouvez être doué pour prendre la vie de famille en main, comme un chef. Votre défi est de vivre une passion de toute une vie avec la même personne.

Vous avez parfois tendance à considérer la relation amoureuse comme une entreprise de sidérurgie ou comme un champ de bataille. Il faut que ça bouge, que ça chauffe, parfois que ca gueule, qu'il se passe des choses stimulantes et excitantes et qu'il y ait de la vie et de l'action. Votre vie amoureuse est dynamique, vivante et virile. Vous aimez prendre des initiatives et prenez les choses en main de façon pas toujours très diplomate. Vous aimez avoir raison, avoir le dernier mot, être le chef et le meneur dans la relation amoureuse et prenez goût à stimuler, à encourager et aussi parfois à faire compétition avec l'autre. Vous aimez participer ou faire participer votre partenaire à ce que vous faites.

Vous acceptez mal la monotonie et le train-train, avez besoin de renouvellement, de faits nouveaux et de maintenir un certain état de tension. Vous pouvez ainsi vivre une vie amoureuse bien remplie et riche en événements. Parce que vous avez votre fierté, vous supportez mal les blessures d'amour propre. Vous aimez être mis en valeur voire considéré comme un héros. La femme ne tend à accepter l'homme où à se soumettre que si son partenaire est considéré comme supérieure à elle et que s'il suscite une certaine admiration. Vous supporter mal la faiblesse, la sensiblerie, l'indécision et la médiocrité qui tendent à provoquer chez vous des réactions de mépris. Avec Soleil Mars, c'est entre autre à travers l'amour que vous développez le sentiment d'exister, mais aussi votre force, votre combativité et vos capacités d'engagement.

L'homme, de part sa franchise, sa virilité, son dynamisme, sa combativité, son sens de la conquête et ses qualités de cœur a des facilités dans les relations avec les femmes. La femme peut avoir le don, de part l'image de l'homme qu'elle projette sur son compagnon, de le propulser vers la réussite et de l'aider à s'affirmer dans la vie. Elle tend à être attirée par des hommes dynamiques, francs, forts, courageux, fiers, ayant une certaine virilité, capable d'assurer dans la vie, ayant une certaine noblesse de caractère et des qualités de cœur.

Vous pouvez avoir des goûts et des aptitudes pour éclairer, diriger, manager, coacher, présider, encadrer, organiser, éduquer, maîtriser, réussir, vous faire remarquer, être en position centrale, de briller, être connu, reconnu et mis en valeur, pour reconnaître la valeur des êtres et des choses, pour être indépendant(e) et autonome, et pour faire preuve de clarté, de puissance et de rayonnement, pour être un modèle, pour maquiller, pour faire du spectacle et du théâtre, ou pour être une source de vie, de lumière, d'énergie de chaleur.

ASPECT DISSONANT/DYNAMIQUE SOLEIL-MARS

Il y a dans votre thème astral une relation permanente, mais discontinue, dissociée, duelle, tendue et conflictuelle, entre le Soleil (vos repères, votre ego, votre volonté) et Mars (votre moteur, vos décisions, vos actions, vos combats), car ces deux planètes vibrent en vous à deux fréquences totalement différentes. Chaque planète veut se vivre, à sa façon, à travers vous et tend à considérer l'autre comme une rivale ou comme une perturbatrice. Vous avez alors tendance, soit à exprimer l'une puis l'autre des planètes d'une façon excessive, soit à vivre l'une des planètes et à rejeter l'autre parce que vous la considérez comme perturbatrice, parce que vous voyez son côté sombre plus que son côté lumineux.

Tant que vous nourrissez ce conflit à l'intérieur de vous, vous récoltez le moins bon de chacune des deux fonctions psychologiques et des expériences qui y sont associées. La solution, que vous verrez plus bas dans le texte, est de vivre chaque fonction en pleine conscience et de savoir alterner rapidement et consciemment, entre chacune des deux fonctions psychologiques représentées par la planète. Vous transformez ainsi une relation conflictuelle en une grande force et vous vivez cette relation de façon consciente et dynamique.

Cette facette de votre personnalité peut engendrer, lorsqu'elle n'est pas maîtrisée, des difficultés dans la vie active, au niveau de votre image et dans les relations amoureuses car elle ne facile pas la prise de décision, l'affirmation de soi et l'engagement à cause d'un conflit ou d'une dissociation, entre par exemple votre idéal et votre façon de percevoir la réalité du terrain quand vous êtes dans l'action, entre votre volonté et vos décisions, entre votre cœur et votre corps, entre un besoin d'absolu et un besoin de confrontation aux réalités concrètes, entre un besoin d'amour et un besoin de compétition.

Les difficultés engendrées par la relation dissociée Soleil-Mars peuvent provenir d'une impression de ne pas avoir été aimé et reconnu par le père, d'un modèle masculin ou paternel hostile, agressif, violent et abusif ou d'un manque de présence paternelle. Chez l'homme, cela peut engendrer un problème d'identité dû au fait qu'il ne peut se reconnaître dans l'exemple paternel, le père n'étant pas idéal et n'étant pas un exemple à suivre.

Chez la femme, cela peut se traduire par une tendance à rechercher en l'homme un père, par des comportements agressifs vis à vis des hommes et parfois par une difficulté à s'affirmer lorsqu'elle est avec un homme ou à être avec un homme lorsqu'elle s'affirme. Dans les deux cas, il peut y avoir une peur de l'homme, un rejet des valeurs masculines soit au contraire une tendance à les exprimer d'une façon excessive, une tendance à s'affirmer en fonction de contre-modèles, à rechercher des modèles pour les dépasser, les combattre et les vaincre ou des difficultés relationnelles avec les hommes, les patrons, les symboles d'autorité tel que l'état ou les personnes ayant un rôle central dans la situation.

Vous pouvez alors être trop dans la réaction et pas assez dans l'action. Une croyance que les hommes sont agressifs, violents ou autoritaires peut parfois induire de tels comportements chez eux. Une bonne gestion de cette facette de votre personnalité passe souvent par un travail sur la relation avec le père, sur l'image de l'homme et sur la gestion de l'énergie corporelle. Vous avez alors tendance à incarner plusieurs scénarios, en alternant parfois de l'un à l'autre.

Scénario 1 : Le Soleil domine et Mars, votre moteur est rejeté ou mal intégré à votre personnalité.

Si le Soleil est dominant dans votre personnalité, vous cherchez à réussir et à être quelqu'un. Vous assumez vos responsabilités d'adulte en jouant un rôle central et social visible. Vous souhaitez être estimé, connu voire admiré. Vous affirmez votre volonté à travers des objectifs clairs, en fonction de ce qui est essentiel pour vous.

Vous avez besoin d'aimer et d'être aimé. Vous avez besoin de repères, d'un sentiment d'identité, d'un idéal, de valeurs et de principes directeurs. Vous pouvez alors être très sensible aux effets perturbateurs ou aux influences néfastes que peuvent avoir la colère, les rapports de force, la pression des événements, le face à face avec la réalité, la mobilisation de vos énergies, les efforts à fournir et l'affirmation de votre personnalité lorsque vous vivez votre idéal, vos modèles, votre système de références et ce que vous considérez comme essentiel lorsque vous incarnez ou obéissez à une forme d'autorité, lorsque vous cherchez à être aimé, admiré, connu et reconnu, lorsque vous vivez une relation amoureuse ou lorsque vous voulez créer, réussir et réaliser vos ambitions.

Peut-être avez vous cru à un moment donné dans votre vie qu'on ne vous aimerait plus, que vous risquiez de perdre la reconnaissance des personnes qui comptaient pour vous, ou de vous détourner ce qui était pour vous essentiel si vous vous mettiez en colère, si vous luttiez, si vous vous affirmiez, si vous n'étiez pas d'accord avec le point de vue de l'autre ou s'il y avait des tensions ou des conflits dans la situation ?

Mais la tendance à voir la fonction martienne sous son aspect négatif et à croire qu'elle ne peut qu'avoir des répercussions néfastes sur votre vie peut engendrer un refoulement ou une mauvaise intégration de cette fonction. Si c'est le cas, peut être avez vous des difficultés à prendre conscience de votre force et à avoir confiance en vos moyens, à mobiliser vos énergies pour obtenir des résultats, à combattre avec la volonté de vaincre, à être pratique, fonctionnel, dynamique et efficace, à gérer les conflits, les tensions et les rapports de force, à franchir les obstacles, à vous affirmer, à vous engager franchement et à faire face aux réalités du monde extérieur pour vous tailler une place dans la vie lorsque vous cherchez à concrétiser vos ambitions, votre idéal, votre réussite ou lorsque vous vivez une relation importante (amoureuse ou autre).

Peut-être vous contentez-vous d'élaborer un idéal, des ambitions, des principes, des valeurs ou un absolu, de montrer que vous êtes là, de vouloir réussir, de briller, d'être aimé et reconnu ou de prétendre à un rôle central sur les devants de la scène mais sans vous donner les moyens nécessaires pour obtenir des résultats, sans passer à l'action et à l'expérience vécue, sans mettre tout cela en pratique, sans aller jusqu'au bout de que vous aviez commencé avec enthousiasme et sans pouvoir justifier vos ambitions par des faits ou par des preuves?

Peut-être préférez vous être présent, vous montrer, donner une certaine image, régner, être un modèle, un repère ou une figure emblématique plutôt que d'agir ou de faire face aux exigences pratiques du terrain et de la vie?

Ces comportements peuvent être dus à une impression que l'effort à fournir ou les obstacles à franchir sont trop importants, à une difficulté à croire en la réussite de ce que vous faites, à voir comment faire ou à quoi ce que vous faites pourrait servir.

Si votre idéal, vos ambitions, vos créations et vos relations amoureuses n'aboutissent pas, ne donnent pas de résultats et ne vous apportent pas de victoires, ou s'ils sont brusquement interrompus en cours de route par des événements, par des faits nouveaux, par la pression d'obstacles ou de jalousies, ou par l'obligation de vous engager dans une situation qui accapare toute votre énergie, cela peut provenir du fait qu'ils ne tiennent pas toujours compte des réalités extérieures qui vous entourent, des données concrètes de votre situation, des exigences pratiques vérifiables sur le terrain, des opportunités et contraintes, des rivalités et de la concurrence, des obstacles à franchir et de vos propres possibilités d'actions.

A la limite, vous vous servez des contraintes de votre situation pour ne pas réaliser votre idéal ou inversement vous vous servez d'un idéal ou d'un absolu pour ne pas faire ce que vous pourriez faire. Mais vous pouvez être insatisfait parce que vous êtes trop sensible aux différences qu'il peut y avoir entre ce qui serait idéal et ce que vous faites ou vivez concrètement. Cela peut vous empêcher de vivre réellement dans le présent, d'exploiter à fond ce que vous vivez et d'aller jusqu'au bout de vos entreprises.

Il est également possible que vous ayez peur de vos instincts et de votre propre force, de la bête ou de l'animal humain qui vous habite au point de l'enfermer dans une cage faite de principes, sans lui donner la possibilité de s'exprimer pleinement.

Votre volonté, votre conscience et votre cœur ont tendance à s'exprimer indépendamment et de façon totalement différente de votre façon d'agir et de vous affirmer, de vos instincts sexuels, de votre énergie corporelle et de votre combativité. Il peut donc exister en vous deux personnalités très différentes et contradictoires. Cela peut vous donner des difficultés à maîtriser, à utiliser ou à orienter votre énergie et votre dynamisme vers des buts constructifs, à canaliser vos instincts sexuels de façon créative, à gérer votre énergie vitale, à maîtriser vos élans du cœur, à être dans le cœur quand vous êtes dans l'action et à fournir des efforts importants.

En amour, cette facette de votre personnalité peut vous donner tendance à aimer des personnes qui ne vous satisfont pas physiquement ou avec qui vous ne pouvez pas partager votre vie concrète parce que d'après vous ou d'après l'autre, votre situation ou celle de l'autre ne le permet pas. Inversement, vous pouvez avoir tendance à vivre des expériences avec des personnes que vous n'aimez pas vraiment parce qu'elles ne vous paraissent pas correspondre à votre idéal, à vos ambitions et à votre système de valeurs.

Vous avez parfois tellement de choses à faire que vous n'êtes pas disponible pour vivre une relation amoureuse ou inversement, votre relation amoureuse vous engage à tel point que vous n'avez plus l'énergie pour faire ce que vous auriez à faire. Une réaction à une impression d'insatisfaction peut provoquer une boulimie amoureuse ou sexuelle, une recherche excessive de sensations fortes ou de passions et une tendance à renouveler trop fréquemment les partenaires. A l'inverse, une tendance à renier les rapports sexuels parce qu'ils sont considérés comme dévalorisants ou ressentis comme mutilateurs peut vous empêcher de vous épanouir pleinement dans une relation amoureuse.

On vous reproche parfois un manque de tendresse, des préliminaires trop courts, des comportements égoïstes de ne considérer l'autre que comme l'objet de votre conquête, de vouloir toujours avoir raison et d'entretenir avec l'autre des rapports de compétition. Bien maîtrisé, vous savez éviter les excès, gérer votre sexualité, votre agressivité et les différents qui vous opposent à autrui et prendre votre temps pour construire une relation stable. Vous pouvez cependant être insatisfait parce que votre vie dans son ensemble vous parait manquer d'événements, d'action, de passion, de combats, de résultats, de sensations fortes ou de rapports sexuels. Ces sentiments d'insatisfaction peuvent engendrer des réactions de compensations parfois violentes, et alors, lorsque vous exprimez votre Mars, vous pouvez avoir tendance à le faire d'une façon excessive.

Scénario 2 : Mars, votre moteur, domine et le Soleil est rejeté ou mal intégré.

Lorsque vous êtes identifié à Mars, vous avez besoin de vous affirmer dans la vie, d'assurer, d'agir et de réagir, de vivre intensément dans le présent et sur terrain, de mobiliser vos énergies pour obtenir des résultats, de vous confronter aux réalités concrètes du monde extérieur, d'extérioriser vos instincts, d'exprimer votre sexualité ou de vous engager dans un combat.

Vous pouvez alors être fortement sensibilisé aux effets perturbateurs que peuvent avoir tout idéal, l'absence ou l'influence du père, d'un modèle servant de référence, d'un symbole d'autorité incarné par un patron, un responsable ou par l'état, vos ambitions, vos valeurs ou des personnes ayant joué un rôle essentiel dans votre vie sur votre vie active ou sur votre situation concrète.

Cela peut engendrer une mauvaise intégration ou un refoulement de tout ou une partie de la fonction solaire.

Vous alors pouvez avoir tendance à n'accorder crédit qu'aux faits, qu'aux résultats, qu'à l'expérience vécue, qu'à ce qui est fonctionnel et pratique, et à ne vivre que dans l'intensité du présent immédiat, mais en reniant toute vision idéale, tout repère, toute ambition, toute ligne directrice, tout symbole d'autorité, votre identité, vos objectifs personnels et ce qui est pour vous essentiel.

Peu vous importe alors la parure, l'image que vous donnez aux autres et les marques de reconnaissances. Vous pouvez avoir du mal à rester vous-même dans le feu de l'action, manquer de logique et d'organisation dans ce que vous faites et avoir tendance à ne pas avoir une vision claire de la situation, du déroulement des événements, des obstacles à franchir et des efforts à fournir, des rapports de force, de la concurrence, des rivalités et des tensions éventuelles.

Vous pouvez aussi être insatisfait dans votre vie active ou dans ce que vous faites parce que vous avez l'impression de ne pas être reconnu, admiré, aimé ou estimé, de ne pas jouer un rôle central, de ne pas réellement maîtriser, diriger ou régner dans les faits et dans les événements concrets ou encore que ce que vous faites n'a pas assez de valeur, de sens ou d'importance.

Scénario 3 : Votre Soleil (votre volonté, votre besoin de reconnaissance) est en excès.

Lorsque vous êtes identifié au Soleil, vous pouvez avoir tendance à l'être excessivement. Peut-être n'arrivez-vous à être efficace, à vous impliquer, à agir, à vous motiver que lorsque vous êtes admiré, estimé, mis sur un piédestal, que lorsque vous êtes l'objet d'une attention particulière, d'un amour inconditionnel ou que lorsque vous être le centre du monde.

Peut-être avez vous à tel point un besoin de vivre dans la réalité, d'être maître de votre vie et de votre trajectoire, de vivre à travers une relation privilégiée, en fonction des attentes d'autrui ou de quelques relations qui sont importantes pour vous, à travers un besoin d'être aimé, d'être estimé, de briller, à travers un certain absolu, en fonction d'objectifs et de repères clairement définis, d'un idéal ou de certains principes, en fonction d'une certaine image que vous voulez donner que cela vous empêche de vous exprimer, de vous affirmer de façon autonome, de combattre, d'agir, de vous confronter aux réalités du monde et d'assurer ?

Il se peut que votre idéal, un absolu, vos valeurs, vos ambitions, vos principes, l'image que vous cherchez à donner auprès des personnes jouant un rôle important dans votre vie, un symbole d'autorité ou des relations amoureuses perturbent ou limitent vos possibilités d'action, vos engagements, votre capacité à affronter efficacement la situation présente et à obtenir des résultats, l'expression de vos instincts et l'affirmation de votre personnalité dans la vie active. Vous pouvez facilement avoir l'impression d'être sanctionné ou rappelé à l'ordre par votre conscience ou par un symbole d'autorité dès que vous vous écartez de votre ligne directrice ou de votre idéal absolu, dès que vous commettez le moindre excès ou prenez le moindre risque.

L'influence excessive du Soleil peut se traduire par des réactions d'orgueil, d'égocentrisme, d'abus de pouvoir, de sécheresse de cœur, d'intransigeance, d'intolérance, d'arrogance, de présomption et d'un coté "je sais tout". Vous pouvez faire preuve d'une tendance à l'inflation et à la surestimation du moi suite à une identification à une fausse image de soi, d'une tendance à l'exhibitionnisme et d'une tendance à ne vivre qu'en fonction des apparences, de la parure et de l'image que vous voulez donner.

Un excès de Soleil peut également engendrer une fierté déplacée, une tendance à vouloir tout le temps donner une valeur, un sens ou une explication aux êtres et aux événements, à vouloir tout le temps vous imposer et à imposer votre vision du monde à travers des attitudes

66

d'arrivisme autoritaire, tel un monarque à qui l'on doit une obéissance inconditionnelle, une tendance à vous croire tout permis ou à vous donner une importance que vous n'avez pas dans les faits ainsi qu'un complexe de supériorité.

Scénario 4 : Votre moteur surchauffe

Vos instincts chercheront alors à s'extérioriser comme ils le peuvent mais souvent au détriment de vos valeurs et de l'image que vous avez de vous-même. Cela peut se traduire par de la colère non maîtrisée, par des désirs sexuels excessivement forts et par des actes et des comportements regrettables.

Un manque de contrôle de votre corps et de vos actes peut se traduire par une impulsivité synonyme de chutes, de blessures, de coupures ou de brûlures. Coté santé, cette facette de votre personnalité peut parfois se traduire par des déchirures musculaires, par des irrégularités dans le rythme cardiaque ou dans la température corporelle, par des douleurs dorsales et par des accumulations d'énergie localisées pouvant créer des douleurs et des tensions. Ces excès peuvent engendrer un sentiment de révolte généralisée envers toute forme d'autorité, des réactions de contestation systématique envers les supérieurs ou toute personne jouant un rôle central dans la situation, un refus d'obéir aux ordres, d'incarner le rôle que l'on vous demande de jouer, de vivre les modèles servant de référence, d'accepter les choses telles qu'elles sont et de vous discipliner. Vous avez parfois tendance à vous sentir agressé et à réagir violemment quand les choses ne sont pas comme vous le voulez ou quand les événements ne correspondent pas à votre idéal, à vos valeurs, à votre façon de voir, ou quand vous ne jouez pas un rôle central dans la situation.

L'influence excessive de Mars peut se traduire par une difficulté à agir sans forcer ou sans vous précipiter, par une tendance à ne vivre qu'en fonction de vos instincts et de vos besoins personnels au point d'en devenir égoïste, par une tendance à vivre dans un état d'urgence permanent en voulant «tout tout de suite », en brûlant les étapes et en voulant aller trop vite, par une tendance à bousculer votre monde d'une façon parfois brutale en provoquant des conflits et des tensions, et donc des rivalités et inimitiés.

Peut-être avez-vous tendance à faire preuve d'une jalousie exacerbée et de comportements destructeurs envers ceux qui ont réussi ou à vivre dans un état de compétition et de concurrence permanente en voulant tout le temps être le meilleur, le plus rapide ou avoir le dernier mot ? Peut-être ne vous croyez-vous digne d'être aimé que si vous êtes le meilleur ?

Peut-être ne croyez-vous pouvoir réussir que si vous vous opposez à un adversaire ? Un besoin excessif de sensations fortes, un manque de conscience des dangers réels, une tendance à surestimer vos moyens ou à sous-estimer l'adversaire et les obstacles à franchir peuvent vous donner tendance à brûler la chandelle par les deux bouts ou à vous aventurer dans des voies et des entreprises périlleuses qui aboutissent à l'échec, à la défaite ou parfois à l'auto destruction.

Votre façon d'agir, votre manque de discipline, votre coté sauvage, les impératifs de votre situation ou la pression des événements peuvent alors vous détourner de votre idéal, de vos objectifs et de vos centres d'intérêts, vous faire perdre la reconnaissance, l'estime ou l'amour des personnes qui comptent pour vous et vous empêcher de créer ou de réussir.

Votre coté excessivement franc, transparent, parfois naïf, idéaliste, toujours impliqué et concerné par ce qui se passe et toujours présent sur les devants de la scène peut vous prédisposer à subir des abus de confiance parce que vous n'êtes pas toujours attentif à ce qui se passe dans l'arrière scène, dans les coulisses et en bas de l'échelle et parce que vous avez du mal à prendre du recul face aux événements tellement vous vous sentez impliqué. L'envers du décor, les manipulations, les complots, intrigues et magouilles bien souvent vous échappent.

Expression positive consciente et naturelle : Lorsque vous apprenez à maîtriser cette partie de votre personnalité et à utiliser toute sa richesse et lorsque vous avez fait le chemin pour exprimer cette relation en pleine conscience et d'une manière positive.

Pour transformer la relation Soleil-Mars dissociée en relation consciente et dynamique, il peut être utile de savoir ajuster vos idéaux et vos ambitions à vos moyens et aux possibilités concrètes du terrain, d'effectuer un travail sur l'image que vous avez de vous-même et celle que vous donnez aux autres, sur l'image de l'homme, du père, de l'autorité, sur le rôle que doivent avoir la vie extérieure, la réussite, l'amour, la création et la volonté dans votre vie et aussi sur le rôle que doivent avoir la motivation, la prise de décision, l'engagement, la combativité et l'action au sein de votre personnalité.

Un travail sur la conscience corporelle (Tai-Chi, Danse, Yoga, Tantrisme) et quelques heures de sport par semaine peuvent vous faire le plus grand bien. Les deux fonctions peuvent être vécues de façon à ce que chacune rectifie l'autre au moindre excès, dans des états d'esprit, dans des lieux ou à des moments très différents.

Vous pouvez vivre des moments où vous affirmez vos valeurs personnelles en fonction d'un idéal, de votre absolu et de vos principes, où vous vous comportez en fonction d'une certaine image à donner, où vous vous consacrez à vous-même, à vos occupations, à vos responsabilités, à vos créations, à vos ambitions, à des activités qui vous mettent en valeur, à une relation amoureuse, à quelques relations privilégiées ou à ce qui vous demande d'investir la plus grande partie de votre énergie.

Puis vous pouvez vivre des moments où vous savez assurer, mobiliser vos énergies pour obtenir des résultats, être efficace et performant, vous affirmer pour conquérir votre place dans la vie et exprimer votre sexualité.

Vous savez qu'il y a une grande différence entre l'idéal et la réalité et que toute situation n'est jamais idéale, mais cela ne vous empêche pas d'agir ni d'être efficace. Vous savez aussi mettre de coté vos centres d'intérêts, vos idéaux et ce qui est essentiel pour vous lorsqu'il s'agit de faire face aux événements comme vous savez laisser de coté les contraintes et obligations de votre situation concrète pour vous occuper d'autres choses qui vous paraissent essentielles.

Vous pouvez aussi avoir fortement conscience qu'il y a d'une part l'animal en vous avec ses pulsions et ses instincts et d'autre part l'Esprit et sa recherche d'absolu, et avoir pleinement conscience des difficultés qui peuvent exister lorsqu'il faut dompter l'animal en soi. Votre capacité à différencier en toute conscience le corps humain et l'Esprit peut devenir un pilier de votre évolution spirituelle.

Bien maîtrisée, la relation Soleil-Mars peut vous conférer un ensemble d'aptitudes qui sont alors vécues d'une façon particulièrement consciente et dynamique. Cela peut par exemple se traduire en ce qui concerne le Soleil par une volonté, un éveil et une créativité au-dessus de la moyenne et pour ce qui concerne Mars par un dynamisme, une combativité, une capacité à vous motiver et à prendre des décisions, un courage, un sens de l'efficacité et des capacités physiques qui sont au-dessus de la moyenne.

Vivre, agir, entreprendre, vous imposer en faisant usage de l'agressivité, mobiliser vos forces pour obtenir des résultats, combattre avec la volonté de vaincre, assurer, être performant et faire face aux réalités extérieures pour vous tailler une place dans le monde sont vos repères, votre idéal, vos valeurs, le centre de votre existence et vos sources principales de dépense d'énergie.

Votre dynamisme, votre capacité à convaincre et à vous imposer votre force, votre combativité, et votre courage tendent à être extériorisés et mises au service de votre volonté, d'un idéal, de votre réussite voire de grandes ambitions. Vous vivez au rythme de vos impulsions, de vos instincts et tendez à vous identifier à ce que vous faites, à votre corps et à vos élans. Vous êtes particulièrement capable de vous battre, d'entreprendre, de conquérir, de vous affirmer, de vous engager, de mobiliser vos énergies, de déployer les grands moyens, de faire usage de la force et s'il le faut de l'agressivité lorsqu'il s'agit de réaliser vos objectifs, d'incarner votre idéal, de créer, de vous imposer et de réussir, ou lorsque l'Amour est en jeu.

Une parfaite complicité entre votre cœur, votre conscience, votre esprit et votre énergie vitale vous permet d'exploiter votre énergie, de la maîtriser et de la canaliser. Cela peut être synonyme de grande vitalité, d'une abondante réserve d'énergie sans cesse renouvelée, de force musculaire, de vigueur physique, de puissance agressive et de fortes capacités réalisatrices. Vous avez besoin de vous dépenser pour éprouver des sensations fortes et d'entretenir en permanence une certaine tension. Votre force consiste à savoir orienter constructivement votre énergie sexuelle vers la création, à vivre intensément dans le présent en fonction des événements immédiats et à improviser sur-le-champ en toute spontanéité en fonction des nécessités concrètes du moment.

Vous savez vous engager corps et âme dans toute situation en mobilisant vos énergies pour atteindre vos objectifs, en étant prêt à recommencer autant de fois qu'il le faut pour arriver à vos fins, sans vous laisser décourager par les efforts à fournir et les obstacles à franchir. Vous savez également rester vous-même dans le feu de l'action, sans que la pression des événements vous détourne de vos objectifs, de vos idéaux ou de vos valeurs. Vous savez avoir une vision claire de la situation, du déroulement des événements et des rapports de force existant. Vous avez comme on dit " le coup d'œil ", la capacité d'avoir « une vison », un sens de la synthèse et une capacité de réaction rapide.

Vous savez ce que vous voulez et ce qui vous tient à cœur, ce qu'il faut faire pour l'obtenir, puis vous donner les moyens d'atteindre vos objectifs et de réussir vos entreprises. Cela vous confère une certaine force de frappe, une capacité à vous imposer de façon parfois théâtrale, une capacité d'être percutant et une capacité d'agir efficacement sur les événements par vos initiatives et vos actes.

Votre dynamisme, votre courage, votre combativité, votre capacité à vous donner les moyens et votre efficacité vous mettent en valeur, vous apportent une certaine reconnaissance, améliorent votre image de marque, vous permettent d'occuper les devants de la scène et facilitent votre réussite. La relation Soleil-Mars bien intégrée vous confère une personnalité virile, dynamique, franche, directe, courageuse, enthousiaste, démonstrative, combative, offensive, loyale, noble et chevaleresque.

On peut vous décrire comme une personne entière, primaire et spontanée, ayant une grande confiance en ses moyens, vivant en fonction de certitudes intérieures de nature émotionnelle, loin des calculs, des interrogations, des spéculations et des complications des gens qui ne sont pas comme vous. Vous êtes sûr et vous savez parce que vous éprouvez les choses avec votre corps et parce que vous les voyez avec votre conscience.

Vos capacités réalisatrices sont également facilitées par votre capacité à oublier. Les mots et les informations peuvent s'effacer aussi rapidement qu'ils s'apprennent et les événements devenir facilement du passé. C'est en partie grâce à cette faculté de désapprendre que vous pouvez ainsi vivre dans le présent. Si votre besoin de renouvellement permanent vous rend doué pour démarrer une entreprise ou pour assurer dans les débuts d'un événement parce qu'il y a un certain état de tension qu'il vous faut entretenir, vous supportez en revanche mal les situations trop calmes, lorsqu'il n'y a pas de défis, de faits ou d'événements nouveaux, lorsqu'il vous faut attendre ou lorsque la situation évolue dans une régularité monotone. Vous pouvez alors être tenté d'aller voir ailleurs et de faire autre chose quitte à conclure et à abandonner ce que vous avez commencé.

Vous avez tendance à vous définir par le face à face avec la réalité, comme un être de terrain, et par la confrontation aux autres. Vous avez un constant besoin de prouver à vous-même et aux autres que vous êtes fort et capable, voire le plus fort et le plus capable et que vous avez raison. Vous êtes parfois indiscipliné et toujours prêt à bousculer ce qui contrarie votre liberté d'action, mais vous êtes néanmoins capable de vous discipliner et de commander à l'instar de l'animal à la tête du troupeau, qui, devant les autres, se fait suivre en servant de modèle et en donnant l'exemple.

Si vous avez parfois mauvais caractère, vous emportez facilement et avez un sens inné de la contestation, vous avez en revanche un cœur généreux, entier, ardent et démonstratif. Vous avez tendance à encourager, à stimuler et parfois à bousculer l'autre pour l'aider à s'affirmer, à agir et à obtenir des résultats.

Vous ignorez en général les nuances et les demi-teintes, pratiquez une politique du tout ou rien, aimez l'efficacité, le combat, l'indépendance, l'aventure, le pouvoir obtenu par la force et tendez à mépriser les tièdes et les médiocres. Les grands discours, la poudre aux yeux, les compliments hypocrites et sans consistance, les formes creuses et les conduites superficielles suscitent chez vous des réactions de mépris. Vous êtes par contre très sensible aux compliments sincères mais aussi aux blessures d'amour propre. Le sens de la dignité, du respect et des valeurs sont particulièrement développés chez vous.

Vos idéaux, vos ambitions, votre image de vous et de la vie tendent à être basés sur des faits concrets, élaborés grâce à des expériences vécues et consolidées suite aux confrontations avec les réalités concrètes du monde extérieur. Vos idéaux sont mis en pratique et vos convictions exprimées. Et lorsque vous agissez, vous avez le besoin et la capacité d'avoir une bonne image de vous et de donner aux autres une bonne image. Votre fierté et votre sens de la dignité vous incitent en général à évaluer la faisabilité d'une entreprise avant de vous lancer. Dans la mesure où vos actes, vos engagements et vos déclarations correspondent à l'image que vous donnez et à ce que vous êtes, vous avez un coté clair et transparent car votre être est le reflet de votre paraître.

Vous avez besoin, en toute situation, dans les expériences que vous vivez et dans la vie active d'être mis en valeur, de recevoir des marques de reconnaissance, de jouer un rôle central, de créer, de vous montrer, d'être sur les devants de la scène, d'incarner une certaine classe et d'avoir un certain prestige. Inversement, vous jouez un rôle central et acceptez des marques de reconnaissance, du prestige voire la couronne que si cela ne vous apporte de nouvelles possibilités d'action, que si cela ne vous permet d'avoir une emprise plus sûre sur les réalités extérieures ou que si vous estimez l'avoir mérité. Votre réussite, votre image de marque, votre valeur et votre prestige éventuel doivent être fondés sur des faits, sur des résultats et votre efficacité et mérités comme la victoire d'un combat.

L'homme, de part sa franchise, sa virilité, son dynamisme, sa combativité, son sens de la conquête et ses qualités de cœur a des facilités dans les relations avec les femmes. La femme peut avoir le don, de part l'image de l'homme qu'elle projette sur son compagnon, de le propulser vers la réussite et de l'aider à s'affirmer dans la vie. Elle tend à être attirée par des hommes dynamiques, francs, forts, courageux, fiers, ayant une certaine virilité, capable d'assurer dans la vie, ayant une certaine noblesse de caractère et des qualités de cœur.

ASPECT HARMONIQUE SOLEIL-JUPITER

Il y a dans votre thème astral une relation permanente, continue et symbiotique entre le Soleil et Jupiter qui s'expriment en vous comme deux partenaires. Comme vous êtes sensible aux effets positifs que chacune des fonctions à sur l'autre, vous tendez à croire que lorsque vous vivez l'une des fonctions, alors l'autre viendra systématiquement la soutenir. Vous tendez ainsi à récolter le meilleur de chacune de ces deux fonctions psychologiques et des expériences qui y sont associées.

Un soutien familial, affectif et matériel, une relation épanouie avec votre père ou avec des personnes représentant l'autorité, une reconnaissance de votre environnement, le soutien d'une personne protectrice et généreuse, une ouverture culturelle ou sociale, des voyages ou l'influence de l'étranger ont pu vous mettre en valeur, renforcer votre sentiment d'identité ou développer une confiance en vous-même et une foi en la vie.

Cette influence bénéfique d'événements extérieurs tend également à engendrer, en vous, un fond d'optimisme qui vous prédispose à attirer dans votre vie par vos croyances et comportements tout ce dont vous avez besoin, une activité professionnelle valorisante, de nombreuses relations, une union heureuse vivant dans un cadre aisé et une vie de famille épanouie, où votre générosité de cœur peut s'exprimer librement.

Jupiter correspond à votre besoin de vous insérer socialement à travers une activité professionnelle reconnue et à votre besoin d'élargir vos horizons à travers des voyages, des expéditions, à travers des activités culturelles ou à travers des valeurs religieuses, philosophiques ou spirituelles. Il vous confère un besoin de confort et d'épanouissement, un besoin d'être utile, d'affirmer votre autorité et de faire la loi, la confiance en soi, le sens des affaires et de la coordination, un goût pour l'aventure et l'exploration, l'opportunisme, la capacité à tirer des leçons des événements et la capacité à guider ou à enseigner.

Ces différents besoins et les capacités à satisfaire ces besoins font partie intégrante de votre caractère et sont pour vous essentiels. Ils peuvent constituer vos repères dans la vie, le centre de votre existence, et être une source principale de dépense d'énergie. Ils peuvent contribuer à renforcer votre sentiment d'identité et vous aider à alimenter votre fierté naturelle et une bonne image de vous-même. Ils peuvent aussi faciliter votre réussite et votre rayonnement personnel, contribuer à vous mettre en valeur, vous permettre d'être reconnu, estimé ou admiré et vous permettre d'exprimer votre créativité, votre énergie et l'amour qu'il y a en vous.

Avec une relation Soleil-Jupiter, vous tendez à avoir un tempérament extraverti, jovial, bon vivant, enthousiaste mais réaliste, fougueux et entraînant. Vous avez besoin d'espace vital et d'envergure. Vous êtes expansionniste et indépendant, parfois classique et conventionnel, volontariste, convaincant, dynamique et passionné. Votre idéal de vie est un idéal de participation à la vie de la société dans laquelle vous évoluez et donc un idéal d'intégration.

Votre volonté est mise au service de votre insertion sociale et de votre réussite professionnelle ou influencée, canalisée, gérée et prise en main par des normes sociales, par un idéal culturel, professionnel ou spirituel. Cela vous permet d'orienter de façon constructive votre volonté et vos idéaux vers des objectifs sociaux et d'intérêt collectif, de définir de façon claire des objectifs professionnels souvent tôt dans la vie, puis de mobiliser votre volonté, votre créativité et votre énergie pour les atteindre.

Vos idéaux, vos principes et vos repères vous aident ainsi à mieux vous orienter dans la vie extérieure. Lorsque vous êtes dans une situation quelconque, vous avez besoin de repères, de définir une trajectoire et des objectifs clairs, de clarté, d'être bien renseigné quant à ce qui se passe, d'être estimé, admiré, connu et reconnu, de vous mettre en valeur, de jouer un rôle central, de prendre les choses en main, de régner et de diriger, d'assumer vos responsabilités d'adulte, d'affirmer votre volonté et vos objectifs, d'être utile, d'être présent sur les devants de la scène, d'occuper le terrain, de faire valoir vos opinions et vous tendez à vous exprimer et à prendre position dès que vous en avez l'opportunité ou dès qu'une situation a un lien avec ce qui est pour vous essentiel.

Dans votre vie professionnelle, lorsque vous êtes dans le monde, lorsque vous gérez une situation, lorsque vous êtes en groupe, vous tendez à être soucieux de l'image que vous donnez et de votre réputation, mais aussi de préserver une certaine honorabilité. Vous aimez ce qui est clair, net et précis. Vous avez un sens développé des valeurs et de la dignité. Vous agissez et vous vous investissez en faisant le maximum, mais en respectant votre idéal, vos valeurs, vos principes, vos objectifs personnels.

Vous avez besoin d'être le maître de votre destinée et de diriger votre vie. La relation Soleil-Jupiter vous confère le besoin d'être quelqu'un, de représenter quelque chose aux yeux des autres, de vous affirmer à travers une réussite professionnelle visible et reconnue. Vous avez besoin de vous élever socialement, de conquérir votre place au Soleil et d'atteindre une certaine position sociale. Vous vous épanouissez en jouant un rôle important dans la société.

Vous disposez souvent d'une grande vitalité, d'un important capital de magnétisme personnel, d'une abondante réserve d'énergie, d'une autorité puissante et d'une capacité à vous imposer de façon parfois théâtrale. La tradition parle de supériorité sociale ou morale.

Vous savez apprendre, comprendre, prendre en compte et exploiter les lois, les règles du jeu et les conventions de votre système social ou de votre contexte professionnel et les mécanismes psychologiques, humains, financiers, économiques ou politiques sur lesquels reposent les relations humaines.

Vous êtes capable d'acquérir la culture nécessaire pour réaliser vos objectifs, d'adapter les lois et règles du jeu en fonction de vos intérêts personnels et de créer les règles qui permettent de maintenir la cohésion du groupe. Votre conscience sociale et votre sens civique peuvent être particulièrement développés.

Votre facilité à vous insérer dans la société repose sur une conscience des contraintes et des sacrifices inhérents à toute activité socioprofessionnelle, sur l'acceptation de ces sacrifices et surtout sur une conscience des bénéfices et des avantages que votre investissement socioprofessionnel vous apporte, qu'ils soient d'ordre financier ou en rapport avec l'estime, l'image et la mise en valeur de votre individualité. Vous pouvez être particulièrement doué pour évaluer les investissements et sacrifices nécessaires par rapports aux bénéfices pouvant être escomptés, pour donner un sens et une utilité à ce que vous vivez, pour faire évoluer une situation, pour gérer, pour coordonner, pour guider, pour conseiller, pour rentabiliser et pour optimiser.

Vous comprenez également le rôle, l'utilité et le sens de l'autorité sociale et patronale, savez qu'elle est indispensable au bon fonctionnement de toute société organisée et acceptez l'autorité dans la mesure où elle personnifie la volonté collective et où elle sert l'intérêt général. Les événements démontrent souvent que vous êtes chanceux et sans doute croyez-vous à la chance parce que les événements vous ont permis de prendre conscience de votre chance. La vie peut effectivement vous apporter de bonnes cartes de départ. Mais votre chance peut provenir d'une certitude que le ciel vous aidera si vous vous aidez vous-même. Elle est favorisée par votre capacité à voir les aspects positifs de toute situation, à vous satisfaire de ce que vous vivez tout en vous fixant des objectifs et des ambitions qui sont accordés à vos moyens, à vous donner les moyens d'atteindre vos objectifs en utilisant les opportunités de votre environnement qui vont dans le sens de vos objectifs et à vous adapter rapidement aux réalités du terrain.

Votre bon jugement et votre sens de globalisation, votre capacité à généraliser et à comparer ce qui est comparable avec des normes ou avec ce qui se fait ailleurs, votre sens inné de la gestion des ressources disponibles, votre capacité à personnifier la volonté collective, à vous imposer avec autorité, à respecter les hiérarchies et votre tendance à être loyal, magnanime, chaleureux, généreux, paternaliste mais ferme peuvent vous conférer des aptitudes au commandement et vous permettre d'accéder à des postes à responsabilités.

Vous pouvez avoir la possibilité, à la maturité de votre existence, de faire preuve d'un rayonnement idéologique, culturel, philosophique ou social. Vous préférez faire la loi plutôt que de la subir, pouvez avoir un goût prononcé pour le pouvoir et devez veiller à ne pas vous prendre pour Dieu le père.

Vous pouvez également être doué pour la communication et la négociation. Vous savez vous exprimer avec une certaine éloquence, faire preuve d'ouverture d'esprit, de diplomatie et de disponibilité, écouter et comprendre le sens de ce qui est dit, tenir compte de l'ensemble de vos interlocuteurs et du contexte général dans vos conversations, rassembler des personnes autour d'un objectif commun, accepter les gens comme ils sont, voir ce qu'il a de positif chez chaque personne et faire preuve de bonté, de générosité, de chaleur, d'enthousiasme et de maturité.

Même si votre générosité n'est pas toujours désintéressée, vous aidez facilement vos semblables dans la mesure où cela ne vous cause pas de préjudice, et cela vous permet de vous faire apprécier. Vous savez faire preuve d'autorité, trouver les arguments pour convaincre et vous imposer de façon énergique. Vous avez besoin d'être entouré et tendez assez facilement à établir un cercle de relations. Vous savez que votre réussite professionnelle et la chance en général sont favorisées lorsqu'on a les bonnes relations et pouvez être doué pour vous faire des relations utiles. Certaines de ces relations contribuent souvent à vous faciliter la vie.

L'AMOUR

Lorsque Jupiter s'exprime sous son aspect conformiste, votre besoin d'amour et de relation amoureuse est motivé par, ou associé à, un besoin de confort matériel, d'intégration et de reconnaissance sociale et parfois à un besoin d'élargissement de vos horizons à travers une ouverture culturelle, philosophique, religieuse ou spirituelle. Vous faites parfois preuve d'un certain conformisme amoureux dans le sens où vous cherchez facilement à adapter votre vie amoureuse au contexte socioculturel qui vous entoure.

Aussi avez-vous une tendance naturelle à rechercher le mariage légal et officiel accompagné d'une vie de famille, et à attirer dans votre vie des personnes ayant ce même désir. Lorsque Jupiter s'exprime sous son aspect voyageur et aventurier, vos élans amoureux sont fougueux, enthousiastes, démonstratifs, chaleureux et passionnés.

Ils ont besoin d'espace vital et de liberté, de découvrir de nouveaux horizons, de vie, d'action et de relations, d'une certaine envergure et d'aventure pour s'épanouir. Vous vous laissez difficilement enfermer dans une relation où vous manquez d'espace et de liberté. Jupiter peut vous faire vivre l'amour à l'étranger ou en voyage, et vous rendre attiré par certains étrangers et par l'exotisme.

Vous tendez à rechercher des passions nobles et chevaleresques, à être idéaliste, à croire aux princes, aux princesses et aux contes de fées. Vous avez puissamment besoin d'aimer et d'être aimer et tendez à vivre au rythme de votre cœur. Vous avez besoin de donner un sens à ce que vous vivez. Le terme " la puissance de l'amour " correspond bien l'aspect Soleil-Jupiter. Vous savez qu'une relation amoureuse implique certaines concessions et vous êtes prêt à les faire parce que vous voyez les avantages qui en découlent.

Parce que l'amour est pour vous synonyme d'épanouissement, vous savez vous donner les moyens d'établir une relation amoureuse stable. Votre sexualité et vos échanges amoureux tendent à être influencés par des règles ou par un code de bonne conduite. Vos appétits sexuels tendent à être forts mais sains, sans complications ni obsessions.

Votre optimisme, votre générosité, votre aptitude à trouver des solutions, à faire preuve d'autorité, à apporter à l'autre une existence riche en événements, à rassurer et à assurer financièrement facilitent vos relations amoureuses.

Chez une femme, l'aspect harmonique facilite les relations avec l'autorité, et de part l'image de l'homme qu'elle projette sur son partenaire, elle peut aider celui ci à s'extérioriser, à s'insérer socialement et à réussir. La femme est attirée par des hommes expansifs, généreux et extravertis, qui aiment les voyages, qui sont bien inséré dans la société, qui ont une condition aisée une ouverture d'esprit et une autorité naturelle, une certaine culture ou un tempérament jovial et optimiste.

Vous pouvez avoir des goûts et des aptitudes pour éclairer, diriger, manager, coacher, présider, encadrer, organiser, éduquer, maîtriser, réussir, vous faire remarquer, être en position centrale, de briller, être connu, reconnu et mis en valeur, pour reconnaître la valeur des êtres et des choses, pour être indépendant(e) et autonome, et pour faire preuve de clarté, de puissance et de rayonnement, pour être un modèle, pour maquiller, pour faire du spectacle et du théâtre, ou pour être une source de vie, de lumière, d'énergie et de chaleur. Vous pouvez aussi avoir des talents pour enseigner, légaliser, légiférer, représenter, organiser, administrer, pour vous insérer socialement et aider d'autres à le faire, pour vous cultiver, pour voyager ou organiser des voyages et des expéditions, pour éduquer, philosopher, coordonner, pour découvrir le monde, pour organiser des transports, pour avoir des liens avec l'étranger, pour négocier et pour faire des affaires.

ASPECT DISSONANT/DYNAMIQUE SOLEIL-JUPITER

Il y a dans votre thème astral une relation permanente, mais discontinue, dissociée, duelle, tendue et conflictuelle, entre le Soleil (vos repères, votre ego, votre volonté) et Jupiter (votre relation à l'espace et à la société), car ces deux planètes vibrent en vous à deux fréquences totalement différentes. Chaque planète veut se vivre, à sa façon, à travers vous et tend à considérer l'autre comme une rivale ou comme une perturbatrice.

Vous avez alors tendance, soit à exprimer l'une puis l'autre des planètes d'une façon excessive, soit à vivre l'une des planètes et à rejeter l'autre parce que vous la considérez comme perturbatrice, parce que vous voyez son côté sombre plus que son côté lumineux. Tant que vous nourrissez ce conflit à l'intérieur de vous, vous récoltez le moins bon de chacune des deux fonctions psychologiques et des expériences qui y sont associées. La solution, que vous verrez plus bas dans le texte, est de vivre chaque fonction en pleine conscience et de savoir alterner rapidement et consciemment, entre chacune des deux fonctions psychologiques représentées par la planète Vous transformez ainsi une relation conflictuelle en une grande force et vous vivez cette relation de façon consciente et dynamique.

Cette partie de votre personnalité peut engendrer, lorsqu'elle n'est pas maîtrisée, des difficultés à trouver votre place dans le monde, à être reconnu socialement, à exprimer votre autorité, à être en règle avec la loi, à acquérir les savoirs nécessaires pour exercer une profession ou des difficultés dans l'expression de votre Etre et dans la vie amoureuse de par un conflit ou une dissociation entre par exemple votre besoin de vivre une relation amoureuse et votre besoin de vie professionnelle, entre votre volonté personnelle et les contraintes imposées par la société, entre vos valeurs ou idéaux et les opportunités du moment, entre votre besoin d'exprimer ce qui vous tiens à cœur et votre besoin d'espace vital. Vous avez alors tendance à incarner plusieurs scénarios, en alternant parfois de l'un à l'autre.

Scénario 1 : Le Soleil domine et Jupiter est rejeté ou mal intégré à votre personnalité.

Lorsque vous exprimez votre Soleil, vous cherchez à vous affirmer, à exprimer vos convictions et vos valeurs. Vous mobilisez votre volonté, vivez selon un certain un idéal, un absolu, un système de référence orientant les grandes lignes directrices de votre vie. Vous avez besoin d'être admiré, aimé, connu, estimé, de vous engagez dans une relation amoureuse ou de créer, de réussir et de réaliser vos ambitions.

Vous pouvez alors être très sensible aux difficultés ou aux effets perturbateurs que peuvent causer toute manifestation d'autorité, tout élargissement de vos horizons à travers les voyages ou la culture, toute recherche philosophique ou spirituelle, le système fiscal, éducatif, juridique ou médical, toute différence de nationalité ou de culture et la société, avec ses codes, ses lois, son uniformité, ses obligations et les sacrifices qu'elle impose. Cela peut vous inciter à renier et à rejeter tout ou une partie de ce que représente Jupiter, c'est à dire par exemple la société, les symboles d'autorité comme les hommes de lois ou les patrons, les voyages et les étrangers.

Peut-être avez-vous cru, à un moment donné dans votre vie, qu'on ne vous aimerait plus ou qu'on ne vous aimerait qu'à condition que vous obéissiez à l'autorité ? Peut-être avez-vous cru que vous risquiez de perdre la reconnaissance des personnes qui comptaient pour vous ou que vous risquiez de vous détourner de ce qui vous était essentiel si vous affirmiez votre autorité, si vous vous insériez dans la société ou si vous cherchiez à élargir vos horizons à travers la culture ou des voyages?

Ou inversement peut-être avez-vous peur de n'être aimé que pour ce que vous pourriez représenter, que pour votre situation sociale, que pour votre culture ou votre philosophie? Votre volonté, votre énergie solaire, vos idéaux, vos repères ne sont pas toujours influencés, gérés et pris en main par votre autorité, par un idéal culturel, philosophique ou spirituel, par des règles logiques, par une volonté d'insertion dans un contexte socioculturel et ils ne tiennent pas toujours compte du contexte, des opportunités, des contraintes et des événements extérieurs.

Peut-être voulez-vous, mais hors système, hors société, et vos repères peuvent se situer en dehors des règles de la société et du monde extérieur.

Ou peut-être voulez vous être reconnu et admiré, occuper une position sociale importante, jouer un rôle central ou régner par droit divin, sans vouloir faire les efforts ou les concessions nécessaires, sans avoir fait vos preuves et sans vous en donner les moyens? Peut-être alors avez-vous tendance à croire que vous n'avez pas tellement de chance dans la vie parce que vous ne savez pas incarner les mécanismes ou les comportements qui engendrent la chance? Un désaccord entre le Soleil et Jupiter provient parfois d'un conflit avec une forme d'autorité incarné par une personne qui jouait un rôle central dans votre vie.

Peut-être avez-vous eu l'impression que votre père, un éducateur ou un homme incarnant l'autorité était étouffant, abusait de son pouvoir, vous imposait ses lois et vous empêchait d'être vous-même et de vous exprimer, ou que cette personne était incapable de vous protéger ou de vous guider? Cela peut vous inciter à renier et à rejeter tout ou une partie de Jupiter.

Ce refoulement peut vous donner des difficultés à accepter et à bien vivre toute manifestation d'autorité, la hiérarchie, la société et ses normes, le système éducatif, médical, juridique, fiscal ou économique, les fêtes, les grandes réunions ou les longs déplacements, les activités culturelles ou religieuses. Vous pouvez également avoir des lacunes lorsqu'il s'agit de connaître, de comprendre et de prendre en compte les lois, les normes, les règles du jeu et les conventions de votre système social et de votre contexte professionnel et les mécanismes psychologiques, humains, financiers, économiques ou politiques sur lesquels reposent les relations humaines.

Vous êtes beaucoup plus sensible aux sacrifices qu'impose la société qu'aux bénéfices et récompenses qu'elle vous offre, d'où parfois une difficulté à être satisfait de votre situation, à vous intégrer et à trouver votre place dans la société. Peut être croyez-vous que l'autorité n'est qu'un instrument officiel permettant à certaines personnes d'en exploiter d'autres, et que le système, par ses lois, ses taxes et ses mécanismes de répression empêche la créativité et la volonté de s'exprimer?

Vous refusez alors de vous identifier à votre masque social et d'être un pion dans une société matérialiste et hypocrite. Sans doute devez-vous prendre conscience que l'âme pour grandir à besoin de vie et d'action, et que la société est le champ d'exercice des forces de l'âme pour que celle-ci apprenne à grandir.

Vos lois personnelles peuvent s'opposer à celles de l'ordre établi par la société, d'où parfois une prédisposition à avoir des procès ou des ennuis avec certains organismes d'état par ce que vous êtes hors la loi. Vous pouvez avoir du mal à vous imposer, à vous affirmer, à faire la loi et à faire preuve d'autorité, à vous sentir utile et reconnu, à avoir un bon jugement, à gérer, coordonner, guider, conseiller et vous faire conseiller, à comparer avec ce qui est comparable, à faire preuve de tolérance, d'ouverture d'esprit, de générosité, d'enthousiasme, de disponibilité, de bon sens et de maturité.

Vous pouvez avoir des difficultés à être à l'écoute d'autrui et à comprendre leur cadre de référence, à vous exprimer de façon telle que tout le monde vous comprenne, à écouter et comprendre le sens de ce qui est dit, à tenir compte de l'ensemble de vos interlocuteurs et du contexte général, à personnifier une volonté collective, à rassembler des personnes autour d'un objectif commun, à vous intégrer dans un groupe. Vous pouvez également éprouver des difficultés pour voir l'aspect positif de toute chose, pour comprendre le sens et les exigences de toute situation, pour acquérir la culture nécessaire pour réaliser vos objectifs, pour vous fixer des objectifs et des ambitions qui sont accordés avec vos moyens ou avec les possibilités du moment, pour utiliser et exploiter votre environnement pour réaliser vos objectifs. Peut être que vous ne vous donnez pas les moyens d'atteindre vos objectifs et que vous ne savez pas en faire profiter aux autres, à voir ?

Peut être avez vous du mal à optimiser et à rentabiliser, à saisir puis exploiter les opportunités et à vous adapter au monde. Ou peut être êtes vous généreux, mais en donnant des perles à des cochons ou en étant toujours intéressé ? Vous pouvez cependant être insatisfait dans votre vie ou dans vos amours parce que vous avez l'impression qu'il vous manque une part de vie et d'action, de protection, d'utilité sociale, de reconnaissance officielle, d'ouverture d'esprit, d'élargissement de vos horizons par les voyages ou la culture, de pouvoir et d'autorité, de bon sens et de bon jugement, d'aisance matérielle, de confort et surtout d'épanouissement et de satisfaction. Vous avez peut être aussi trop facilement l'impression de ne jamais être en règle.

Scénario 2 : Jupiter (votre besoin de jouer un rôle dans la société et votre besoin d'espace) domine et le Soleil est rejeté ou mal intégré.

Si Jupiter est particulièrement valorisé chez vous, vous avez besoin de vous insérer dans votre société, d'être utile et reconnu, de confort et d'épanouissement, d'aventure, de vie et d'action, de faire la fête, de
81

coopérer au sein d'un groupe ayant des objectifs communs, d'élargir vos horizons à travers des voyages ou à travers une activité culturelle, philosophique, religieuse ou spirituelle, d'affirmer votre autorité, d'exercer un pouvoir et de faire la loi.

Vous pouvez alors être facilement sensibilisé aux effets perturbateurs que peut avoir votre idéal, l'influence du père, un modèle servant de référence, un symbole d'autorité, vos convictions et valeurs personnelles, l'image que vous avez de vous ou celle qu'on cherche à vous donner, une relation amoureuse ou une personne ayant un rôle central dans votre vie.

Une tendance à voir ce que représente le Soleil sous son aspect négatif peut vous donner tendance à renier, à dénigrer, à rejeter ou à refouler tout ou une partie de la fonction solaire. Vous acceptez parfois de jouer un rôle social mais sans vouloir assumer de responsabilités personnelles, sans vraiment vous impliquer, sans prendre les choses en main et sans vouloir être mis en valeur ou projeté sur les devants de la scène ? Vous pouvez alors avoir des difficultés à maîtriser votre destinée, à avoir un idéal qui vous est propre, des convictions personnelles, des repères, des grandes lignes directrices, un centre, des objectifs clairs ou à gérer votre image de marque et votre réputation ?

Peut être avez vous l'impression que vos centres d'intérêts, vos idéaux et vos objectifs n'ont aucune utilité ou ne sont pas exploitables ? Ou peut-être que ce sont justement vos objectifs, vos convictions, vos centres d'intérêts et vos valeurs qui vous empêchent d'élargir vos horizons ou de vous insérer socialement ? Certaines personnes refusent de s'engager dans une relation amoureuse sous prétexte qu'elle risquerait de perturber leur situation ou leurs finances. D'autres ont l'impression que l'amour, les créations ou les enfants coûtent trop cher.

Vous pouvez avoir du mal à rester vous-même dans votre vie professionnelle. Vous avez l'impression d'y perdre votre identité. Ou vous manquez de logique et d'organisation et n'avez pas une vision claire de la situation. Vous pouvez néanmoins être insatisfait dans votre vie active ou social parce que vous avez l'impression de ne pas être reconnu, admiré, aimé ou estimé, de ne pas jouer un rôle central, de ne pas réellement maîtriser, diriger ou régner dans les faits et dans les événements concrets ou encore que ce que vous faites n'a pas assez de valeur, de sens ou d'importance.

Vous pouvez avoir des difficultés à vous reconnaître à travers l'éducation que l'on vous a inculqué ou à travers une image sociale quelconque parce que vous situez votre identité ailleurs que dans le monde extérieur.

Vous pouvez avoir l'impression d'être comme dépersonnalisé, de perdre vos repères, d'aller contre vos choix essentiels, vos principes ou ce en quoi vous accordez de la valeur lorsque vous êtes en société.

Scénario 3 : Votre Soleil (votre volonté, votre besoin de reconnaissance) est en excès.

Une influence excessive du Soleil peut se traduire par des réactions d'orgueil ou par une fierté déplacée, par une tendance à vouloir tout le temps donner une valeur, un sens ou une explication aux êtres et aux événements, à vouloir tout le temps vous imposer et à imposer votre vision du monde à travers des attitudes d'arrivisme autoritaire, tel un monarque à qui l'on doit une obéissance inconditionnelle, par une tendance à vous croire tout permis ou à vous donner une importance que vous n'avez pas dans les faits. Peut-être avez vous du mal à vous impliquez socialement et à agir si vous n'êtes pas le personnage central, si vous n'êtes pas reconnu, admiré ou vénéré ? Peut être que votre vie est tellement centrée sur une relation amoureuse ou sur des liens avec certaines personnes que cela vous empêchent de vous ouvrir au monde ? Peut être que vos idéaux, vos convictions et vos repères sont tellement personnels que vous ne pouvez les partager ?

Peut-être croyez-vous que la vie amoureuse ne peut être qu'inconfortable ou coûteuse, qu'elle ne peut être vécue qu'en dehors de la légalité, d'un contexte quelconque, de la société ou du mariage. Cela peut vous donner tendance à négliger votre contexte extérieur ou celui de l'autre, à ne concilier que difficilement vie amoureuse et vie professionnelle ou encore à préférer l'union libre sans cachet officiel. Vous voulez parfois vivre une relation amoureuse sans vouloir faire les concessions nécessaires, sans vouloir donner à l'autre ce qu'il peut légitimement attendre, sans vous donner les moyens humains et matériels et sans faire preuve de l'organisation qu'implique une vie à deux.

Un manque de chaleur et de générosité dans l'union est parfois synonyme d'un refus de l'engagement. Et si vous pouvez être chaleureux avec des relations qui n'engagent à rien, ou qui ne risquent pas d'aboutir à une destinée partagée, vous pouvez avoir du mal à être chaleureux lorsque vous aimez et à aimez lorsque vous êtes chaleureux.

Peut être avez vous du mal à envisager une vie extérieure partagée avec la personne de votre choix ? Vous pouvez vous sentir trop facilement étouffé des qu'il y a une relation amoureuse ou un engagement affectif tant vous avez besoin d'espace, d'où parfois des réactions d'indépendance et de rébellion disproportionnées.

83

Une peur d'être étouffé, une claustrophobie amoureuse, une peur qu'on vous mette le grappin dessus proviennent parfois d'une influence trop autoritaire ou d'un abus de pouvoir venant d'une personne chère dans votre passé. L'influence de Jupiter peut vous donner tendance à croire qu'un éloignement, qu'une certaine distance extérieure doit automatiquement exister entre vous et la personne que vous aimez. Vous pouvez alors avoir tendance à rencontrer des partenaires durant vos ou leurs vacances, en voyage, parmi des personnes qui habitent loin, qui sont de passage sur votre lieu d'habitation ou qui vont bientôt quitter votre région.

Peut être votre vie professionnelle, des responsabilités, des réunions ou des voyages, vous mobilisent à tel point en temps et en énergie que vous n'avez plus la disponibilité de vous consacrer à l'être aimé. Ou ce peut être une mutation qui vous éloigne de votre partenaire. Peut-être vous servez-vous, de façon inconsciemment voulue, de circonstances extérieures ou de votre activité professionnelle pour ne pas vous engager dans une relation amoureuse ou pour ne pas avoir à faire face à une certaine peur d'aimer. Ou peut-être avez-vous simplement besoin de plus d'espace et de liberté que la moyenne des gens ?

Il est possible qu'une personne, vous où votre partenaire, se serve de la relation comme bouc émissaire pour manifester des comportements autoritaires vécus comme étouffants, comportements qui compensent parfois une insatisfaction professionnelle. Par réaction à un sentiment de ne pas être protégé, peut être vous attiré vous des situations amoureuses ou l'autre vous rassure par son autorité, mais vous écrase aussi ?

Ou vous avez peut-être à l'inverse une tendance à imposez vos lois de façon excessive, à faire preuve de colonialisme amoureux, à abuser de la confiance de l'autre ou à subir vous-même des comportements autoritaires voire despotiques ? Cela peut être lié à un abus d'autorité parentale ou éducative dans votre passé ou dans celui de l'autre. Ces abus ont pu engendrer une peur d'être dominé abusivement et par compensation une tendance aux abus de pouvoir envers l'autre.

Scénario 4 : Votre besoin d'espace et de vie extérieure est en excès

Lorsque vous êtes identifié à Jupiter, vous pouvez l'être excessivement. Vous pouvez alors avoir tendance à faire preuve d'un besoin exagéré d'être reconnu, utile, écouté, accepté, complimenté, récompensé et de faire valoir vos mérites. Une tendance à être autoritaire voire despote, à vouloir toujours faire la loi, à donner sans cesse des conseils et à vouloir détenir le pouvoir peut vous prédisposer à l'usurpation de pouvoir, à vous sentir trop facilement concerné par les affaires des autres, à devenir encombrant à force de vouloir tout le temps marquer votre présence, à être tapageur, bruyant, envahissant, étouffant et colonialiste.

Vous en faites alors trop. Vous pouvez parfois devenir affreusement prétentieux, pompeux, conformiste et bourgeois (dans le sens péjoratif du terme), comme s'il vous fallait absolument être honorable, respectable et normal, au point d'en perdre votre identité et de vous empêcher de vous exprimer librement. Peut être avez vous peur d'être sanctionné si vous affirmez vos convictions et vos valeurs, si vous vous exprimez librement et si vous n'êtes pas dans les normes ?

Dissonant, Soleil-Jupiter peut engendrer chez vous des difficultés à être satisfait, une impression de ne de ne pas être reconnu à votre juste valeur, la tentation d'utiliser des moyens douteux et non-conformes avec la loi pour atteindre vos objectifs et une inflation de l'ego pouvant aller jusqu'à la mégalomanie. Cette influence peut également vous conférer une tendance au fanatisme idéologique ou religieux ou aux préjugés de race, une tendance à abuser de la confiance d'autrui et à pratiquer la fraude et l'escroquerie, une tendance à l'hypocrisie, un goût exagéré pour les fêtes, une tendance à être gonflé et sans gêne, une tendance à l'exagération systématique, au gaspillage, à la démesure et aux excès de toutes sortes. Vous pouvez avoir tendance à trouver trop facilement ce que vous faites ou vivez normal alors que cela ne l'est pas forcément.

L'influence excessive de Jupiter peut engendrer chez vous une tendance à trop vivre en fonction des circonstances extérieures et des opportunités du moment, à trop vous conformer aux conventions, aux normes, aux valeurs culturelles et aux lois de votre société, une tendance aux généralisations abusives, une tendance aux emballements et à amplifier des faits sans importance et une tendance à tenir les discours égoïstes qui servent vos intérêts personnels.

Dans certains cas, peut-être utilisez-vous, de façon inconsciemment voulue, une activité qui vous demande un tel investissement de temps et d'énergie, de tels sacrifices et de telles contraintes que vous n'avez plus la disponibilité pour vous consacrer à vos créations, à vous-même, à vos amours ou à ce qui est essentiel pour vous.

Ce peut être votre vie professionnelle, vos obligations dans le monde extérieur, une recherche culturelle ou religieuse, un besoin de voyager, un désir de liberté, d'aventure et d'indépendance, une vie errante et une difficulté à poser vos valises pour vous installer quelque part. Cette facette de votre personnalité prédispose parfois à l'émigration.

Peut-être vous fuyez-vous dans le monde extérieur pour ne pas avoir à faire face à un problème d'identité, pour ne pas vous engager dans une relation amoureuse, pour ne pas vous occuper de vous-même et pour ne pas assumer vos obligations spirituelles ? Une tendance à vous identifier exclusivement à votre rôle social ou à un personnage social peut vous dépersonnaliser ou vous faire vivre tout licenciement ou toute inactivité sociale comme une dévalorisation voire comme une perte d'identité.

Vous pouvez avoir tendance à manquer de recul et de sens critique vis à vis des conditionnements crées par la société. Votre optimisme trop confiant n'arrive pas toujours à cerner les difficultés et les problèmes qui peuvent se présenter tandis d'une tendance à vouloir tout expliquer, codifier, normaliser, comparer et justifier fait que vous n'êtes pas toujours réceptif à l'envers du décor, aux influences sous jacentes aux événements et que vous risquez parfois de vous faire manipuler par des gens plus subtils que vous.

Il peut donc être important pour vous de prendre conscience que le monde extérieur n'apporte pas tout, qu'il ne peut apporter à lui seul la paix de l'âme et d'apprendre à vous détacher intérieurement des choses extérieures. Peut être ne pouvez vous aimer et vous attribuer de la valeur que si vous avez une situation sociale respectable, que si vous obéissez même si pour cela vous muselez votre créativité et vos idéaux ou vous empêcher de vous exprimer tel que vous êtes.

Expression positive consciente et naturelle : Lorsque vous apprenez à maîtriser cette partie de votre personnalité et à utiliser toute sa richesse et lorsque vous avez fait le chemin pour exprimer cette relation en pleine conscience et d'une manière positive.

 Pour transformer la relation Soleil-Jupiter dissociée en relation consciente et dynamique, il peut être utile de savoir ajuster vos idéaux et vos ambitions à vos moyens et aux opportunités concrètes du terrain, d'effectuer un travail sur l'image que vous avez de vous-même et celle que vous donnez aux autres, sur l'image de l'homme, du père et de l'autorité, sur votre identité, vos idéaux et vos valeurs, sur le rôle que doivent avoir la réussite, l'amour, la création et la volonté dans votre vie et aussi sur le rôle que doivent avoir la société avec ses règles et ses lois, la formation professionnelle, le monde extérieur, les voyages, l'optimisme et la confiance en soi. L'étude et l'expérience des cultures et des langues étrangères peuvent contribuer à élargir vos horizons intérieurs et extérieurs.

La prise de conscience que l'humanité a toujours immigré depuis 60.000 ans et que vos lointains ancêtres n'habitaient pas là où vous habitez actuellement peut vous permettre de changer de perspective.

Les deux planètes peuvent être vécues dans des états d'esprit, dans des lieux ou à des moments très différents, de façon à ce que chacune rectifie l'autre au moindre excès. Vous pouvez vivre des moments où vous affirmez vos valeurs personnelles en fonction d'un idéal, de votre absolu et de vos principes, où vous vous comportez en fonction d'une certaine image à donner, où vous vous consacrez à vous-même, à vos occupations, à vos responsabilités, à vos créations, à vos ambitions, à des activités qui vous mettent en valeur, à une relation amoureuse, à quelques relations privilégiées ou à ce qui vous demande d'investir la plus grande partie de votre énergie.

Puis il y a de l'autre coté votre rôle social, votre vie professionnelle où vous êtes à la fois conscient des sacrifices à effectuer et des récompenses que vous obtenez. Vous savez mettre de coté vos centres d'intérêts, vos idéaux et ce qui est essentiel pour vous lorsqu'il s'agit de faire face aux événements ou d'assumer vos responsabilités professionnelles et vous savez laisser de coté les contraintes et obligations de votre situation professionnelle pour vous occuper d'autres choses qui vous paraissent essentielles. Vous faites bien la différence entre ces deux parties de votre vie et veillez de votre mieux à ce qu'un domaine n'empiète pas sur l'autre.

Vous savez qu'il y a une grande différence entre l'idéal et les réalités du monde extérieur et que si toute situation n'est jamais idéale, cela ne vous empêche pas exprimer. Le fait que vous preniez votre place n'enlève rien aux autres et ne fait que vous mettre en valeur. Bien maîtrisée, la relation Soleil-Jupiter peut vous conférer un ensemble d'aptitudes qui sont alors vécues d'une façon particulièrement consciente et dynamique.

Cela peut par exemple se traduire, pour ce qui concerne le Soleil par une créativité, un éveil, une volonté, une capacité à aimer et des capacités d'engagement qui sont au-dessus de la moyenne et pour ce qui concerne Jupiter par des aptitudes à faire des affaires et à produire des richesses, à assumer un pouvoir et des responsabilités, à incarner l'ordre et la loi, à vous cultiver et à enseigner qui sont hors du commun.

Le monde est alors le terrain d'expression de votre volonté, de votre idéal et de votre créativité. Dès lors qu'il s'agit de conquérir votre place dans la société, d'occuper l'espace, d'exercer une activité professionnelle, de vous intégrer dans un groupe ayant des objectifs communs, de comprendre votre environnement social avec ses codes et sa culture, de faire des affaires ; alors vous êtes particulièrement capable de déployer votre volonté, d'y mettre tout votre cœur, de savoir ce que vous voulez, de vous fixer des objectifs, de vous organiser, d'être positif, confiant, audacieux et de vous donner les moyens nécessaires pour réussir.

Et lorsque vous vous engagez, c'est avec votre être tout entier, dans une recherche de perfection et d'absolu. Vous êtes difficilement satisfait de l'état des choses, vous avez souvent besoin de faire mieux, d'aller plus loin, d'en rajouter et de vous dépasser pour que le résultat soit brillant et royal.

De même, vous savez mobiliser votre volonté, sortir vos griffes et faire le nécessaire lorsque vous avez besoin d'élargir vos horizons ou d'acquérir un certain confort matériel, lorsqu'il s'agit d'exploiter une opportunité ou de provoquer la chance ou lorsqu'il s'agit de légiférer, de représenter, d'organiser, de coordonner, de gérer, d'administrer, de distribuer, d'éduquer, de conseiller, de guider, de faire des affaires ou de vous rendre utile.

La satisfaction d'atteindre vos objectifs et le besoin de donner une certaine image vous motivent dans la réussite professionnelle. Dans votre vie professionnelle, lorsque vous êtes dans le monde, lorsque vous gérez une situation, lorsque vous êtes en groupe, vous tendez à être soucieux de l'image que vous donnez et de votre réputation, mais aussi de préserver une certaine honorabilité. Vous aimez ce qui est clair, net et précis. Vous avez un sens développé des valeurs et de la dignité.

Vous agissez et vous vous investissez en faisant le maximum, mais en respectant votre idéal, vos valeurs, vos principes, vos objectifs personnels. Vous avez besoin d'être le maître de votre destinée et de diriger votre vie. Vous avez besoin, en toute situation professionnelle, lorsque vous occupez l'espace, lorsque vous élargissez vos horizons ou lorsque vous expérimenter l'enseignement, d'être mis en valeur, de recevoir des marques de reconnaissance, de jouer un rôle central, de créer, de vous montrer, d'être sur les devants de la scène, d'incarner une certaine classe et d'avoir un certain prestige.

L'aspect Soleil-Jupiter vous confère le besoin d'être quelqu'un, de représenter quelque chose aux yeux des autres, de vous affirmer à travers une réussite professionnelle visible et reconnue. Vous avez besoin de vous élever socialement, de conquérir votre place au Soleil et d'atteindre une certaine position sociale. Vous vous épanouissez le plus souvent en jouant un rôle important dans la société.

Votre rôle dans le monde, les enseignements que vous dispensez, vos voyages et votre culture contribuent à renforcer votre sentiment d'identité et vous aider à alimenter votre fierté naturelle et une bonne image de vous-même. Ils peuvent aussi faciliter votre réussite et votre rayonnement personnel, contribuer à vous mettre en valeur, vous permettre d'être reconnu, estimé ou admiré et vous permettre d'exprimer votre créativité, votre énergie et l'amour qu'il y a en vous.

Avec une relation Soleil-Jupiter vécue en conscience, vous tendez à avoir un tempérament extraverti, jovial, bon vivant, enthousiaste mais réaliste, fougueux et entraînant. Vous avez besoin d'espace et d'envergure.

Vous êtes expansionniste et indépendant, parfois classique et conventionnel, volontariste, convaincant, dynamique et passionné. Votre idéal de vie est un idéal de participation à la vie de la société dans laquelle vous évoluez et donc un idéal d'intégration. Votre volonté est mise au service de votre insertion sociale et de votre réussite professionnelle ou influencée, canalisée, gérée et prise en main par des normes sociales, par un idéal culturel, professionnel ou spirituel.

Cela vous permet d'orienter de façon constructive votre volonté et vos idéaux vers des objectifs sociaux et d'intérêt collectif, de définir de façon claire des objectifs professionnels souvent tôt dans la vie, puis de mobiliser votre volonté, votre créativité et votre énergie pour les atteindre. Vos idéaux, vos principes et vos repères vous aident ainsi à mieux vous orienter dans la vie extérieure.

Lorsque vous êtes dans une situation quelconque, vous avez besoin de repères, de définir une trajectoire et des objectifs clairs, de clarté, d'être bien renseigné quant à ce qui se passe, d'être estimé, admiré, connu et reconnu, de vous mettre en valeur, de jouer un rôle central, de prendre les choses en main, de régner et de diriger, d'assumer vos responsabilités d'adulte, d'affirmer votre volonté et vos objectifs, d'être utile, d'être présent sur les devants de la scène, d'occuper le terrain, de faire valoir vos opinions et vous tendez à vous exprimer et à prendre position dès que vous en avez l'opportunité ou dès qu'une situation a un lien avec ce qui est pour vous essentiel.

Vous disposez souvent d'une grande vitalité, d'un important capital de magnétisme personnel, d'une abondante réserve d'énergie, d'une autorité puissante et d'une capacité à vous imposer de façon parfois théâtrale. La tradition parle de supériorité sociale ou morale. Vous savez apprendre, comprendre, prendre en compte et exploiter les lois, les règles du jeu et les conventions de votre système social ou de votre contexte professionnel et les mécanismes psychologiques, humains, financiers, économiques ou politiques sur lesquels reposent les relations humaines.

Vous êtes capable d'acquérir la culture nécessaire pour réaliser vos objectifs, d'adapter les lois et règles du jeu en fonction de vos intérêts personnels et de créer les règles qui permettent de maintenir la cohésion du groupe. Votre conscience sociale et votre sens civique peuvent être particulièrement développés.

Votre facilité à vous insérer dans la société repose sur une conscience des contraintes et des sacrifices inhérents à toute activité professionnelle, sur l'acceptation de ces sacrifices et surtout sur une conscience des bénéfices et des avantages que votre investissement socioprofessionnel vous apporte, qu'ils soient d'ordre financier ou en rapport avec l'estime, l'image et la mise en valeur de votre individualité. Vous pouvez être particulièrement doué pour évaluer les investissements et sacrifices nécessaires par rapports aux bénéfices pouvant être escomptés, pour donner un sens et une utilité à ce que vous vivez, pour faire évoluer une situation, pour gérer, pour coordonner, pour guider, pour conseiller, pour rentabiliser et pour optimiser.

Vous comprenez également le rôle, l'utilité et le sens de l'autorité sociale et patronale, savez qu'elle est indispensable au bon fonctionnement de toute société organisée et acceptez l'autorité dans la mesure où elle personnifie la volonté collective et où elle sert l'intérêt général. Les événements démontrent souvent que vous êtes chanceux et sans doute croyez-vous à la chance parce que les événements vous ont permis de prendre conscience de votre chance. La vie peut effectivement vous apporter de bonnes cartes de départ.

Mais votre chance peut provenir d'une certitude que le ciel vous aidera si vous vous aidez vous-même. Elle est favorisée par votre capacité à voir les aspects positifs de toute situation, à vous satisfaire de ce que vous avez ou vivez tout en vous fixant des objectifs et des ambitions qui sont accordés à vos moyens, à vous donner les moyens d'atteindre vos objectifs en utilisant et en exploitant votre environnement, c'est à dire en étant à l'écoute puis en saisissant les possibilités et les opportunités qui vont dans le sens de vos objectifs et à vous adapter rapidement aux réalités du terrain.

Votre bon jugement et votre sens de globalisation, votre capacité à généraliser et à comparer ce qui est comparable avec des normes ou avec ce qui se fait ailleurs, votre sens inné de la gestion des ressources disponibles, votre capacité à personnifier la volonté collective, à vous imposer avec autorité, à respecter les hiérarchies et votre tendance à être loyal, magnanime, chaleureux, généreux, paternaliste mais ferme peuvent vous conférer des aptitudes au commandement et vous permettre d'accéder à des postes à responsabilités.

Vous pouvez avoir la possibilité, à la maturité de votre existence, de faire preuve d'un rayonnement idéologique, culturel, philosophique ou social. Vous préférez faire la loi plutôt que de la subir, pouvez avoir un goût prononcé pour le pouvoir et devez veiller à ne pas vous prendre pour Dieu le père.

Vous pouvez également être doué pour la communication et la négociation. Vous savez vous exprimer avec une certaine éloquence, faire preuve d'ouverture d'esprit, de diplomatie et de disponibilité, écouter et comprendre le sens de ce qui est dit, tenir compte de l'ensemble de vos interlocuteurs et du contexte général dans vos conversations, rassembler des personnes autour d'un objectif commun, accepter les gens comme ils sont, voir ce qu'il a de positif chez chaque personne et faire preuve de bonté, de générosité, de chaleur, d'enthousiasme et de maturité.

Même si votre générosité n'est pas toujours désintéressée, vous aidez facilement vos semblables dans la mesure où cela ne vous cause pas de préjudice, et cela vous permet de vous faire apprécier. Vous savez faire preuve d'autorité, trouver les arguments pour convaincre et vous imposer de façon énergique. Vous avez besoin d'être entouré et tendez assez facilement à établir un cercle de relations. Vous savez que votre réussite professionnelle et la chance en général sont favorisées lorsqu'on a les bonnes relations et pouvez être doué pour vous faire des relations utiles. Certaines de ces relations contribuent souvent à vous faciliter la vie.

En amour, quand Jupiter s'exprime sous son aspect conformiste, votre besoin d'amour et de relation amoureuse est alors souvent motivé par ou associé à un besoin de confort matériel, d'intégration et de reconnaissance sociale et parfois à un besoin d'élargissement de vos horizons à travers une ouverture culturelle, philosophique, religieuse ou spirituelle. Vous faites parfois preuve d'un certain conformisme amoureux dans le sens où vous cherchez facilement à adapter votre vie amoureuse au contexte socioculturel qui vous entoure.

Aussi avez-vous une tendance naturelle à rechercher le mariage légal et officiel accompagné d'une vie de famille, et à attirer dans votre vie des personnes ayant ce même désir. Lorsque Jupiter s'exprime sous son aspect voyageur et aventurier, vos élans amoureux sont fougueux, enthousiastes, démonstratifs, chaleureux et passionnés.

Ils ont besoin d'espace et de liberté, de découvrir de nouveaux horizons, de vie, d'action et de relations, d'une certaine envergure et d'aventure pour s'épanouir. Vous vous laissez difficilement enfermer dans une relation où vous manquez d'espace et de liberté. Cet aspect peut vous faire vivre l'amour à l'étranger ou en voyage, et vous rendre attiré par certains étrangers et par l'exotisme. Vous tendez à rechercher des passions nobles et chevaleresques, à être idéaliste, à croire aux princes, aux princesses et aux contes de fées.

Vous avez puissamment besoin d'aimer et d'être aimer et tendez à vivre au rythme de votre cœur. Vous avez besoin de donner un sens à ce que vous vivez. Le terme " la puissance de l'amour " correspond bien l'aspect Soleil Jupiter. Vous savez qu'une relation amoureuse implique certaines concessions et vous êtes prêt à les faire parce que vous voyez les avantages qui en découlent.

Parce que l'amour et le fait de donner le meilleur de vous-même est pour vous synonyme d'épanouissement, vous savez vous donner les moyens d'établir une relation amoureuse stable et donner le meilleur de vous-même.

ASPECT HARMONIQUE SOLEIL-SATURNE

Il y a dans votre thème astral une relation permanente, continue et symbiotique entre le Soleil et Saturne qui s'expriment en vous comme deux partenaires. Dans la mesure où vous êtes sensible aux effets positifs que chacune des fonctions à sur l'autre et où vous tendez à croire que lorsque vous vivez l'une des fonctions, alors l'autre viendra systématiquement la soutenir, vous tendez à récolter le meilleur de chacune de ces deux fonctions psychologiques et des expériences qui y sont associées.

Il y a en vous une volonté ferme et discrète, un caractère rigoureux et objectif. Vous savez rester lucide, même et surtout dans les situations difficiles. Vous aimez les moments de calme et de solitude, durant lesquels vous pouvez tout à loisir faire le point sur votre vie. Vos jugements sont durables, souvent extrémistes : l'injustice ou l'incohérence vous révoltent. Lorsqu'un problème survient, loin de vous laisser séduire par la facilité d'une solution à court terme, vous cherchez au contraire à résoudre le sujet en profondeur.

Vous savez mieux que d'autres vous remettre en question, repenser vos options et vos attitudes. C'est la raison pour laquelle vous serez fréquemment apte à gérer les crises éventuelles, à surmonter tout obstacle nécessitant une réaction profonde, pertinente. Si vous manquez parfois de spontanéité, vos comportements dénotent la plus souvent une certaine sagesse. Devant un fait, vous savez poser et vous poser les vraies questions. Saturne représente un besoin de sécurité, de stabilité, de vérité, de sérénité et de paix intérieure, de construire, d'ordre, de structures, de vous consacrer à votre carrière ou à vos ambitions, d'expérimenter pour découvrir, de vous organiser avec rigueur et précision afin d'atteindre un certain idéal de perfection.

Elle confère le besoin d'évolution intérieure ou extérieure et vous permet de vous poser les questions essentielles, d'entreprendre une forme de recherche ou une quête de vérité et d'effectuer un travail sur vous pour évoluer. Ces besoins peuvent contribuer à renforcer votre sentiment d'identité, à alimenter votre fierté naturelle et une bonne image de vous-même. Ils peuvent aussi faciliter votre réussite et votre rayonnement personnel, contribuer à vous mettre en valeur, vous permettre d'être reconnu, estimé ou admiré et vous permettre d'exprimer votre créativité, votre énergie et l'amour qu'il y a en vous. Votre idéal de vie peut être un idéal d'évolution, de perfection, de recherche, de construction, un projet à long terme ou une ambition. Vous pouvez ainsi vivre dans un état de devenir permanent. Votre volonté tend à être mise au service de votre évolution, de vos ambitions ou d'une forme de recherche et peut être utilisée avec sagesse.

Vous n'accordez pas une grande importance à l'image ou à la parure car vous tenez surtout compte du contenu et de ce qu'il y a en profondeur. Vous pouvez cependant avoir besoin, pour construire, pour vous construire ou pour vous sentir en sécurité d'avoir une bonne image de vous, de préférence l'image d'une personne intègre, sérieuse et sur qui l'on peut compter. Par rapport à la relation Soleil-Saturne, la tradition évoque le héros caché, modeste voire effacé, qui, sous une apparence sobre, poursuit de grandes ambitions. Lorsque vous créez, lorsque vous vous engagez et affirmez votre volonté, vous savez faire la différence entre ce qui est prioritaire et ce qui est secondaire, entre ce qui a de la valeur et ce qui n'en a pas. Vous savez préparer longtemps à l'avance ce que vous voulez faire, vous fixer des objectifs à long terme, élaborer des plans et des méthodes d'exécution, vous fixer des étapes, vous organiser de façon méthodique, stratégique, précise et rigoureuse, vous discipliner, contrôler les situations et maîtriser votre personnalité.

Vous pouvez être capable de fournir des efforts intenses et durables, abattre une quantité impressionnante de travail, assumer de grosses responsabilités et poursuivre vos objectifs avec une passion froide et détachée, en persévérant avec détermination, fermeté, ténacité, sans vous laisser détourner de vos objectifs par des influences extérieures, en œuvrant patiemment jusqu'à ce que vos objectifs soient atteints.

Saturne peut vous apporter une grande solidité, une capacité à surmonter les obstacles et une résistance à toute épreuve. Vous avez un coté secondaire dans le sens où les stimuli extérieurs mettent un certain temps à vous atteindre. Vous n'emmagasinez pas sur le champ mais parfois quelques heures, quelques jours voire quelques années plus tard.

Si cela peut parfois vous donner un coté indifférent, cela vous permet aussi de résister aux pressions et de faire face à des situations difficiles sans perdre votre sang froid. Vous êtes capable d'encaisser pendant longtemps sans rien dire mais lorsque la goutte d'eau fait déborder le vase, vous pouvez devenir très violent. La relation particulière que vous avez avec le temps, qui est votre allié, et votre capacité à organiser ou à structurer votre vie et votre personnalité selon un plan préconçu vous rend doué pour les entreprises à long terme et pour les longues études. Votre volonté peut ainsi être lente à mettre en route, vous conférant une certaine pesanteur, et vous n'êtes pas particulièrement rapide, mais une fois que vous vous engagez, vous revenez difficilement en arrière. Il est donc important pour vous de prendre les bonnes décisions dès le départ et de mesurer les conséquences de vos actes.

Et l'important pour vous n'est pas d'avancer lentement mais d'avancer tout de même. Votre capacité à prendre votre temps et votre acharnement à atteindre vos objectifs tourne parfois à l'obstination, à l'entêtement et à la rigidité mais il porte néanmoins ces fruits. Si vos créations se limitent parfois à un nombre restreint d'œuvres, celles ci peuvent être d'une qualité remarquable. Vous aimez construire des œuvres concrètes, solides et durables. Vous savez observer avec détail et précision, analyser la situation, poser les vraies questions et chercher les réponses et voir les choses en profondeur. Votre sens critique et votre conscience de ce qui ne va pas, des lacunes et insuffisances vous permettent voir les problèmes en face et de faire le nécessaire pour les surmonter mais aussi de vous remettre en question lorsque cela est nécessaire. Le sens de l'introspection, de l'observation et de la concentration, le discernement, la capacité tirer des leçons, des principes ou une morale des événements, à saisir les structures et les fondements de la vie, la capacité à acquérir une solide expérience sont particulièrement développés chez vous.

Si votre volonté est orientée vers l'intérieur de votre être, les capacités décrites précédemment, associées à un besoin de méditation, de recherche intérieure, de travail sur soi et de développement personnel peuvent vous permettre à vous élever au-delà des êtres et des événements, d'acquérir une vision profonde de la vie, une certaine sagesse ainsi qu'une puissante force morale ou spirituelle. Si votre volonté est orientée vers l'extérieur, ces mêmes capacités peuvent vous permettre d'atteindre un statut social important dans votre domaine d'activité.

Votre juge moral tend à être particulièrement développé et peut occuper un rôle central dans votre personnalité. Il vous incite à vous repérer en utilisant un ensemble de principes, de croyances et de lois d'ordre moral.

Cela vous rend exigent, perfectionniste, pas facilement satisfait et peut vous donner tendance à culpabiliser si vous ne faîtes pas de votre mieux.

Ces exigences favorisent cependant votre évolution. Votre juge intérieur vous permet également d'avoir une vision claire de vos devoirs, de vos droits et des conséquences de vos actes. Vos principes moraux, vos convictions, et vos croyances profondes tendent à être, au fur et à mesure que les années passent, fondés sur les valeurs solaires d'amour, de création, d'affirmation de soi et d'absolu. Une tendance à vouloir être parfait, à rechercher l'impossible, à vouloir être un saint ou à vouloir atteindre l'inaccessible peut vous rendre la vie difficile et vous empêcher de profiter du moment présent.

Avec le temps et parfois avec des épreuves si vous n'évoluez pas, ce juge moral tend à faire le nécessaire pour que vos principes soient de plus en plus conformes aux lois éternelles de la vie dans le but de vous amener vers la sagesse, vers la connaissance, vers un état de paix et de liberté intérieure. Dès lors qu'il s'agit de construire et de structurer, d'assurer votre sécurité, de faire des recherches, de planifier à long terme, alors vous êtes particulièrement capable de faire appel à votre volonté, à votre créativité, à votre idéal et à votre cœur, de vous engagez et de vous donner les moyens de réussir à atteindre vos objectifs.

Vous êtes particulièrement capable de prendre du recul, d'élaborer une stratégie à long terme, de faire des recherches, de faire preuve de pragmatisme et de réalisme, de vous organiser, de vous discipliner et de travailler avec acharnement lorsqu'il s'agit de réaliser vos objectifs, d'incarner votre idéal, de créer, de vous mettre en valeur, de vous imposer et de réussir, ou lorsque l'Amour est en jeu. Votre juge moral tend à être exigent, autoritaire et teinté d'absolu. D'un point de vue symbolique, Soleil-Saturne vous permet de transformer le plomb en or, le plomb symbolisant dans son sens inférieur la peur, le doute, la rigidité, l'immobilisme, l'ego, l'encroûtement dans la matière et la tristesse tandis que l'or symbolise dans son sens supérieur l'amour, la pureté, la mobilité qui s'adapte, l'éveil spirituel de la conscience et la joie.

Soleil-Saturne peut vous conférer un coté terre à terre, un sens pratique développé, un sens aigu de l'utilitaire. Il peut vous ancrer dans la réalité, vous rendre pragmatique, prévoyant, méthodique et parfois calculateur ou intéressé. La sécurité étant pour vous une affaire importante, vous tendez à être prudent, économe, raisonnable, à éviter les excès et à vous protéger en élaborant un système de défense, en cachant vos émotions et vos sentiments.

Vous pouvez avoir tendance à être distant, réservé, calme, simple, vrai et discret, préférant la solitude aux foules, aux lieux bruyants et aux réunions mondaines. Vous avez un profond besoin de vérité et vous n'aimez pas le laisser aller, la facilité, l'hypocrisie, les concessions, les machinations, les artifices de la comédie humaine ou du maquillage. Vous pouvez être peu soucieux de votre apparence vestimentaire dans la mesure où vous accordez beaucoup plus d'importance à l'intérieur qu'aux apparences extérieures. Vous pouvez dépenser peu pour votre parure et garder longtemps vos vêtements.

Vous avez besoin de votre dose de calme, de tranquillité, de recueillement et de solitude, et préférez les distractions calmes et les délassements tranquilles, loin de l'agitation des événements. Si vous tendez à être méfiant ou prudent dès qu'il faut prendre des risques ou vis à vis des jeux de hasard, vous pouvez cependant être doué pour gérer, pour effectuer des placements sûrs et pour investir dans l'immobilier ou dans des fonds d'état.

L'AMOUR

Vous avez besoin d'avoir confiance en l'autre et de vous sentir en sécurité pour aimer. Vous ne supportez pas que l'on vous manque de respect ou que l'on vous manipule. Il vous faut du solide. Vous tombez difficilement amoureux et mettez un certain temps avant de vous investir dans une relation, car pour vous l'amour se construit, avec le temps, dans le respect, dans la confiance et dans l'engagement mutuel. Vous pouvez avoir tendance à vivre l'amour comme un champ d'expérience nécessaire à votre évolution. Vous prenez l'amour au sérieux, tendez à fuir les aventures passagères ou les passions pour rechercher des relations profondes, calmes et durables.

Lorsque vous arrivez à lâcher-prise, à abaisser vos défenses et lorsque vous aimez, vous vous attachez, êtes fidèle et aimez en ayant une passion profonde et tranquille, dans la simplicité, avec pureté, profondeur et vérité. Vous pouvez être alors capable d'assumer les responsabilités qu'impliquent toute relation amoureuse, de construire un amour authentique, profond et durable, un amour qui peut être le pilier de votre évolution et vous apporter une sérénité de l'âme.

La femme est souvent attirée par des hommes plus âgés, par des hommes ayant une certaine maturité ou pouvant l'aider à s'organiser concrètement, à se structurer, à évoluer ou à lui apporter un sentiment de sécurité. Elle peut également avoir le don de faire mûrir l'homme, de l'aider à se construire et a la possibilité de vivre avec l'homme des relations profondes, ce qu'elle recherche.

L'aspect Soleil Saturne correspond parfois à un père exigeant, sérieux, intègre, réservé, distant, peu communicatif, fréquemment absent parce qu'absorbé par son travail, ayant de fortes valeurs morales et vous ayant inculqué le sens du devoir, du travail bien fait, de la discipline et des responsabilités. Vous pouvez avoir des goûts, des aptitudes et des talents naturels pour structurer, bâtir, construire, pour gérer une organisation ou des chantiers, pour organiser, contrôler, veiller à la bonne qualité, analyser, prohiber, fixer des limites, administrer, réfléchir, chercher, gérer le temps et tenir compte du temps, pour travailler la terre ou la pierre, pour créer des formes ou des objets et pour apporter ordre, sagesse et vérité.

ASPECT DISSONANT SOLEIL-SATURNE

Il y a dans votre thème astral une relation permanente, mais discontinue, dissociée, duelle, tendue et conflictuelle, entre le Soleil (vos repères, votre ego, votre volonté) et Saturne (votre juge, votre relations aux structures), car ces deux planètes vibrent en vous à deux fréquences totalement différentes. Chaque planète veut se vivre, à sa façon, à travers vous et tend à considérer l'autre comme une rivale ou comme une perturbatrice. Vous avez alors tendance, soit à exprimer l'une puis l'autre des planètes d'une façon excessive, soit à vivre l'une des planètes et à rejeter l'autre parce que vous la considérez comme perturbatrice, parce que vous voyez son côté sombre plus que son côté lumineux.

Tant que vous nourrissez ce conflit à l'intérieur de vous, vous récoltez le moins bon de chacune des deux fonctions psychologiques et des expériences qui y sont associées. La solution, que vous verrez plus bas dans le texte, est de vivre chaque fonction en pleine conscience et de savoir alterner rapidement et consciemment, entre chacune des deux fonctions psychologiques représentées par la planète Vous transformez ainsi une relation conflictuelle en une grande force et vous vivez cette relation de façon consciente et dynamique.

Cette facette de votre personnalité peut initialement engendrer, lorsqu'elle n'est pas maîtrisée, des difficultés dans votre vie extérieure et dans vos relations amoureuses, des difficultés pour vous sentir bien dans votre peau, des difficultés pour trouver la paix intérieure, ainsi que des angoisses existentielles de par un conflit ou une dissociation entre un besoin d'extraversion et un besoin d'introversion, entre une capacité à voir le positif en toute choses et une tendance à voir le négatif, entre une tendance à être en confiance et une tendance à douter, entre un besoin de donner une certaine image et un besoin de vérité et de perfection, entre un besoin de vous mettre en valeur et un besoin de discrétion, entre un besoin d'engagement et un besoin de détachement.

Vous avez alors tendance à incarner plusieurs scénarios, en alternant parfois de l'un à l'autre.

Scénario 1 : Le Soleil domine et Saturne (le juge, les structures), est rejetée ou mal intégré à votre personnalité.

Quand vous vivez votre Soleil, vous avez besoin d'amour, d'être estimé, admiré, connu et reconnu, d'avoir des marques de reconnaissance, de réussir, de rayonner, de régner, de créer et d extérioriser votre énergie. Vous élaborez des repères, un idéal, un absolu, les grandes lignes directrices de votre vie.

Vous affirmez votre volonté et vos convictions et mobilisez vos énergies dans un objectif clair ou dans une relation qui vous est essentielle. Vous pouvez alors être très sensible aux effets négatifs ou perturbateurs que peuvent avoir ou causer les obligations, les remises en questions, la vérité, l'inconnu, les peurs, les doutes, les critiques, les contraintes et les responsabilités, les difficultés, l'ordre, les effets du temps, un idéal de perfection, une morale ou des jugement moraux culpabilisants, la réflexion et l'isolement. Vous pouvez ainsi avoir tendance à refouler les valeurs de Saturne parce que vous les voyez sous leurs aspects négatifs.

Ce refoulement, qui peut provenir d'un manque d'encadrement et de présence de la part du père, où au contraire d'une sévérité et d'une dureté excessive de la part de celui-ci.

Il peut se traduire par une difficulté à vivre votre vérité, à analyser les événements d'une façon objective et réfléchie, à comprendre le sens et les causes profondes de toute situation, à prendre du recul, à faire preuve de discernement, à vous poser les vrais questions et à cherchez les réponses, à vous remettre en question, à prendre conscience de vos limites ou de vos lacunes, à acquérir une base solide et des principes constructeurs, à voir clairement les problèmes en face, à concrétiser dans la matière et à agir avec sagesse.

Vous pouvez aussi éprouver des difficultés à tenir debout de façon adulte et autonome, à tenir compte du temps, à voir les choses à long terme, à respecter l'heure ou à supporter ceux qui ne la respectent pas, à être réaliste, à approfondir vos relations, à construire ou à faire des efforts, à voir les choses à long terme et à tenir compte du temps, à assumer vos responsabilités, à vous fixer des étapes, à développer une stratégie ou une méthode, à aller jusqu'au bout des objectifs fixés avec la persévérance nécessaire, à fournir de gros efforts, à vous discipliner et à vous organiser de façon logique, à structurer votre vie, à vous fixer des limites ou à

98

accepter celles qu'on vous demande, à tenir compte des difficultés, à accepter de faire face aux obstacles, ou à faire preuve de précision, de simplicité, de maturité, de sérieux, de pragmatisme, de vérité, d'honnêteté, d'intégrité, de sagesse ou de moralité.

Vous pouvez avoir des difficultés à considérer la vie comme un cheminement ou comme une œuvre en construction, à évoluer intérieurement à travers un travail sur vous même, à évoluer tout court, et à acquérir une connaissance pratique des lois éternelles permettant d'acquérir la sérénité. Votre idéal, vos repères, votre besoin de vivre une relation amoureuse et vos objectifs ne sont pas forcément motivés par un besoin de construire, de sécurité, de sérénité et d'ordre.

Certaines personnes sont trop prises par leurs objectifs, par un centre d'intérêt, par une relation amoureuse, par un idéal personnel, par leur activité professionnelle, pour prendre le temps de se consacrer à des moments de réflexion et d'introspection, de recherche, de développement personnel ou de construction. Peut-être vous fuyez vous dans le monde extérieur, dans une relation d'amour, dans ce qui est pour vous essentiel, dans un idéal, dans un centre d'intérêt qui mobilise votre volonté ou dans des principes et des certitudes rigides, de façon inconsciemment voulue, pour ne pas voir la vérité en face, pour ne pas avoir à faire face à une certaine fragilité morale, à vos doutes, aux milles questions existentielles qui vous tourmentent, pour ne pas être seul, pour ne pas vous vous occuper de votre évolution intérieure, pour ne pas assumer vos responsabilités, pour ne pas faire face aux difficultés ou pour ne pas construire?

Vous pouvez néanmoins être insatisfait ou frustré dans votre vie, dans votre situation professionnelle, lorsque vous affirmez votre volonté ou lorsque vous vivez une relation d'amour parce que vous avez l'impression qu'il vous manque ce que vous refoulez. Ce peut être la sécurité, la confiance, le respect, la possibilité de construire quelque chose à long terme, du temps, des bases solides, une structure organisée, une évolution positive, une compréhension profonde des événements, un réel contrôle de la situation ou un sentiment de sérénité, de tranquillité et de paix intérieure.

Avec la relation dissociée Soleil-Saturne, il se peut que vos valeurs, vos références et vos idéaux soient fondés sur des bases fausses et qu'ils ne correspondent pas aux lois éternelles qui structurent l'univers. Il peut alors être important et utile pour vous d'apprendre à connaître et à appliquer les lois spirituelles qui régissent l'univers et la vie à travers des ouvrages d'ésotérisme et à travers différentes thérapies.

Soleil-Saturne peut encore se traduire par une impression, qui peut correspondre à une réalité ou n'être qu'imaginaire, que ce que vous vivez, que vos valeurs, votre idéal, les grandes lignes directrices qui structurent votre vie, une relation amoureuse ne correspondent pas à vos principes, à vos aspirations profondes, à la morale que vous prêchez, à un besoin d'incarner la vérité ou à un certain idéal de perfection que vous vous imposez. Vous êtes parfois trop sensible aux différences qu'il y a entre votre idéal et la réalité concrète, entre votre réussite et ce que vous exigez de vous. Cela peut provoquer une tendance à nourrir un dur sentiment de dévalorisation, d'insatisfaction ou d'imperfection.

Scénario 2 : Saturne, votre juge, domine et le Soleil est rejeté ou mal intégré.

Si au contraire Saturne prédomine chez vous, vous avez besoin de sécurité, de vous poser les questions essentielles, de prendre du recul pour réfléchir, d'entreprendre une forme de recherche ou d'incarner votre vérité, de vous construire un avenir dans la matière, d'effectuer un travail sur vous pour évoluer, de vous consacrez à votre carrière ou à vos ambitions, d'expérimenter pour découvrir, de vous organiser avec rigueur et précision pour atteindre un certain idéal de perfection, d'assumer des responsabilités, de poursuivre vos objectifs à long terme avec acharnement et d'acquérir une certaine sérénité intérieure.

Vous pouvez alors être sensibilisé aux mauvais cotés, aux difficultés et aux effets négatifs que peuvent avoir ou causer votre idéal, vos valeurs, l'influence du père, d'une relation amoureuse, d'une personne ayant joué un rôle central dans votre vie ou d'un symbole d'autorité, un besoin d'aimer, d'être aimé, d'être mis en valeur, d'être reconnu ou de réussir.

D'après la tradition, la relation Soleil-Saturne non maîtrisée indiquerait un manque de vitalité et de rayonnement personnel causé par un refoulement de l'énergie vitale qui n'est pas extériorisée ou qui n'est pas canalisée d'une façon constructive. Vous pouvez alors avoir du mal à élaborer un idéal, des repères stables, des ambitions, à vous mettre en valeur, à occuper une position centrale sur les devant de la scène, à affirmer votre volonté pour réussir, à vous fixer des objectifs personnels, à vous prendre en main de façon autonome, à développer de bonnes relations avec vos supérieurs, à acquérir un clair sentiment d'identité, à avoir de l'estime et une bonne image de vous, à vous aimer, à exprimer l'amour que vous portez envers autrui et à être chaleureux, généreux, extraverti ou loyal envers vos intimes, peut être parce que avez alors l'impression ou la peur de ne pas être en sécurité ou de ne pas être parfait.

Vous pouvez parfois avoir du mal à ressentir l'amour ou la reconnaissance que l'on a pour vous et avoir tendance être trop sensible à tout signe d'inattention et d'indifférence de la part d'autrui. La dissonance Soleil Saturne s'est parfois traduite par un manque, ou par un sentiment de manque, d'amour, d'attention, de reconnaissance, d'estime et de chaleur durant l'enfance.

Une impression de ne pas avoir été reconnu et aimé (par le père) peut donner une tendance à vous déprécier et alimenter une image négative de vous. Vous pouvez alors être insatisfait dans votre vie parce que vous avez l'impression de ne pas assez être reconnu, connu, admiré, aimé, estimé et mis en valeur, de ne pas jouer un rôle central, de ne pas réellement maîtriser, diriger ou régner et que votre situation n'est pas comme vous le voulez. Vous pouvez avoir l'impression d'être aimé pour l'image que vous donnez ou que vous représentez et non pour ce que vous êtes au fond de vous même.

Scénario 3 : Votre Soleil (votre volonté, votre besoin de reconnaissance) est en excès.

Lorsque vous êtes identifié au Soleil, vous pouvez avoir tendance à l'être excessivement. Vous pouvez avoir des réactions d'orgueil ou de fierté déplacées, une tendance à vouloir toujours donner une valeur, un sens et une explication logique à ce que vous ressentez, à vouloir tout le temps avoir raison et vous justifier, à vouloir tout le temps vous imposer et à imposer votre vision du monde à travers des attitudes autoritaires, tel un monarque à qui l'on doit une obéissance inconditionnelle, par une tendance à vouloir systématiquement jouer un rôle central ou par une tendance à vouloir vous donner une importance que vous n'avez pas dans les faits, la dignité que vous affichez cachant parfois une nature peureuse voire infantile.

Peut-être n'arrivez-vous à vous sentir en sécurité que si vous être connu, reconnu, admiré et que si vous jouer un rôle central ? Il vous faut toujours donner une certaine image de vous et attirer l'attention. Il peut alors vous être difficile d'être anonyme ou simplement vous même. Vous pouvez avoir tendance à vous dépersonnaliser en incarnant des modèles, en donnant une certaine image de vous et en affichant une parure qui ne vous correspond pas.

Scénario 4 : Votre juge et votre besoin d'ordre et de structures est en excès

Lorsque vous êtes identifié à la fonction psychologique Saturne, vous pouvez alors avoir tendance à l'être excessivement, sans doute parce que vous lui accordez trop d'importance. Pour bien intégrer cette fonction, il est important de comprendre qu'elle correspond à une partie de votre personnalité qui vous demande et parfois vous impose de mûrir, de devenir un adulte autonome et responsable, d'évoluer spirituellement, de vous situer dans la vie par rapport à la vie éternelle, de connaître et d'appliquer les lois éternelles dans votre vie active, de maîtriser votre énergie et votre vie afin d'acquérir une certaine sagesse et une sérénité intérieure permettant d'accéder à la liberté de l'âme.

D'un point de vue symbolique, Soleil-Saturne vous demande de transformer le plomb en or, le plomb symbolisant dans son sens inférieur la peur, le doute, la rigidité, l'immobilisme, l'ego, l'encroûtement dans la matière et la tristesse tandis que l'or symbolise dans son sens supérieur l'amour, la pureté, la mobilité qui s'adapte, l'éveil spirituel de la conscience et la joie.

Dans cette optique d'évolution, vous pouvez être placé dans une situation de départ difficile ou avoir un ensemble de tendances et de comportements qui peuvent, en général dans les débuts de votre existence, vous donner quelques difficultés à vous affirmer dans la vie, à mobiliser votre volonté pour réussir, à concrétiser votre idéal, à vivre l'amour etc. Ou vous pouvez être trop sensible aux efforts à fournir et aux difficultés à vaincre pour être aimé, admiré, reconnu, pour vous extérioriser, pour concrétiser votre idéal, pour créer et pour affirmer votre volonté.

Ces différents comportements engendrant des débuts difficiles ont parfois été véhiculés par une situation matérielle précaire, par un abandon des parents, par un père distant ou inexistant, silencieux, peu communicatif, fréquemment absent parce qu'absorbé par son travail, dur, exigent, ayant de fortes valeurs morales ou imposant une discipline quasi monastique, militaire ou policière qui limitait l'expression de vos élans et qui vous poussait à gérer votre énergie. Si ce n'est pas le cas, vos débuts difficiles peuvent provenir de vos peurs, de vos insatisfactions, et d'un manque de confiance en vous. Vous pouvez avoir une sensibilité excessive à ce qui ne vas pas dans les situations, aux difficultés et obstacles qui peuvent exister, à vos manques, lacunes et insuffisances, aux imperfections et à ce qui reste à faire. Ces tendances, ainsi qu'un un sens critique puissant peuvent vous pousser à la révolte, vous donner tendance à voir des problèmes ou des obstacles partout, à être pessimiste et à broyer du noir.

Des attitudes moralisatrices, culpabilisantes et un besoin excessif de tout contrôler peuvent bloquer ou freiner toute expression spontanée de votre volonté. Votre réussite peut également être gênée par une tendance à constamment vous interroger sur les grandes questions de la vie ou sur les petites choses de la vie quotidienne, à vous remettre trop facilement en question à douter de votre valeur, à vouloir tout calculer afin d'être en sécurité, à trop réfléchir et à être toujours méfiant. L'ensemble de ces comportements, lorsqu'ils sont un peu moins excessifs, ont néanmoins un rôle et une utilité, celui de vous faire mûrir, de vous détacher intérieurement des choses extérieures sans toutefois renier celles-ci, de réagir à vos sentiments d'imperfection ou de manques, d'évoluer spirituellement et matériellement en travaillant et en allant toujours plus loin.

Saturne vous demande également de vous situer dans votre vie quotidienne par rapport à votre vie éternelle, de connaître et appliquer les lois éternelles dans votre vie, de construire votre moi, de maîtriser votre énergie et votre vie et, de prendre le chemin du retour vers la lumière, d'incarner une certaine sagesse et une sérénité intérieure permettant d'accéder à la liberté de l'âme. Il peut être important pour vous d'apprendre à donner un sens à votre vie, de saisir le rôle et l'utilité du monde extérieur par rapport à l'évolution personnelle et de ne pas confondre le détachement intérieur (qui implique une prise de recul au niveau de la conscience par rapport à la vie et à votre vie) et le détachement extérieur qui implique une tendance à se retirer physiquement du monde.

Il peut cependant être bénéfique pour vous, durant des périodes de temps limité, de faire des retraites pour prendre du recul et pour faire le point.

L'influence excessive de Saturne peut se traduire par un manque de confiance en vous, par une tendance à vivre dans la peur, la peur de l'échec, la peur de réussir, la peur de l'engagement, la peur d'être quelqu'un, de rayonner, d'être mis en vedette, de jouer un rôle important, par une tendance à douter de vous, de vos moyens, de votre autorité, à dresser ou à imaginer des murs et des obstacles qui vous freinent dans vos initiatives, à être trop sur la défensive et toujours inquiet.

Vous pouvez avoir tendance à vous mettre en valeur et à attirer l'attention des personnes qui sont importantes à vos yeux par vos problèmes et difficultés, à être tout le temps en train de vous référer à vos imperfections et à vos erreurs, à entretenir une morale rigide, une mentalité fataliste, sectaire ou dogmatique, une philosophie archaïque, une étroitesse d'esprit des préjugés et une inaccessibilité qui freine l'expression de votre personnalité et la création de liens avec autrui.

Solitaire et insatisfait, vous vous contentez parfois d'un statut social ou d'objectifs qui sont largement en deçà de votre valeur et de vos capacités.

Une tendance à vouloir tout le temps tout analyser, intellectualiser, théoriser, comprendre, expliquer, justifier, contrôler et maîtriser, à ruminer et à vous poser trop de questions avant d'agir, à être égoïste, à être trop sévère, dur et exigent envers vous même et envers autrui ainsi qu'une tendance à tout le temps faire la morale aux autres peut vous rendre la vie difficile. Ou peut être êtes vous tellement accaparé par vos recherches, par vos responsabilités, par vos doutes et vos peurs, par un besoin d'être parfait, d'être sage ou de ne pas décevoir que vous vous empêchez d'être vous même, de vous exprimer pleinement, de vous consacrer à vos centre d'intérêts ou de vous engager dans une relation amoureuse ?

Vous avez peut être tendance à croire dur comme fer dans une attitude pessimiste et défaitiste, et donc d'échec, que ce que vous faites n'aboutira pas ou ne durera pas, et que vous n'arriverez pas à concrétiser votre idéal.

Ces comportements d'échec peuvent notamment exister dans vos relations amoureuses ou vous pouvez avoir tendance à saborder votre vie amoureuse. Vous pouvez ainsi passer à coté d'opportunités parce que vous résistez aux événements et à la chance. Vous pouvez avoir tendance à sélectionner ou trier de façon excessive ce qui vous semble bon à vivre en écartant systématiquement tout ce qui est extérieur à la situation et à considérablement limiter le champs de votre vécu.

Vos débuts difficiles peuvent provenir d'un besoin excessif d'être parfait, de bien faire et que la vie ou votre vie corresponde à votre idéal de perfection, d'ou une certaine insatisfaction et parfois des frustrations lorsque vous comparez votre personnalité ou votre vie actuelle à votre idéal de perfection. Votre juge moral peut être excessivement sévère. Peut-être ne croyez vous pouvoir aimer, être aimé, être digne d'amour et d'admiration, vous exprimer librement et vos engager dans un objectif que si vous répondez parfaitement aux attentes d'autrui ou que dans des situations rigides où tout est prévu, géré, structuré, organisé et contrôlé? Cela peut avoir comme cause un encadrement trop rigide de la part du père.

Peut-être avez-vous peur de ne plus être aimé si vous n'êtes pas parfait, si vous n'êtes pas sage, pas sérieux et pas responsable ? Peut-être êtes-vous tellement en train de construire, de chercher, de vous découvrir et de prévoir l'avenir que vous ne savez pas profiter de cette courte vie terrestre?

L'influence de Saturne peut aussi se traduire par une rigidité excessive de vos repères, modèles et références, par une tendance à résister à tout ce qui se présente, par un détachement excessif de la vie, par un refus de participer au monde extérieur considéré comme immoral, par un repli sur vous même dans vos mondes intérieurs, par une tendance à vous isoler du reste du monde, par une tendance à l'ascétisme, par des excès d'égocentrisme, de prudence, de lenteur, de lourdeur, d'arrivisme, d'ambition et de sécheresse de cœur. Une impression de culpabilité parce que vous n'en avez pas assez fait ou d'être très difficilement satisfait de la qualité de ce que vous faites peut parfois vous donner tendance à vouloir tout assumer, à vouloir porter la Terre sur vos épaules comme Atlas dans la mythologie Grecque et vous pousser aux excès de travail.

Une fois vos débuts difficiles surmontés, cette facette de votre personnalité peut devenir un pilier de votre évolution professionnelle et spirituelle, et vous apporter une situation stable, solide et toujours en évolution, dans la vie amoureuse, intérieure ou extérieure. En amour, lorsque cette facette de votre personnalité n'est pas maîtrisée, vos réactions distantes, sérieuses, silencieuses et craintives face à l'amour peuvent engendrer des débuts difficiles dans les relations amoureuses, restreindre vos relations amoureuses et retarder vos engagements et quelquefois vous prédisposer au célibat.

Vous pouvez avoir tendance à résister à ce qui se présente, à être exigent, difficile à satisfaire et trop peu démonstratif, à vous poser beaucoup de questions et à remettre trop facilement les choses en question, à avoir peur d'être rejeté, mal aimé ou de l'échec, à vous engager par devoir, par nécessité ou par intérêt, à vous réfugiez dans le travail pour fuir votre vie affective, à faire preuve d' égoïsme, d'un besoin de tout contrôler, d' une difficulté à vous laisser allez et d'une tendance à juger ou à culpabiliser l'autre. Vous pouvez en particulier avoir une peur d'être abandonné, une tendance à associer l'amour à l'abandon (si vous parents, qui vous aimaient, vous ont abandonné) et à n'avoir l'impression d'aimer ou d'être aimé que si vous avez peur de perdre l'autre. Cette peur d'être abandonné vous pousse parfois à abandonner ceux que vous aimez par peur qu'ils vous abandonnent. La femme, qui recherche souvent, jusqu'à la trentaine, en l'homme un père, doit apprendre à trouver en elle même son propre père intérieur. Vous pouvez avoir tendance à prendre l'amour trop au sérieux au point d'être à l'écoute de la moindre imperfection et du moindre signe d'inattention. Vous pouvez avoir excessivement besoin d'avoir confiance en l'autre et de vous sentir en sécurité pour aimer au point d'être insatisfait et d'adopter une attitude critique dès que l'autre ne correspond pas à votre idéal de perfection.

Il vous faut donc apprendre à lâcher prise, à abaisser vos défenses, à vous attachez, à êtres fidèle, à vous donner le droit d'aimer et d'être aimé, à aimez en ayant une passion profonde et tranquille, dans la simplicité, avec pureté, profondeur et vérité. Vous pouvez également être distant et sérieux vis à vis des enfants et avoir tendance à négliger l'affectif et l'émotionnel au détriment des échanges verbaux ou de l'éducation morale. Vous pouvez néanmoins être capable de les responsabiliser et de leur apporter une éducation solide.

Expression positive consciente et naturelle :

Lorsque vous apprenez à maîtriser cette partie de votre personnalité et à utiliser toute sa richesse et lorsque vous avez fait le chemin pour exprimer cette relation en pleine conscience et d'une manière positive.

Pour transformer la relation Soleil-Saturne dissociée en relation consciente et dynamique, il peut être utile d'effectuer un travail sur l'image du père et de l'homme, sur votre propre image et sur la valeur que vous vous accordez, sur votre amour propre, sur la culpabilité, sur vos droits et devoirs envers vous-même, envers les autres et envers l'univers et sur le rôle que doivent avoir le juge moral et les jugements, les structures, l'effort, le silence, la gestion du temps, une communication juste et vraie, la vérité et la paix intérieure.

Notre juge intérieur existe pour nous mettre sur le chemin de notre vérité, pour nous faire prendre conscience des lois éternelles de la vie (d'ou nous venons, ce que nous sommes et où nous allons après la mort du corps physique). Les structures sont là pour nous permettre de nous tenir debout et pour permettre à la vie de s'exprimer. L'âme, pour fleurir et s'épanouir, a besoin de silence et de méditation.

Les deux fonctions peuvent être vécues de façon à ce que chacune rectifie l'autre au moindre excès. Vous pouvez alors vivre des moments où vous assumez vos responsabilités, où vous accomplissez vos devoirs, où vous faites face aux difficultés éventuelles, où vous contrôler la situation, où vous construisez dans la matière et où vous entreprenez une forme de recherche afin de découvrir la vérité. Vous veillez alors à laissez de coté vos considérations personnelles, votre fierté, vos objectifs personnels ou des relations essentielles pour vous.

Puis vous pouvez vivre d'autres moments où vous vous consacrez à ce qui est pour vous essentiel, à votre idéal, à cultiver une certaine image de vous, à une relation amoureuse, en laissant de coté vos devoirs et responsabilités.

Parce que vous savez que l'on ne sait pas tout, vos certitudes ne vous empêchent pas de vous remettre en question tout comme vos doutes et vos interrogations ne vous empêchent pas de vous engager dans des objectifs qui sont pour vous essentiels. Parce que vous savez que votre idéal de perfection est un moyen d'évolution et non une fin en soi, vous faîtes toujours de votre mieux mais vous vous accordez le droit à l'erreur.
Et si vous êtes exigent envers autrui, vous savez que la nature humaine n'est pas parfaite et accordez aux autres le droit à l'erreur. Bien maîtrisée, la relation Soleil-Saturne peut vous conférer un ensemble d'aptitudes qui sont alors vécues d'une façon particulièrement consciente et dynamique.

Cela peut par exemple se traduire, pour ce qui concerne le Soleil, par une volonté, un éveil, un sens de l'identité, un rayonnement, une réussite au dessus de la moyenne et pour ce qui concerne Saturne par une exceptionnelle maîtrise de vous même, par des capacités à assumer de lourdes responsabilités, par une grande puissance de travail et par un sens de l'organisation, une maturité, un sens pratique, une lucidité, une sensibilité aux vérités éternelles, un sens critique et une profondeur de conscience hors du commun.

Dans ce cas, votre besoin de sécurité, de stabilité, de vérité, de sérénité et de paix intérieure, de construire, d'ordre, de structures, de vous consacrer à votre carrière ou à vos ambitions, d'expérimenter pour découvrir, de vous organiser avec rigueur et précision afin d'atteindre un certain idéal de perfection, d'évolution intérieure ou extérieure, de vous poser les questions essentielles, d'entreprendre une forme de recherche ou une quête de vérité et d'effectuer un travail sur vous pour évoluer peuvent contribuer à renforcer votre sentiment d'identité, à alimenter votre fierté naturelle et une bonne image de vous même. Ils peuvent aussi faciliter votre réussite et votre rayonnement personnel, contribuer à vous mettre en valeur, vous permettre d'être reconnu, estimé ou admiré et vous permettre d'exprimer votre créativité, votre énergie et l'amour qu'il y a en vous, et cela en pleine conscience.

Votre idéal de vie peut être un idéal d'évolution, de perfection, de recherche, de construction, un projet à long terme ou une ambition. Vous pouvez ainsi vivre dans un état de devenir permanent. Votre volonté tend à être mise au service de votre évolution, de vos ambitions ou d'une forme de recherche et peut être utilisée avec sagesse. Vous n'accordez pas une grande importance à l'image ou à la parure car vous tenez surtout compte du contenu et de ce qu'il y a en profondeur. Vous pouvez cependant avoir besoin, pour construire, pour vous construire ou pour vous sentir en sécurité d'avoir une bonne image de vous, de préférence l'image d'une personne intègre, sérieuse et sur qui l'on peut compter.

Par rapport à l'aspect Soleil Saturne, la tradition évoque le héros caché, modeste voire effacé, qui, sous une apparence sobre, poursuit de grandes ambitions. Lorsque vous créez, lorsque vous vous engagez et affirmez votre volonté, vous savez faire la différence entre ce qui est prioritaire et ce qui est secondaire, entre ce qui a de la valeur et ce qui n'en a pas. Vous savez préparer longtemps à l'avance ce que vous voulez faire, vous fixer des objectifs à long terme, élaborer des plans et des méthode d' exécution, vous fixer des étapes, vous organiser de façon méthodique, stratégique, précise et rigoureuse, vous discipliner, contrôler les situations et maîtriser votre personnalité.

Vous pouvez être capable de fournir des efforts intenses et durables, abattre une quantité impressionnante de travail, assumer de grosses responsabilités et poursuivre vos objectifs avec une passion froide et détachée, en persévérant avec détermination, fermeté, ténacité, sans vous laisser détourner de vos objectifs par des influences extérieures, en œuvrant patiemment jusqu'à ce que vos objectifs soient atteints. Saturne vécue en conscience peut vous apporter une grande solidité, une capacité à surmonter les obstacles et une résistance à toute épreuve. Vous avez un coté secondaire dans le sens où les stimuli extérieurs mettent un certain temps à vous atteindre. Vous n'emmagasinez pas sur le champ mais parfois quelques heures, quelques jours voire quelques années plus tard.

Si cela vous permet un certain détachement, cela vous permet aussi de résister aux pressions et de faire face à des situations difficiles sans perdre votre sang froid. Vous êtes capable d'encaisser pendant longtemps sans rien dire mais lorsque la goutte d'eau fait déborder le vase, vous pouvez devenir très violent. La relation particulière que vous avez avec le temps, qui est votre allié, et votre capacité à organiser ou à structurer votre vie et votre personnalité selon un plan préconçu vous rend doué pour les entreprises à long terme et pour les longues études.

Votre volonté peut ainsi être lente à mettre en route, vous conférant une certaine pesanteur, et vous n'êtes pas particulièrement rapide, mais une fois que vous vous engagez, vous revenez difficilement en arrière. Il est donc important pour vous de prendre les bonnes décisions dès le départ et de mesurer les conséquences de vos actes. Et l'important pour vous n'est pas d'avancer lentement mais d'avancer tout de même. Votre capacité à prendre votre temps et votre acharnement à atteindre vos objectifs tourne parfois à l'obstination, à l'entêtement et à la rigidité mais il porte néanmoins ces fruits. Si vos créations se limitent parfois à un nombre restreint d'œuvres, celles ci peuvent être d'une qualité remarquable. Vous aimez construire des œuvres concrètes, solides et durables.

Vous savez observer avec détail et précision, analyser la situation, poser les vraies questions et chercher les réponses et voir les choses en profondeur. Votre sens critique et votre conscience de ce qui ne vas pas, des lacunes et insuffisances vous permet voir les problèmes en face et de faire le nécessaire pour les surmonter mais aussi de vous remettre en question lorsque cela est nécessaire. Le sens de l'introspection, de l'observation et de la concentration, le discernement, la capacité tirer des leçons, des principes ou une morale des événements, à saisir les structures et les fondements de la vie, la capacité à acquérir une solide expérience sont particulièrement développés chez vous.

Si votre volonté est orientée vers l'intérieur de votre être, les capacités décrites précédemment, associées à un besoin méditation, de recherche intérieure, de travail sur soi et de développement personnel peuvent vous permettre à vous élever au delà des êtres et des événements, d'acquérir une vision profonde de la vie, une certaine sagesse ainsi qu'une puissante force morale ou spirituelle. Si votre volonté est orientée vers l'extérieur, ces mêmes capacités peuvent vous permettre d'atteindre un statut social important dans votre domaine d'activité. Votre juge moral tend à être particulièrement développé et peut occuper un rôle central dans votre personnalité. Il vous incite à vous repérer en utilisant un ensemble de principes, de croyances et de lois d'ordre moral.

Cela vous rend exigent, perfectionniste, pas facilement satisfait et peut vous donner tendance à culpabiliser si vous ne faites pas de votre mieux. Ces exigences favorisent cependant votre évolution. Votre juge intérieur vous permet également d'avoir une vision claire de vos devoirs, de vos droits et des conséquences de vos actes.

Vos principes moraux, vos convictions, et vos croyances profondes tendent à être, au fur et à mesure que les années passent, fondés sur les valeurs solaires d'amour, de création, d'affirmation de soi et d'absolu. D'un point de vue symbolique, Soleil-Saturne vous permet de transformer le plomb en or, le plomb symbolisant dans son sens inférieur la peur, le doute, la rigidité, l'immobilisme, l'ego, l'encroûtement dans la matière et la tristesse tandis que l'or symbolise dans son sens supérieur l'amour, la pureté, la mobilité qui s'adapte, l'éveil spirituel de la conscience et la joie. Soleil Saturne peut vous conférer un coté terre à terre, un sens pratique développé, un sens aigu de l'utilitaire. Il peut vous ancrer dans la réalité, vous rendre pragmatique, prévoyant, méthodique et parfois calculateur ou intéressé. La sécurité étant pour vous une affaire importante, vous tendez à être prudent, économe, raisonnable, à éviter les excès et à vous protéger en élaborant un système de défense, en cachant vos émotions et vos sentiments.

Vous pouvez avoir tendance à être distant, réservé, calme, simple, vrai et discret, préférant la solitude aux foules, aux lieux bruyants et aux réunions mondaines. Vous avez un profond besoin de vérité et vous n'aimez pas le laisser aller, la facilité, l'hypocrisie, les concessions, les machinations, les artifices de la comédie humaine ou du maquillage. Vous pouvez être peu soucieux de votre apparence vestimentaire dans la mesure où vous accordez beaucoup plus d'importance à l'intérieur qu'aux apparences extérieures. Vous pouvez dépenser peu pour votre parure et garder longtemps vos vêtements. Vous avez besoin de votre dose de calme, de tranquillité, de recueillement et de solitude, et préférez les distractions calmes et les délassements tranquilles, loin de l'agitation des événements. Si vous tendez à être méfiant ou prudent dès qu'il faut prendre des risques ou vis à vis des jeux de hasard, vous pouvez cependant être doué pour gérer, pour effectuer des placements sûrs et pour investir dans l'immobilier ou dans des fonds d'état.

En amour, vous avez besoin d'avoir confiance en l'autre et de vous sentir en sécurité pour aimer. Vous ne supportez pas que l'on vous manque de respect ou que l'on vous manipule. Il vous faut du solide. Vous tombez difficilement amoureux et mettez un certain temps avant de vous investir dans une relation, car pour vous l'amour se construit, avec le temps, dans le respect, dans la confiance et dans l'engagement mutuel. Vous pouvez avoir tendance à vivre l'amour comme un champ d'expérience nécessaire à votre évolution. Vous prenez l'amour au sérieux, tendez à fuir les aventures passagères ou les passions pour rechercher des relations profondes, calmes et durables. Lorsque vous arrivez à lâcher prise, à abaisser vos défenses et lorsque vous aimez, vous vous attachez, êtes fidèle et aimez en ayant une passion profonde et tranquille, dans la simplicité, avec pureté, profondeur et vérité. Vous pouvez être alors capable d'assumer les responsabilités qu'impliquent toute relation amoureuse, de construire un amour authentique, profond et durable, un amour qui peut être le pilier de votre évolution.

ASPECT HARMONIQUE SOLEIL-URANUS

Il y a dans votre thème astral une relation permanente, continue et symbiotique entre le Soleil et Uranus qui s'expriment en vous comme deux partenaires. Comme vous êtes sensible aux effets positifs que chacune des fonctions à sur l'autre, vous tendez à croire que lorsque vous vivez l'une des fonctions, alors l'autre viendra systématiquement la soutenir. Vous tendez ainsi à récolter le meilleur de chacune de ces deux fonctions psychologiques et des expériences qui y sont associées.

La relation entre le Soleil et Uranus renforce la détermination, la volonté de faire valoir ses idées et ses conceptions. Conceptions originales, parfois révolutionnaires. Votre faculté d'innover et de trouver des solutions fait beaucoup pour votre image de marque. Vous avez l'âme d'un meneur d'hommes, d'un leader. Vous montrez un esprit tranchant, synthétique. Sans doute avez-vous tendance à beaucoup simplifier et à schématiser les situations. Car vous savez dans la plupart des cas où vous voulez aller et comment parvenir à vos fins. Mais votre détermination est à double tranchant. Elle peut susciter de vives réactions de la part d'autrui. Avec vous, Votre vision des choses est faite de certitudes. C'est blanc ou c'est noir. Pour agir de manière conforme à vos motivations intérieures et respecter vos modèles, vous pourrez faire preuve d'une rare volonté et balayer bien des obstacles.

Vous exprimez la planète Uranus dès lors qu'il s'agit d'acquérir ou de préserver une certaine liberté d'action, lorsqu'il s'agit de vous projeter dans l'avenir et de concrétiser vos projets, lorsqu'il s'agit de vivre des expériences inconnues ou d'explorer de nouveaux horizons, lorsqu'il s'agit de faire des réformes visant à améliorer les situations, lorsqu'il s'agit d'utiliser les moyens modernes de communication, de faire preuve d'intelligence, d'humanité, d'être optimiste et positif, de voir l'aspect prometteur et bénéfique d'une situation, de faire naître l'espoir autour de vous, de trouver des solutions qui servent l'intérêt général, d'affirmer votre spécificité et vos convictions, de vous organisez pour maîtriser la situation et de vous disciplinez, d'inventer, d'innover et de faire des découvertes, d'exprimez votre idéal, votre idéologie ou vos valeurs humaines ou spirituelles.

Dans ces situations, vous êtes alors particulièrement capable de déployer votre volonté, d'y mettre tout votre cœur, de savoir ce que vous voulez, de vous fixer des objectifs, de vous organiser, d'être positif, confiant, audacieux et généreux, d'engager votre être tout entier, dans une recherche de perfection et d'absolu, d'en rajouter et de vous dépasser pour que le résultat soit brillant et royal, d'être soucieux de l'image que vous donnez et de votre réputation, de préserver une certaine honorabilité, d'incarner votre idéal, vos valeurs, vos principes, vos objectifs personnels, d'être mis en valeur, de recevoir des marques de reconnaissance, de jouer un rôle central, de créer, de vous montrer, d'être sur les devants de la scène, d'incarner une certaine classe et d'avoir un certain prestige et de vous donner les moyens nécessaires pour réussir.

Vivre et vous exprimer tendent à être pour vous synonyme d'affirmation de votre individualité, de dépassement de soi pour progresser, d'évolution vers une maîtrise de vous-même et de prise en main de votre destinée dans le but d'atteindre un état de liberté, d'indépendance et d'autonomie. Vous savez cependant, lorsque vous vous affirmez, lorsque vous manifestez votre différence, lorsque vous évoluez, lorsque vous intégrez des expériences nouvelles ou lorsque vous êtes face à l'imprévu ou à l'inconnu, soigner votre image de marque, préserver l'amour et l'estime de ceux qui vous sont chers et rester centré sur vos objectifs, vos valeurs et vos idéaux.

L'amitié est souvent pour vous une valeur essentielle et de part votre coté humain, démocratique et sociable, vous tendrez très tôt à vous créer un cercle de relations amicales. Vous accordez beaucoup d'importance aux valeurs de liberté, d'égalité et de fraternité. Quand vous engagez votre volonté, vous le faites dans un état de haute tension qui vous rend parfois survolté. Il vous faut coûte que coûte atteindre vos objectifs en faisant le maximum.

Il vous faut aussi explorer, expérimenter et essayer de façon renouvelée, en fonction d'un objectif défini, et, comme certains scientifiques, vous accordez surtout de la valeur à ce que vous avez expérimenté et vérifié par vous-même. Une tendance à être tellement concentré ou centré sur vous-même peut parfois vous empêcher de voir les réalités concrètes telles qu'elles sont ou ce qui est extérieur à vos objectifs et à vos centres d'intérêt. Vous aimez ce qui est clair, net, logique et précis. Vous savez ce que vous voulez et pouvez avoir une conscience clairement définie de ce que doit être votre vocation. Vous pouvez avoir quelques difficultés à vous détendre, à vous reposer, à vous laisser aller, à vous laisser porter par les événements ou à laisser les choses se faire au hasard. Il vous faut toujours être en éveil, maîtriser et de pas faillir vis à vis d'une certaine image que vous voulez incarner.

Vous savez user de votre volonté et de votre créativité pour vous affranchir des contraintes sociales, des pressions extérieures, des tentatives de manipulation ou d'accaparement de votre personnalité, pour vous détacher intérieurement des mythes, des préjugés, des rumeurs, des influences parentales ou des influences du passé pour suivre votre voie personnelle. Vous aimez sortir des sentiers battus et ne pas faire comme les autres, et pouvez aimer ou n'aimer que l'extraordinaire et le merveilleux. Vous avez besoin d'aventure, d'idéologie et de valeurs spirituelles, de devenir libre en connaissant et en appliquant les lois de l'univers, de nouveauté et d'espoir, de vous projeter dans l'avenir et de faire des projets, d'évoluer à travers une libération de vos peurs et de vos angoisses, d'affirmer vos convictions, votre spécificité et votre puissance, de mobiliser votre volonté pour atteindre des objectifs clairement définis et de participer à la vie socioéconomique de votre milieu. Vous avez aussi besoin de surprises et d'imprévus, de stimulations nouvelles et de changements.

Les situations répétitives, routinières et monotones ne vous conviennent donc pas. Vous avez des facilités pour vous adapter à l'inconnu et à l'imprévu, et l'imprévu ou les changements brusques peuvent jouer un rôle important dans votre vie. Ces besoins peuvent renforcer votre sentiment d'identité et contribuer à alimenter votre fierté naturelle et une bonne image de vous-même. Ils peuvent aussi faciliter votre réussite et votre rayonnement personnel, contribuer à vous mettre en valeur, vous permettre d'être reconnu, estimé ou admiré, et vous permettre d'exprimer votre créativité, votre énergie et l'amour qu'il y a en vous.

Votre coté fraternel, votre tempérament clair et sincère, votre magnétisme personnel, votre capacité de captiver l'attention, votre capacité à être à l'écoute d'autrui et votre claire compréhension des mécanismes psychologiques qui régissent l'être humain peut vous conférer de grandes facilités relationnelles. Vous savez cependant rester vous-même, avec vos valeurs, vos repères et vos idéaux lorsque vous êtes en groupe.
Vous savez aussi affirmer votre indépendance, votre spécificité ou votre originalité lorsque vous êtes engagé dans une relation personnelle forte. Certaines de vos relations, qu'elles soient amicales ou autre, peuvent contribuer à votre réussite ou vous apporter le piston, l'appui ou la protection nécessaire. Vos amis peuvent être vos repères, être essentiels dans votre existence, vous aider à mieux vous définir et à y voir plus clair. Vous pouvez aimer partager avec eux vos centres d'intérêts.

Votre idéologie, vos valeurs spirituelles, vos projets, vos convictions et certitudes tendent à être fondés sur les valeurs solaires de volontarisme, d'engagement, de créativité, d'affirmation de vos valeurs personnelles, de réussite et de pouvoir idéologique, psychologique, social ou technique. Vos repères, vos valeurs et vos idéaux tendent à être intellectualisés ou influencés par une idéologie, par des projets, par des valeurs spirituelles, par des certitudes ou des convictions. Votre capacité à intellectualiser les événements, à comprendre leur cause, leur sens, les mécanismes psychologiques en jeu et à saisir comment ce que chacun porte à l'intérieur de son être engendre les événements équivalents dans le monde extérieur ne vous font en général guère croire au hasard.

Vous vous sentez facilement responsable de ce qui vous arrive et rendez facilement autrui responsable de ce qui leur arrive. Cela vous rend exigent et intransigeant. Il vous faut être à la hauteur et toujours faire mieux.

Vous avez la certitude que le ciel vous aidera si vous vous aidez vous-même. Et vous pouvez être conscient qu'il existe des puissances bénéfiques surnaturelles ou des êtes supérieurs invisibles, dans un monde meilleur, qui à travers des signes et le langage de l'univers peuvent éclairer votre conscience et votre voie. Cette conscience universelle qui va au-delà des cadres de références propres au monde extérieur peut vous permettre d'avoir conscience du plan divin, de votre vocation, des coïncidences ou des signes du hasard et d'entrevoir un monde nouveau et meilleur.

Elle peut vous aider à vous purifier, à synchroniser votre vie avec le plan divin et avec votre propre évolution et à vous dégager intérieurement de votre partie matérielle. Elle peut vous permettre d'avoir des conceptions avant-gardistes, d'accéder aux vérités spirituelles et quelques fois d'être un canal entre les courants de progrès universels et l'humanité terrestre.

Votre volonté, votre énergie et votre conscience tendent à être influencées par des énergies cosmiques à haute tension venant de l'inconscient collectif. Votre créativité et cet apport d'énergie, qui peut se traduire par des flashes intuitifs, peuvent vous permettre d'être inventif, de participer au progrès technique, psychologique ou social de votre milieu, de faire évoluer les choses dans votre situation, de localiser les issues de secours et les portes de sorties, de trouver des solutions adaptées aux problèmes techniques et humains, de faire des réformes quitte à bouleverser des situations rigides, d'améliorer le sort de vos semblables et d'aider autrui.

Vous vous situez facilement en sauveur, en dominant tendant la main au dominé, en général dans une attitude d'amitié fraternelle désintéressée mais parfois de façon autoritaire. Votre volonté tend à être mise au service de votre besoin de progrès, d'autonomie et d'indépendance. Votre volonté, votre conscience, l'image que vous souhaitez donner, votre créativité, votre vie et votre énergie tendent à être encadrées, disciplinées, maîtrisées mais aussi extériorisées de façon parfois tendue, brusque, soudaine et imprévisible, tandis que votre magnétisme personnel peut parfois être capable de guérir, de magnétiser autrui, de chasser les ondes négatives. Votre volonté peut être particulièrement puissante lorsqu'elle est alimentée par cette source de magnétisme et d'énergie cosmique.

Vous pouvez être paradoxal dans le sens où malgré votre coté très individualiste, votre volonté s'exprime plus facilement lorsqu'elle est orientée vers des objectifs impersonnels ou collectifs dont puisse profiter l'ensemble de l'humanité, au sein d'un groupe, d'une association, d'une grande entreprise voire d'une multinationale qu'à travers des initiatives égoïstes ou personnelles.

Vous pouvez parfois être tellement sûr de vous, de votre valeur ou de vos convictions que vous pouvez avoir du mal à envisager qu'il puisse exister d'autres vérités que la vôtre et faire preuve de manque de souplesse.
Vous pouvez faire preuve d'une certaine fixité dans vos comportements, vous accrocher à vos objectifs et faire le maximum jusqu'à ce que vous obteniez les résultats voulus. Vous permettez rarement aux événements de modifier votre trajectoire ou vos croyances et vous avez une remarquable capacité à franchir les obstacles, à tenir tête et à ne pas céder.

Cette volonté triomphante, votre puissante créativité, votre esprit vif et percutant, votre capacité à imposer vos valeurs et à faire tourner les événements en votre faveur, votre côté logique, votre remarquable sens de l'organisation, votre intelligence capable de manier des concepts, des symboles, des données, des techniques ou des technologies complexes et votre intuition peuvent vous permettre d'être au bon moment au bon endroit, et de faire ce qu'il faut quand il faut comme il faut, ce qui facilite votre réussite et votre adaptation à la vie moderne. Votre réussite peut s'effectuer grâce à des coups de chances inattendus et des occasions soudaines.

Votre pouvoir de concentration, votre capacité à focaliser toute votre énergie sur un seul objectif, votre besoin de performance et votre besoin d'aller toujours plus loin peuvent vous amener à vous spécialiser dans un secteur particulier et vous permettre d'être un technicien ou un spécialiste pointu à l'avant garde du progrès dans votre secteur d'activité.

Votre idéal de vie peut donc être un idéal de progrès, un idéal humanitaire visant à améliorer le sort de vos semblables, un idéal de développement personnel, d'affirmation de votre individualité ou un idéal de participation à la société tout en préservant votre spécificité. Vos repères, vos modèles et vos idéaux peuvent être très personnels ou vous donner tendance à vous situer avant tout comme un membre d'un groupe ou de l'humanité.

L'AMOUR

En amour, vous pouvez être prédisposé aux coups de foudre et pouvez être très idéaliste. Vous n'êtes cependant pas très à l'aise dans l'attachement, dans les liens émotionnels et dans l'intimité. Vous vous révoltez facilement contre toute tentative d'accaparement de votre personnalité ou contre les comportements manipulateurs engendrant des rapports de force. Vous préférez parfois l'amitié amoureuse, le compagnonnage, l'union libre moderne et les relations où votre besoin d'indépendance peut s'exprimer librement à l'amour traditionnel classique. Vous avez besoin de clarté, de transparence, d'une certaine communion des âmes, d'imprévus, de nouveauté et d'extraordinaire dans vos relations amoureuses.

Vous pouvez être partisan d'une certaine égalité des sexes au sein d'une relation démocratique. Les échanges intellectuels, spirituels ou idéologiques peuvent jouer un rôle important dans votre vie amoureuse et vous accordez une certaine importance à l'esprit et à l'intelligence de l'autre. Vous pouvez avoir besoin d'aider l'autre, de l'éveiller et concevez difficilement une relation sans évolution ni projets. Vous jouez parfois un rôle de Saint Bernard. Dans un thème féminin, cet aspect facilite les relations amicales masculines, l'homme pouvant constituer pour la femme un élément libérateur. La femme recherche souvent dans ses relations avec l'homme une dimension psychologique et la satisfaction de son besoin d'extraordinaire, de nouveauté, d'imprévu ou d'éveil intérieur.

ASPECT DISSONANT/DYNAMIQUE SOLEIL-URANUS

Il y a dans votre thème astral une relation permanente, mais discontinue, dissociée, duelle, tendue et conflictuelle, entre le Soleil (vos repères, votre ego, votre volonté) et Uranus (votre besoin de liberté, votre intelligence psychologique et technologique), car ces deux planètes vibrent en vous à deux fréquences totalement différentes.

Chaque planète veut se vivre, à sa façon, à travers vous et tend à considérer l'autre comme une rivale ou comme une perturbatrice. Vous avez alors tendance, soit à exprimer l'une puis l'autre des planètes d'une façon excessive, soit à vivre l'une des planètes et à rejeter l'autre parce que vous la considérez comme perturbatrice, parce que vous voyez son côté sombre plus que son côté lumineux. Tant que vous nourrissez ce conflit à l'intérieur de vous, vous récoltez le moins bon de chacune des deux fonctions psychologiques et des expériences qui y sont associées.

La solution, que vous verrez plus bas dans le texte, est de vivre chaque fonction en pleine conscience et de savoir alterner rapidement et consciemment, entre chacune des deux fonctions psychologiques représentées par la planète Vous transformez ainsi une relation conflictuelle en une grande force et vous vivez cette relation de façon consciente et dynamique.

Cette facette de votre personnalité peut initialement engendrer, lorsqu'elle n'est pas maîtrisée, des difficultés dans la gestion de votre vie extérieure et au niveau de votre image, dans les relations amoureuses, dans les rapports humains mais aussi des difficultés à vous affirmer dans la vie de façon autonome et indépendante de par un conflit ou un désaccord entre par exemple vos repères et votre idéal de liberté, entre un besoin de stabilité et un besoin de nouveauté, entre un besoin d'agir selon votre volonté et la capacité de vous plier à la Nécessité, entre un besoin de réussite

116

personnelle et un besoin de vous affirmer à travers le groupe, entre l'amour propre et l'amour fraternel, entre votre capacité à être relié à votre cœur et votre capacité à être connecté à l'univers. Vous avez alors tendance à incarner plusieurs scénarios, en alternant parfois de l'un à l'autre.

Scénario 1 : Le Soleil domine et Uranus est rejeté ou mal intégré à votre personnalité.

Quand vous exprimez votre Soleil, vous avez besoin de vous engager dans une voie personnelle, d'exprimer vos convictions et vos valeurs, de mobiliser votre volonté, de vivre selon votre idéal, un absolu, un système de référence orientant les grandes lignes directrices de votre vie, d'être admiré, aimé, connu, estimé, de vivre une relation amoureuse ou de créer, de réussir et de réaliser vos ambitions. Vous pouvez être dans ces situations très sensibles aux effets négatifs ou perturbateurs que peuvent avoir ou causer toute idéologie, toute conception de projets, toute projection dans l'avenir, toute affirmation spécifique et originale de votre personnalité, toute relation amicale, tout travail de développement personnel, toute obligation et responsabilité, le progrès et la société moderne, toute indépendance et autonomie, tout imprévu et tout événement indépendant de votre volonté.

Peut-être avez-vous peur de ne plus être aimé, de perdre la reconnaissance, l'estime ou l'admiration de personnes importantes pour vous si vous affirmez votre spécificité, votre originalité et vos différences, si vous évoluez spirituellement, si vous êtes libre et indépendant? Peut être vous sentez vous déstabilisé face à la nouveauté et à l'imprévu? Un refoulement de tout ou d'une partie d'Uranus peut vous donner des difficultés à vous imposer, à focaliser vos énergies vers un but spécifique, à faire preuve de logique, à assumer vos responsabilités, à vous spécialiser, à être réellement autonome et maître de votre destinée, à vous adapter à la vie moderne et à ses technologies, à maîtriser et à discipliner votre énergie, votre vie, vos comportements amoureux ou vos créations.

Peut-être avez-vous l'impression de perdre votre indépendance ou votre originalité lorsque vous vous engagez dans une voie personnelle, lorsque vous vivez une relation amoureuse exclusive ou lorsque que vous prenez une position bien définie? Vous pouvez avoir des difficultés à affirmer vos convictions, votre spécificité et votre différence, à être sociable, humain et fraternel, à vous affranchir des conditionnements socioculturels ou à dire non aux attentes de personnes qui comptent pour vous, à évoluer psychologiquement en vous libérant de vos peurs et de vos croyances, à trouver des solutions aux difficultés éventuelles ou à redresser des situations en difficulté, à aider autrui à aller mieux ou à accepter l'aide d'autrui.

117

Vous pouvez éprouver des difficultés à adhérer à un groupe, à un mouvement idéologique ou syndical, à vous intégrer dans un réseau, à faire des projets et à vous projeter dans l'avenir, à vous adapter au monde moderne, à la nouveauté et à l'imprévu, à tourner la page et à changer de cap quand cela est nécessaire, à adhérer aux valeurs spirituelles, à supporter la tension et à créer ou entretenir des relations amicales. Vous pouvez avoir du mal à prendre conscience du plan divin, des vérités cosmiques ou des lois éternelles, à vous plier à la nécessité, à trouver votre vocation, à être en harmonie avec les lois cosmiques, à percevoir les signes du ciel ou du hasard et à croire en la possibilité d'aide de forces supérieures.

Cela peut vous attirer des « tuiles » ou des imprévus désagréables. Vous pouvez également avoir du mal à avoir de l'espoir et à être sensible à tout ce qui est synonyme d'espoir, à entrevoir un monde nouveau et meilleur, à faire le ménage dans votre vie, à être en avance sur votre époque par incapacité ou refus de voir les courants de progrès, à vous projeter dans l'avenir et à faire preuve de psychologie.

Vous pouvez être particulièrement sensible aux différences qu'il y a entre les lois cosmiques ou certaines valeurs humanitaires et vos repères personnels. Où vous pouvez avoir l'impression que les grandes lignes directrices de votre vie ne correspondent pas à vos valeurs spirituelles, à votre idéologie ou à votre vocation. Vous pouvez être insatisfait dans votre vie parce que vous avez l'impression de ne pas pouvoir vous exprimer librement, de ne pas être réellement libre et indépendant, de ne pas évoluer et progresser, de ne pas réellement maîtriser votre trajectoire.

Scénario 2 : Uranus, votre besoin de liberté, domine et le Soleil est rejeté ou mal intégré.

Si Uranus domine chez vous, vous avez alors besoin d'être libre et autonome, de vous affirmer dans le monde moderne ou d'affirmer votre spécificité et vos convictions, d'utiliser les sciences, les techniques et les outils modernes de communication, d'évoluer psychologiquement, d'aider autrui à évoluer en les libérant de leurs peurs et de leurs croyances limitantes, de participer à un mouvement idéologique, à un mouvement syndical ou à une action de groupe, de vivre en groupe ou de partager du temps avec vos amis, de vous discipliner et de focaliser toutes vos énergies vers un but spécifique et de faire des projets. Vous pouvez alors être sensibilisé aux mauvais cotés, aux difficultés et aux effets négatifs que peuvent avoir ou causer toute stabilité, tout idéal, tout acte volontariste, toute mise en valeur, toute activité exclusive vous imposant de dépenser la majeure partie de votre temps ou de votre énergie au point de croire que

118

tout ou une partie de la fonction solaire perturbera systématiquement votre liberté, votre originalité, vos valeurs spirituelles, vos relations amicales.

Cela peut se traduire par un problème d'identité dans la mesure où vous vous situez plutôt en fonction d'autres personnes ou comme un membre de l'humanité, au détriment de ce que vous êtes personnellement.

Vous pouvez aussi avoir des difficultés à avoir confiance en vous, à utiliser la pensée positive et l'autosuggestion pour améliorer vos conditions de vie, à élaborer un idéal, à structurer votre identité en fonction d'un cadre de référence, à vous situer dans la vie et à donner un sens à votre existence, à prendre position, à vous centrer sur un objectif et à vous engager dans une direction bien définie, à vous mettre en valeur ou à vous sentir aimé et valorisé, à jouer un rôle central, à aimer et à vous engager dans une relation spécifique, à créer, à être autonome et autodidacte, à être clair et objectif et à assumer vos responsabilités d'adulte. Vous pouvez cependant à un certain moment être insatisfait parce que vous avez l'impression qu'il vous manque des grandes lignes directrices, une réussite qui vous met en valeur, l'admiration et la reconnaissance d'autrui, une relation amoureuse stable, une identité claire, un engagement qui mobilise votre volonté et cette partie du Soleil que vous n'exprimez pas.

Scénario 3 : Votre Soleil (votre volonté, votre besoin de reconnaissance) est en excès.

L'influence excessive du Soleil peut vous donner tendance à faire preuve de naïveté par excès d'idéalisme ou d'un complexe de supériorité envers certaine de vos relations humaines. Peut être n'arrivez-vous à être libre, autonome et indépendant, à affirmer vos différences et votre spécificité communiquer, à être démocratique et à vous intégrer dans un groupe que lorsque vous êtes admiré, estimé, reconnu, que lorsque vous êtes l'objet d'une attention particulière ou que lorsque vous êtes le centre du monde ou mis sur un piédestal. Ou vous pouvez être tellement fixé de façon dépendante à un absolu, à certains principes, à un idéal ou à quelques relations qui vous sont importantes et avoir tellement besoin d'être aimé, d'être estimé, de briller, de donner une certaine image ou de vous conformer aux attentes de personnes jouant un rôle essentiel dans votre vie que cela peut vous empêcher d'affirmer vos différences, d'être réellement autonome et de progresser spirituellement.

Vous pouvez également avoir tendance à ne vivre qu'en fonction des apparences, de la parure et de l'image que vous voulez donner, ou à vous accrocher à un rôle, à une situation, sans tenir compte de l'évolution des événements.

Avec Soleil-Uranus, vos projets peuvent manquer de réalisme ou au contraire être trop grandioses et impossibles à réaliser dans le concret. Vous pouvez avoir une tendance à faire preuve d'orgueil, d'égocentrisme autoritaire, d'abus de pouvoir, de sécheresse de cœur, d'intransigeance, d'intolérance, d'arrogance, de présomption, d'un coté « je sais tout », d'une tendance à la surestimation du moi suite à une identification à une fausse image de soi.

En amour, la relation Soleil-Uranus dissociée peut se traduire par un manque de liberté personnelle dans vos relations amoureuses, par une difficulté à accepter que l'autre ait besoin de sa part de liberté et d'indépendance ou qu'il puisse être différent. Vous pouvez éprouver quelques difficultés pour vous adapter à la relation amoureuse ou pour partager dans la relation amoureuse des idées et des projets. Un besoin excessif de nouveauté ou d'indépendance ou une impression qu'un engagement exclusif empêche une certaine liberté peu aboutir à des ruptures et des séparations brusques. Peut être avez vous des conceptions utopiques ou un excès d'idéalisme qui nie les réalités pratiques inhérentes à toute relation amoureuse. Vous pouvez avoir du mal à aimer lorsque vous êtes libre et à vous sentir libre lorsque vous aimez.

Vous pouvez avoir tendance à croire que l'engagement amoureux ne peut se faire qu'au détriment de l'amitié et que l'amitié ne peut jamais se transformer en amour ou vous pouvez avoir plus de facilité pour aimer l'humanité toute entière que pour aimer une seule personne et vous engager avec elle. Certaines personnes se servent d'une relation amoureuse ou d'une relation importante pour ne pas s'affirmer de façon indépendante ou au contraire de leur besoin d'indépendance pour ne pas s'engager dans une relation amoureuse.

Scénario 4 : Votre système nerveux surchauffe et votre besoin de liberté domine en excès.

L'influence excessive d'Uranus peut se traduire par un besoin énorme de liberté et d'indépendance dans votre vie au point que vous supportez difficilement les contraintes d'une existence régulière, les pressions extérieures ou les ordres. Vous vous révoltez alors dès qu'une personne s'exprime avec autorité. Vous pouvez être victime du fantôme de la liberté qui vous incite à adopter une fausse image de la liberté.

Peut-être êtes-vous tellement sûr et convaincu de vos valeurs personnelles, de votre idéologie et de vos opinions, même si elles ne vous mènent nulle part, que vous n'en faites qu'à votre tête et êtes complètement sourd aux dires et opinions d'autrui ?

120

Peut-être idéalisez-vous à tel point les personnes qui sont essentielles dans votre vie, les personnes qui sont pour vous des repères et des modèles ou les symboles de pouvoir que vous perdez votre objectivité lorsque vous êtes engagé dans une relation interpersonnelle forte. Vous pouvez ne vous sentir exister que dans la contestation ou la révolte, faire preuve d'un individualisme exacerbé, d'une tendance à vouloir systématiquement sortir des sentiers battus en ne faisant jamais comme les autres et d'un refus de vous plier aux modèles qu'on vous inculque ou aux attentes d'autrui. Votre originalité tourne parfois à l'excentricité. Une tendance à planer au-dessus des réalités concrètes, une tendance à être utopiste où à vivre dans le virtuel, un besoin excessif de tout intellectualiser, schématiser et conceptualiser ou une tendance à ne vivre que dans le projet peuvent vous donner des difficultés d'adaptation pratique à la réalité.

Vous pouvez avoir tendance à vouloir tout le temps passer à quelque chose de nouveau dès que vous avez une impression de déjà vu ou dès que vous avez une impression d'avoir fait le tour de la situation. Cela peut être synonyme d'une excessive instabilité, d'une difficulté à profiter pleinement de la situation, d'une difficulté à créer quelque chose de stable ou d'une difficulté à rester longtemps dans un même lieu ou ave une même personne.

Peut être que la discipline et les exigences que vous vous imposez, les contraintes et obligations auxquelles vous avez à faire face, vos relations amicales, votre besoin de développement personnel, votre besoin d'indépendance et de nouveauté, vos activités sociales et la vie professionnelle, une idéologie, des valeurs universelles, humanitaires ou démocratiques, une association, une cause impersonnelles dont puisse profiter l'ensemble de l'humanité, un groupe ou une multinationale dans laquelle vous vous impliquez vous demandent un tel investissement d'énergie que vous vous dépersonnalisez ou que n'avez plus la disponibilité pour vous occuper de vous-même, pour créer ou pour vivre une relation amoureuse.

Votre vie est peut être trop influencée par le mode de vie ou les idéologies que vous ont inculqué des amis ou la société. Mais le style de vie, les idéologies ou les croyances que vous avez adoptées de l'extérieur ne sont pas forcément en accord avec vous-même. Elles peuvent vous empêcher d'exprimer votre identité réelle et de vous mettre en valeur vos qualités personnelles.

Vous pouvez avoir tendance à tellement vouloir tout maîtriser dans votre vie, à être tellement exigent, brusque et imprévisible que vous vous comportez parfois comme un tyran ou un dictateur qui doit être obéi dans l'immédiat. Cela ne facilite pas les relations de groupe et les relations amicales. Des idées fixes, un fanatisme idéologique, une tendance à la rébellion et à la révolte, une mentalité sectaire, rigide et élitiste ou une tendance à être excessivement spécialisé peut gêner vos capacités d'adaptation. Certaines personnes ont tendance à contester systématiquement voire à déstabiliser le pouvoir en place ou à revendiquer brutalement et sans concertation des droits à une vie meilleure (salaires, horaires, avantages sociaux) au point d'irriter leurs supérieurs. Votre vie obéie parfois à une logique tellement personnelle ou complexe qu'elle peut être difficilement partageable ou compréhensible par autrui.

Votre volonté, votre conscience, votre énergie, vos repères, vos idéaux, vos ambitions personnelles et vos engagements tendent à être influencés par des énergies cosmiques à haute tension venant de l'inconscient collectif mais sans que vous maîtrisiez forcément très bien cette influence.

Une difficulté à gérer ces énergies peut se traduire par les différents symptômes propres à la paranoïa, c'est à dire par une tendance à se sentir constamment persécuté, par une tendance à être excessivement exigent voire fanatique, par une tendance à imposer ces revendications aux autres, par une surtension nerveuse mal contrôlée, parfois par des troubles nerveux ou par une tendance à surchauffer, par une autorité irruptive, par une tendance à être facilement irritable, intolérant et à avoir des sautes d'humeurs, par une tendance à être survolté, électrique, brusque, imprévisible, foudroyant, déstabilisant, incontrôlable et parfois violent, par un goût pour les situations explosives ou par une tendance à vivre comme un avion à réaction.

Vous pouvez être capable de balayer d'un coup ce qui auparavant vous était essentiel parce que vous avez trop facilement l'impression qu'il y a incompatibilité entre vos expériences nouvelles et vos acquis. Cette paranoïa peut également conférer une difficulté à établir des relations, avec autrui, en se situant autrement qu'en sauveur ou en dominant tendant la main à un dominé, lorsqu'une supériorité affichée n'est pas reconnue.

Expression positive consciente et naturelle : Lorsque vous apprenez à maîtriser cette partie de votre personnalité et à utiliser toute sa richesse et lorsque vous avez fait le chemin pour exprimer cette relation en pleine conscience et d'une manière positive.

Pour transformer la relation Soleil-Uranus dissociée en relation consciente et dynamique, il peut être utile d'effectuer un travail sur l'image que vous avez de vous-même et celle que vous donnez aux autres, sur l'image de l'homme et du père, sur les modèles servant de références, sur votre idéal et vos valeurs, sur l'Amour et sur le rôle que doivent avoir la société moderne, la nouveauté, les projets, la virtualité et les ordinateurs, le groupe, les ami(e)s, l'autonomie, la liberté, la relation à l'univers et le progrès au sein de la personnalité et dans votre vie. Un travail sur la conscience corporelle (Tai-Chi, Tantrisme, danse) et un peu de sport peuvent vous faire le plus grand bien. Les deux planètes peuvent être vécues dans des états d'esprit, dans des lieux ou à des moments très différents, de façon à ce que chacune rectifie l'autre au moindre excès. Vous pouvez alors vivre des moments où vous affirmez vos valeurs personnelles, votre absolu et vos principes, où vous vous comportez en fonction d'une certaine image à donner, où vous vous consacrez à vous-même, à vos occupations, à vos responsabilités, à vos créations, à vos ambitions, à des activités qui vous mettent en valeur, à une relation amoureuse, à quelques relations privilégiées ou à ce qui vous demande d'investir la plus grande partie de votre énergie.

Puis lorsque le besoin se fait sentir, vous consacrez d'autres moments où vous vous décentrez et vous détournez de vos objectifs, d'une relation amoureuse dans laquelle vous êtes engagé, de ce que l'on attend de vous et de l'image que vous voulez donner pour affirmer votre spécificité, votre différence et votre originalité, pour vivre des expériences nouvelles où vous vous adaptez à l'inconnu, pour vivre de façon plus indépendante, pour vous consacrer à vos amis, à d'autres relations humaines ou à des activités associatives. Vous savez vous plier à la nécessité quand il le faut et agir selon votre propre volonté quand vous le pouvez.

Bien maîtrisée, la relation Soleil-Uranus peut vous conférer un ensemble d'aptitudes qui sont alors vécues d'une façon particulièrement consciente et dynamique. Cela peut vous conférer une exceptionnelle maîtrise de votre volonté, de votre personnalité et de votre vie extérieure, une intelligence hors-norme, de grandes facilités pour maîtriser les technologies modernes ainsi qu'une capacité à libérer autrui de leurs problèmes.

Vous pouvez être capable d'utiliser votre volonté et votre énergie pour contribuer au progrès collectif ou pour vivre en accord total avec les lois de l'univers. Vous pouvez être capable de lutter contre, voire de foudroyer et de déstabiliser les situations rigides, les monopoles, les abus de pouvoir, les monarchies afin d'instaurer une situation plus démocratique et de faire ainsi avancer le progrès.

Quand vous exprimez d'une façon positive et en pleine conscience la relation Soleil-Uranus, vivre et vous exprimer tendent à être pour vous synonyme d'affirmation de votre individualité, de dépassement de soi pour progresser, d'évolution vers une maîtrise de vous-même et de prise en main de votre destinée dans le but d'atteindre un état de liberté, d'indépendance et d'autonomie. Vous savez cependant, lorsque vous vous affirmez, lorsque vous manifestez votre différence, lorsque vous évoluez, lorsque vous intégrez des expériences nouvelles ou lorsque vous êtes face à l'imprévu ou à l'inconnu, soigner votre image de marque, préserver l'amour et l'estime de ceux qui vous sont chers et rester centré sur vos objectifs, vos valeurs et vos idéaux.

Vous savez vous concentrer sur vos objectifs et avoir une vision de l'avenir. Quand vous engagez votre volonté, vous le faites dans un état de haute tension qui vous rend parfois survolté. Il vous faut coûte que coûte atteindre vos objectifs en faisant le maximum. Il vous faut aussi explorer, expérimenter et essayer de façon renouvelée et comme certains scientifiques, vous accordez surtout de la valeur à ce que vous avez expérimenté et vérifié par vous-même. Vous aimez ce qui est clair, net, logique et précis. Vous savez ce que vous voulez et pouvez avoir une conscience clairement définie de ce que doit être votre vocation.

Vous pouvez avoir quelques difficultés à vous détendre, à vous reposer, à vous laisser aller, à vous laisser porter par les événements ou à laisser les choses se faire au hasard. Il vous faut toujours être en éveil, maîtriser et de pas faillir vis à vis d'une certaine image que vous voulez incarner. Vous savez user de votre volonté et de votre créativité pour vous affranchir des contraintes sociales, des pressions extérieures, des tentatives de manipulation ou d'accaparement de votre personnalité, pour vous détacher intérieurement des mythes, des préjugés, des rumeurs, des influences parentales ou des influences du passé pour suivre votre voie personnelle.

Vous aimez sortir des sentiers battus et ne pas faire comme les autres, et pouvez aimer ou n'aimer que l'extraordinaire et le merveilleux. Votre volonté triomphante, votre puissante créativité, votre esprit vif et percutant, votre capacité à imposer vos valeurs et à faire tourner les événements en votre faveur, votre côté logique, votre remarquable sens de l'organisation, votre intelligence capable de manier des concepts, des symboles, des données, des techniques ou des technologies complexes et votre intuition peuvent vous permettre d'être au bon moment au bon endroit, et de faire ce qu'il faut quand il faut comme il faut, ce qui facilite votre réussite et votre adaptation à la vie moderne.

Votre réussite peut s'effectuer grâce à des coups de chances inattendus et des occasions soudaines. Votre pouvoir de concentration, votre capacité à focaliser toute votre énergie sur un seul objectif, votre besoin de performance et votre besoin d'aller toujours plus loin peuvent vous amener à vous spécialiser dans un secteur particulier et vous permettre d'être un technicien ou un spécialiste pointu à l'avant garde du progrès dans votre secteur d'activité.

Votre idéal de vie peut donc être un idéal de progrès, un idéal humanitaire visant à améliorer le sort de vos semblables, un idéal de développement personnel, d'affirmation de votre individualité ou un idéal de participation à la société tout en préservant votre spécificité. Vos repères, vos modèles et vos idéaux peuvent être très personnels ou vous donner tendance à vous situer avant tout comme un membre de l'humanité.

Vous avez besoin d'aventure, d'idéologie et de valeurs spirituelles, de devenir libre en connaissant et en appliquant les lois de l'univers, de nouveauté et d'espoir, de vous projeter dans l'avenir et de faire des projets, d'évoluer à travers une libération de vos peurs et de vos angoisses, d'affirmer vos convictions, votre spécificité et votre puissance, de mobiliser votre volonté pour atteindre des objectifs clairement définis et de participer à la vie socioéconomique de votre milieu. Vous avez aussi besoin de surprises et d'imprévus, de stimulations nouvelles et de changements. Les situations répétitives, routinières et monotones ne vous conviennent donc pas. Vous avez des facilités pour vous adapter à l'inconnu et à l'imprévu, et l'imprévu ou les changements brusques peuvent jouer un rôle important dans votre vie.

Votre coté humain et fraternel, votre tempérament clair et sincère, votre magnétisme personnel, votre capacité de captiver l'attention, votre capacité à être à l'écoute d'autrui et votre claire compréhension des mécanismes psychologiques qui régissent l'être humain peut vous conférer de grandes facilités relationnelles. Vous savez cependant rester vous-même, avec vos valeurs, vos repères et vos idéaux lorsque vous êtes en groupe. Vous savez aussi affirmer votre indépendance, votre spécificité ou votre originalité lorsque vous êtes engagé dans une relation personnelle forte.

Certaines de vos relations, qu'elles soient amicales ou autre, peuvent contribuer à votre réussite ou vous apporter le piston, l'appui ou la protection nécessaire. Vos amis peuvent être vos repères, être essentiels dans votre existence, vous aider à mieux vous définir et à y voir plus clair. Vous pouvez aimer partager avec eux vos centres d'intérêts.

Votre capacité à intellectualiser les événements, à comprendre leur cause, leur sens, les mécanismes psychologiques en jeu et à saisir comment ce que chacun porte à l'intérieur de son être engendre les événements équivalents dans le monde extérieur ne vous font en général guère croire au hasard. Vous vous sentez facilement responsable de ce qui vous arrive et rendez facilement autrui responsable de ce qui leur arrive. Cela vous rend exigent et intransigeant. Il vous faut être à la hauteur et toujours faire mieux.

Vous avez la certitude que le ciel vous aidera si vous vous aidez vous-même. Et vous pouvez être conscient qu'il existe des puissances bénéfiques surnaturelles ou des êtes supérieurs invisibles, dans un monde meilleur, qui à travers des signes et le langage de l'univers peuvent éclairer votre conscience et votre voie.

Cette conscience universelle qui va au-delà des cadres de références propres au monde extérieur peut vous permettre d'avoir conscience du plan divin, de votre vocation, des coïncidences ou des signes du hasard et d'entrevoir un monde nouveau et meilleur. Elle peut vous aider à vous purifier, à synchroniser votre vie avec le plan divin et avec votre propre évolution et à vous dégager intérieurement de votre partie matérielle. Elle peut vous permettre d'avoir des conceptions avant-gardistes, d'accéder aux vérités spirituelles et quelques fois d'être un canal entre les courants de progrès universels et l'humanité terrestre.

Vous pouvez être paradoxal dans le sens où malgré votre coté très individualiste, votre volonté s'exprime plus facilement lorsqu'elle est orientée vers des objectifs impersonnels ou collectifs dont puisse profiter l'ensemble de l'humanité, au sein d'un groupe, d'une association, d'une grande entreprise voire d'une multinationale qu'à travers des initiatives égoïstes ou personnelles.

Vous pouvez parfois être tellement sûr de vous, de votre valeur ou de vos convictions que vous pouvez avoir du mal à envisager qu'il puisse exister d'autres vérités que la vôtre et faire preuve de manque de souplesse. Vous pouvez faire preuve d'une certaine fixité dans vos comportements, vous accrocher à vos objectifs et faire le maximum jusqu'à ce que vous obteniez les résultats voulus. Vous permettez rarement aux événements de modifier votre trajectoire ou vos croyances et vous avez une remarquable capacité à franchir les obstacles, à tenir tête et à ne pas céder.

En amour, vous pouvez être prédisposé aux coups de foudre et pouvez être très idéaliste. Vous n'êtes cependant pas très à l'aise dans l'attachement, dans les liens émotionnels et dans l'intimité. Vous vous révoltez facilement contre toute tentative d'accaparement de votre personnalité ou contre les comportements manipulateurs engendrant des rapports de force. Vous préférez parfois l'amitié amoureuse, le compagnonnage, l'union libre moderne et les relations où votre besoin d'indépendance peut s'exprimer librement à l'amour traditionnel classique. Vous avez besoin de clarté, de transparence, d'une certaine communion des âmes, d'imprévus, de nouveauté et d'extraordinaire dans vos relations amoureuses. Vous pouvez être partisan d'une certaine égalité des sexes au sein d'une relation démocratique.

Les échanges intellectuels, spirituels ou idéologiques peuvent jouer un rôle important dans votre vie amoureuse et vous accordez une certaine importance à l'esprit et à l'intelligence de l'autre. Vous pouvez avoir besoin d'aider l'autre, de l'éveiller et concevez difficilement une relation sans évolution. Vous jouez parfois un rôle de Saint-bernard ou de Zorro.

ASPECT HARMONIQUE SOLEIL-NEPTUNE

Il y a dans votre thème astral une relation permanente, continue et symbiotique entre le Soleil et Neptune qui s'expriment en vous comme deux partenaires. Comme vous êtes sensible aux effets positifs que chacune des fonctions à sur l'autre, vous tendez à croire que lorsque vous vivez l'une des fonctions, alors l'autre viendra systématiquement la soutenir. Vous tendez ainsi à récolter le meilleur de chacune de ces deux fonctions psychologiques et des expériences qui y sont associées.

Lorsque vous vivez la fonction psychologique Neptune, vous cherchez à lâcher-prise, à vous déconditionner des idées, des certitudes et des cultures précédemment apprises, à vous évader par la rêverie et l'imagination, à avoir la foi en la vie, en Dieu, en l'univers, en la Source créatrice de tout. Vous cherchez à vous connecter à vos mémoires généalogiques pour rendre à vos ancêtres ce qui leur appartient mais aussi à vos vies passées.

Vous faîtes appel à vos ancêtres où à vos croyances spirituelles. Vous avez besoin d'être inspiré, d'exprimer votre sens du sacré, d'utiliser votre capacité à communier, à brancher vos antennes sur l'inconscient collectif, à répondre aux besoins collectifs et à puiser des informations dans l'inconscient collectif. Vous vivez en fusion émotionnelle avec la situation et les personnes qui la composent.

Vous utilisez votre sixième sens et votre intuition, et vous faîtes preuve d'amour inconditionnel, de dévouement, de pardon, de compassion et de charité. Vous soulagez les souffrances et les misères du monde et vous participez à une structure collective. Vous exprimez votre hypersensibilité et vos émotions. Ces besoins, tendances et qualités renforcent votre sentiment d'identité. Elles contribuer à alimenter votre fierté naturelle et une bonne image de vous-même. Ils peuvent aussi faciliter votre réussite et votre rayonnement personnel, contribuer à vous mettre en valeur, vous permettre d'être reconnu, admiré ou estimé et vous permettre d'exprimer votre créativité, votre énergie et l'amour qu'il y a en vous.

Dans les situations décrites précédemment, vous êtes alors particulièrement capable de soigner votre image de marque, de préserver l'amour ou l'estime de ceux qui vous sont chers, de rester centré sur vos objectifs, vos valeurs et vos idéaux et de rester vous-même.

Vous savez déployer votre volonté, y mettre tout votre cœur, savoir ce que vous voulez, de vous fixer des objectifs, de vous organiser, d'être positif, confiant, audacieux et généreux, d'engager votre être tout entier, dans une recherche de perfection et d'absolu, d'en rajouter et de vous dépasser pour que le résultat soit brillant et royal, d'être soucieux de l'image que vous donnez et de votre réputation, de préserver une certaine honorabilité, d'incarner votre idéal, vos valeurs, vos principes, vos objectifs personnels, d'être mis en valeur, de recevoir des marques de reconnaissance, de jouer un rôle central, de créer, de vous montrer, d'être sur les devant de la scène, d'incarner une certaine classe et d'avoir un certain prestige et de vous donner les moyens nécessaires pour réussir.

Inversement, lorsque vous engagez votre volonté et lorsque vous vous exprimez, vous savez garder une certaine ouverture d'esprit, rester disponible et tenir compte du climat social, de votre ressenti et de votre sixième sens, des besoins collectifs et des signes du hasard.

Votre conscience de vous-même, votre volonté, votre logique, votre idéal, vos modèles, vos repères, l'image que vous avez de vous et celle que vous donnez aux autres peuvent être reliés à des énergies ou des informations venant de l'inconscient collectif, de l'astral ou de l'invisible spirituel. Ils peuvent initialement être flous, mal définis, irrationnels ou élaborés en fonction d'un cadre de référence spirituel. Mais avec le temps, ils tendent à être organisés et centralisés en une vision claire grâce à un processus de réflexion logique, de façon à ce qu'ils soient en accord avec vos aspirations profondes, avec la loi de Dieu, ou avec votre besoin d'élévation spirituelle.

Votre idéal peut être un idéal d'ordre spirituel. Il peut être lié à un besoin de soulager les souffrances et les misères du monde, de faire rêver autrui et d'adhérer ou de participer à une œuvre collective. Vous pouvez ainsi avoir besoin d'être comme une fourmi dans la fourmilière, comme une goutte d'eau dans l'océan humain, d'être comme le groupe veut que vous soyez, de faire ce que la collectivité veut que vous fassiez et d'être un membre individuel d'un archétype plus grand.

Votre foi tend à être mise au service de votre volonté et votre volonté tend à soutenir votre foi. Votre capacité à être relié à l'inconscient collectif tend à se traduire par une hypersensibilité à l'énergie, aux vibrations et à ce qui se passe autour de vous, par des pressentiments qui se révèlent justes et parfois par une certaine clairvoyance qui vous permet d'y voir clair là où autrui n'y voit que du flou. Vous vous repérez en fonction de pressentiments, de votre feeling, de votre radar ou de votre boussole intérieure et devez parfois apprendre à vérifier si vos affirmations basées sur un ressenti ne sont pas des illusions.

Votre hypersensibilité et votre capacité à vous relier à l'ordre profond des choses peuvent vous éclairer comme un phare dans votre vie. Votre créativité peut être soutenue par de puissantes inspirations, par votre foi, par une volonté collective et vous permettre de répondre à une demande collective.

Cette capacité à vous harmoniser avec les désirs et besoins collectifs peut donner d'autant plus d'ampleur à votre créativité. Votre hypersensibilité peut vous rendre influencé par autrui, par des modes et des courants collectifs, par les climats sociaux, par les énergies ambiantes, par l'air du temps et par les rumeurs, mais sans que cela vous détourne de vos objectifs, de vos valeurs, de vos repères et de ce qui est essentiel pour vous. L'environnement, l'ambiance ou l'énergie vibratoire dans lesquels vous vous trouvez peuvent déteindre sur vous et avoir une certaine importance.

Tout en ayant des objectifs personnels clairs, vous savez néanmoins être souple et adaptable, ouvert et disponible à ce qui pourrait advenir dans la mesure où vous savez que d'autres possibilités peuvent venir se greffer sur vos créations et décisions.

Et même lorsque vous avez un but précis et une ligne directrice bien tracée, tout reste possible, sans doute parce que pour vous, tout est relatif et parce que vous savez que le hasard peut parfois modifier les situations. Vous savez qu'on ne contrôle pas tout dans une vie. Vous savez donc lâcher prise et vous laisser aller, mais sans dévier de vos engagements.

Vous pouvez avoir des facilités pour être en communion ou en symbiose avec un mouvement général, pour vous effacer afin de fondre dans l'ensemble, pour vous laisser porter par la situation, par le hasard ou par le fil de vos aspirations secrètes.

Le hasard peut jouer un rôle important dans votre vie. Votre tendance à vous fier au hasard, à la providence ou à votre boussole intérieure peut vous inciter à vivre au jour le jour, en fonction de votre ressenti, de vos aspirations profondes et de vos inspirations, sans forcément savoir où vous allez ni ce que vous voulez vraiment, mais en sachant néanmoins que c'est la bonne direction. Souvent, votre intuition, votre foi et votre capacité à vous laisser guider vous permet de sentir ce que vous avez à faire ou la direction qu'il vous faut prendre.

Elles vous aident à réaliser vos objectifs d'une façon parfois surprenante voire miraculeuse et vous permettent de rencontrer l'amour. Vous devez par contre apprendre à ne pas compter que sur le hasard pour atteindre vos objectifs, et vous engager personnellement afin de soutenir le hasard.

Ce que les cartésiens appellent l'étrange ou le paranormal peuvent également jouer un rôle important dans votre vie. Vous pouvez avoir des facilités pour comprendre les mythes, les contes, les symboles et l'âme humaine en général. Vous pouvez parfois donner au commun des mortels l'image d'une personne énigmatique, difficile à cerner, irrationnelle, secrète, mystérieuse ou parfois étrange, qui est dans un autre monde, sur une longueur d'onde inconnue, comme si vous étiez ailleurs. Vous pouvez être doué pour ne pas vous dévoiler.

Et vous pouvez avoir des facilités à transcender, à vous évader mais parfois aussi à fuir la réalité lorsque celle ci devient trop dure. Votre hypersensibilité vous permet de vous mettre dans la peau d'autrui, de vibrer à l'unisson avec l'autre, d'éprouver ce qu'il y a dans son cœur et parfois de communiquer par télépathie, à l'aide de vos antennes.

Vous avez besoin dans votre vie, pour vivre et vous exprimer, de rêve et d'évasion, de merveilleux et de magie, d'espace et d'horizons plus larges, d'aspirations spirituelles ou mystiques, d'émotions religieuses, de transcender les réalités matérielles, d'accéder à d'autres états de conscience plus élevés ou à des états seconds et parfois d'isolement dans le silence et la méditation.

La foi peut jouer un rôle important dans votre vie et vous pouvez avoir une relation claire et forte avec votre guide intérieur. Vous pouvez avoir du mal à vous engager quand vous n'y croyez pas ou quand vous n'avez pas la foi.

Votre foi, la prière et la visualisation créatrice peuvent vous permettre de créer des événements et quelquefois de soulever des montagnes.

Vous ignorez parfois tout ce qui concerne les limites, les frontières et les règles, ce qui peut vous donner quelques difficultés à vous organiser au niveau matériel. Lorsque vous croyez en la présence de forces spirituelles supérieures, votre vie peut être soutenue par une chance inexplicable, par une protection qui fait rarement défaut dans les moments délicats et par une sorte d'ange gardien qui vous protège, qui vous permet d'évoluer et d'être à l'abri du besoin. Il y a souvent à la base de cette foi des croyances religieuses, une capacité à capter les secrets de l'univers, à pressentir l'ordre caché derrière le désordre apparent des événements et une certaine connaissance des lois qui régissent l'univers.

Vous pouvez avoir conscience des signes imperceptibles, des coïncidences ou d'un plan divin qui vous guide dans votre vie. Vous pouvez être doué pour saisir le sens caché des événements, pour prendre conscience que votre existence terrestre n'est qu'une toute petite partie de votre existence éternelle et que votre vraie identité n'est pas de ce monde même si elle passe par lui. Certaines personnes peuvent avoir conscience de leurs vies antérieures ou que certaines forces qui sont présentes en leur âme ont vécu jadis sous l'habit d'un autre personnage. Mais si votre foi, votre imagination et vos croyances peuvent vous permettre de faire des miracles, elles peuvent aussi vous induire en erreur et vous prédisposer à vous faire des illusions, en prenant vos mirages pour la réalité. Il peut être important pour vous de bien faire la différence entre les émotions, les désirs, les besoins collectifs ou provenant d'autrui et ceux qui vous sont personnel.

Il peut également être important pour vous d'apprendre à gérer votre énergie consciemment. Vous pouvez parfois avoir des fuites d'énergie ou vous faire pomper votre énergie par autrui, ce qui peut engendrer des états de fatigue. Votre sensibilité associée à votre grandeur d'âme vous rendent très sensible aux souffrances d'autrui. Vous savez compatir et être disponible pour aider autrui. Parmi vos qualités, on peut citer une grande générosité de cœur, le dévouement, la capacité de sacrifier votre ego pour le bien être d'autrui, un sens de la charité, la compassion et une grande douceur. Il ne tient qu'à vous pour qu'autrui n'abuse pas de votre générosité de cœur. Vous pouvez avoir des dons pour la musique qui peut être un excellent moyen d'exprimer votre émotionnel.

L'AMOUR

L'amour peut pour vous être sacré et ne pas avoir de limites, vous permettre de transcender la vie terrestre et faire des miracles dans votre vie.

131

Cet aspect peut prédisposer à vivre l'amour au loin, sans qu'une présence concrète soit forcément nécessaire pour alimenter un climat émotionnel. Lorsque vous vivez l'expérience de l'amour, vous pouvez avoir le besoin de vous oublier dans une fusion totale avec l'autre, de relation télépathique, d'ivresse, de subtilité, d'être tenu, captivé, fasciné et parfois emprisonné par mille liens subtils qui exercent une sorte d'emprise psychique hypnotique sur vous ou sur l'autre.

Les états d'âme, le courant qui passe et les émotions non exprimées peuvent avoir pour vous autant d'importance que ce qui est dit et montré. Vous avez besoin que vos relations amoureuses correspondent à vos aspirations secrètes ou qu'elles soient soutenues, confirmées, approuvées par le hasard, par les dieux, par ce en quoi vous croyez et qu'elles vous permettent d'accéder à des niveaux de conscience plus élevés, à des vérités spirituelles, ou à des émotions quasi religieuses qui vous permettent de transcender les réalités matérielles. Vous pouvez être très idéaliste et parfois naïf, croire au septième ciel, aux contes de fées, aux princes charmants ou à la princesse de vos rêves.

Cela peut donner à votre vie amoureuse une dimension magique ou inhabituelle mais aussi parfois vous exposer à des déceptions, à des relations compliquées et à des désillusions. Vous avez des facilités pour considérer comme sacré les symboles de pouvoir, les personnes que vous aimez et tout ce qui constitue pour vous des repères ou des modèles. Le résultat de votre dévouement inconditionnel dépendra de l'ensemble de votre thème.

La femme peut avoir tendance à idéaliser, à sacraliser voire à mystifier l'homme ou le père. Elle peut rechercher en l'homme un magicien, avoir besoin de fusion dans ses relations avec l'homme ou être attiré par des hommes capables de dévouement, de faire des sacrifices ou de lui faire vivre des moments de rêve et d'évasion.

ASPECT DISSONANT/DYNAMIQUE SOLEIL-NEPTUNE

Il y a dans votre thème astral une relation permanente, mais discontinue, dissociée, duelle, tendue et conflictuelle, entre le Soleil (vos repères, votre ego, votre volonté) et Neptune (votre foi, vos mémoires ancestrales et vos vies passées, votre besoin d'évasion et de transcendance), car ces deux planètes vibrent en vous à deux fréquences totalement différentes. Chaque planète veut se vivre, à sa façon, à travers vous et tend à considérer l'autre comme une rivale ou comme une perturbatrice.

Vous avez alors tendance, soit à exprimer l'une puis l'autre des planètes d'une façon excessive, soit à vivre l'une des planètes et à rejeter l'autre parce que vous la considérez comme perturbatrice, parce que vous voyez son côté sombre plus que son côté lumineux. Tant que vous nourrissez ce conflit à l'intérieur de vous, vous récoltez le moins bon de chacune des deux fonctions psychologiques et des expériences qui y sont associées.

La solution, que vous verrez plus bas dans le texte, est de vivre chaque fonction en pleine conscience et de savoir alterner rapidement et consciemment, entre chacune des deux fonctions psychologiques représentées par la planète Vous transformez ainsi une relation conflictuelle en une grande force et vous vivez cette relation de façon consciente et dynamique. La relation dissociée Soleil-Neptune indique un problème non résolu en rapport ave les mémoires généalogiques et/ou les mémoires de vies passées. Il pose également le défi d'incarner un idéal spirituel.

La relation avec le père ou l'éducation peuvent avoir été étouffante, idéalisée et source de souffrance. Pour vivre pleinement cette relation Soleil-Neptune, il est important de comprendre qu'elle correspond à une partie de votre personnalité qui vous demande, selon votre cas, d'élargir votre champ de conscience au-delà des réalités matérielles sans toutefois renier celles ci, de développer votre foi, d'évoluer spirituellement, d'exprimer l'amour inconditionnel, de vivre votre part de rêve ou de faire rêver autrui, d'apprendre à maîtriser la prière, d'intégrer vos mémoires ancestrales et vos vies antérieures, de soulager les souffrances du monde, d'effectuer un travail sur la souffrance ou de participer activement à une collectivité.

Cette facette de votre personnalité peut initialement engendrer, lorsqu'elle n'est pas maîtrisée, des difficultés dans la gestion de votre vie extérieure, des difficultés à vous affirmer dans la vie de façon autonome et indépendante, des difficultés dans vos relations amoureuses mais aussi des difficultés à avoir la Foi, à exprimer l'amour inconditionnel et à retrouver votre vraie nature Divine de par un conflit ou un désaccord entre par exemple vos mémoires généalogiques et votre besoin de vivre et de briller, entre un besoin de vous mettre en valeur et un besoin de demeurer effacé, entre un besoin de prendre les événements en main et un besoin de laisser les choses se faire au hasard, entre vos repères et votre hypersensibilité, entre votre besoin d'amour et d'engagement et votre besoin de rêve et d'évasion, entre un besoin d'agir selon votre volonté et votre besoin de participer à la collectivité, entre votre besoin d'affirmation et votre besoin de transcendance. Vous avez alors tendance à incarner plusieurs scénarios, en alternant parfois de l'un à l'autre.

Scénario 1 : Le Soleil domine et Neptune (votre foi, vos mémoires ancestrales et vos vies passées, votre besoin d'évasion et de transcendance), est rejeté ou mal intégré à votre personnalité.

Quand vous exprimez votre Soleil, vous avez besoin de vous engager dans une voie personnelle, d'exprimer vos convictions et vos valeurs, de mobiliser votre volonté, de vivre selon votre idéal, un absolu, un système de référence orientant les grandes lignes directrices de votre vie, d'être admiré, aimé, connu, estimé, de vivre une relation amoureuse ou de créer, de réussir et de réaliser vos ambitions. Vous pouvez être, dans ces situations, très sensible aux effets perturbateurs que peuvent causer le hasard, la déception et la souffrance, votre besoin de transcendance et d'évolution spirituelle, votre besoin d'évasion et d'être ailleurs, votre hypersensibilité, l'influence de croyances religieuses, des énergies venant de l'inconscient collectif atteignant votre conscience, vos mémoires ancestrales ou les souvenirs de vos vies antérieures.

Peut-être avez-vous peur de ne plus être aimé, de perdre la reconnaissance, l'estime ou l'admiration de personnes qui vous sont chères, ou de dévier de vos objectifs, des grandes lignes directrices que vous vous êtes fixées et de ce qui est pour vous essentiel si vous vivez vos rêves ou votre part de folie, si vous vivez selon votre foi, selon vos aspirations secrètes ou selon certaines valeurs spirituelles, si vous exprimez votre clairvoyance, ou si vous tenez compte de vos mémoires ancestrales et/ou vos vies passées.

Des craintes ou croyances qu'un des éléments représentés par Neptune risque d'avoir des effets nuisibles sur votre vie, vos relations amoureuses, vos repères, votre réussite ou sur l'image que vous voulez donner peuvent engendrer un refoulement ou une mauvaise intégration de tout ou une partie de la planète.

Cela peut se traduire par une peur de la maladie et de la souffrance, du désordre et de l'anarchie, de l'étrange et du paranormal ou par une peur d'être submergé, étouffé ou envahi par ce que vous ne contrôlez pas. Vous pouvez avoir des difficultés à donner un sens à la vie, à votre vie ou à vos relations amoureuses, à être à l'écoute d'autrui ou de votre propre intuition, à communiquer en étant sur la même longueur d'onde, à vous mettre dans la peau d'autrui et à éprouver ce que l'autre ressens dans son cœur, à être en communion totale avec le courant des événements, à participer à un mouvement collectif ou à vous effacer pour vous fondre dans un ensemble.

Vous pouvez avoir une tendance à renier, à rejeter ou à dénigrer vos aspirations secrètes ou celles des autres, toute valeur religieuse ou tout idéal spirituel, le hasard, tout moment de rêve et d'évasion ou tout ce qui n'est pas visible, explicable, clair, logique et bien structuré, et avoir du mal à être divinement inspiré, à avoir des pressentiments clairs et objectifs, à vous laisser allez, à lâcher-prise, à vous laisser porter par le hasard des événements ou à avoir vraiment la foi en vous, en la vie ou en Dieu.

Le reniement de tout ou une partie de la fonction neptunienne peut gêner vos relations amoureuses, votre réussite dans la vie ou être source d'insatisfactions dans votre vie et dans vos relations amoureuses.

Ces insatisfactions peuvent provenir d'une impression que votre vie, votre idéal ou vos modèles, des relations essentielles ou vos relations amoureuses n'ont pas vraiment de sens, qu'ils ne correspondent pas à un certain idéal ou à vos aspirations secrètes et que vous ne pouvez pas partager votre clairvoyance, votre foi, vos rêves, vos aspirations spirituelles ou votre besoin d'évasion avec les personnes qui vous sont chères ou qui jouent un rôle central dans votre vie. Vous pouvez avoir l'impression que le hasard, la collectivité, les dieux, vos ancêtres ou ce en quoi vous croyez jouent contre vous ou qu'il manque à votre vie une certaine dimension à laquelle vous aspirez. Ou peut-être que votre refus de tenir compte des vérités spirituelles, de vos aspirations profondes, de l'ordre caché qui régit l'univers peut déboucher sur des épreuves majeures, sur de la souffrance et sur une vie qui n'est pas conforme à vos aspirations profondes ou aux réalités spirituelles?

Votre intense engagement dans la réalité, dans des créations, dans la réussite extérieure, dans certaines ambitions ou dans une relation amoureuse est peut être un moyen pour vous de fuir, de façon inconsciemment voulue, une clairvoyance, une conscience de vos vies antérieures, vos mémoires ancestrales, une souffrance ou cette dimension invisible, collective, religieuse ou cosmique qui frappe à votre porte et vous effraie.

Scénario 2 : Neptune domine et le Soleil est rejeté ou mal intégré.

Si Neptune domine dans votre personnalité vous recherchez le rêve et l'évasion, l'accès à des vérités spirituelles ou à d'autres états de conscience. Vous vivez en fonction de vos aspirations secrètes, de votre idéal spirituel, de votre foi. Vous vous laissez porter par le courant des événements et laissez beaucoup de choses se faire au hasard.

Sans doute croyez-vous que l'existence terrestre n'est qu'une toute petite partie de l'existence éternelle, que vous venez à l'origine d'un autre monde, d'un autre état de conscience, d'ailleurs et sans doute avez vous une certaine conscience de vos vies antérieures et de vos mémoires généalogiques. Vous pouvez avoir besoin d'adhérer à un mouvement religieux, de participer à une action collective ou avoir besoin de vivre selon vos inspirations.

Vous avez alors tendance à croire que tout idéal, tout acte volontariste, toute mise en valeur, toute activité exclusive vous imposant de dépenser la majeure partie de votre énergie perturbera systématiquement vos rêves, votre besoin d'évasion, vos aspirations secrètes, votre foi ou vos croyances religieuses. Cela peut vous donner tendance à dénigrer, à rejeter et à refouler ce que vous êtes, vos valeurs, votre idéal et vos capacités d'engagement.

Cela peut aussi se traduire par un problème d'identité si vous vous situez en fonction d'un groupe, d'une collectivité, de vos mémoires ancestrales ou de vos vies antérieures. La conscience que vous avez de vous-même, votre idéal, vos repères, les grandes lignes directrices de votre vie et ce que vous voulez peuvent être floues et mal définis. A cause d'une confusion intérieure, il est possible que vous n'arriviez pas à vous fixer des buts précis et à maîtriser les grandes lignes directrices de votre vie.

Vous pouvez avoir des difficultés à avoir confiance en vous, à utiliser la pensée positive et l'auto suggestion pour améliorer vos conditions de vie, à élaborer un idéal, à structurer votre identité en fonction d'un cadre de référence, à vous situer dans la vie et à donner un sens à votre existence, à prendre position, à vous centrer sur un objectif et à vous engager dans une direction bien définie, à vous mettre en valeur ou à vous sentir aimé et valorisé, à jouer un rôle central, à aimer et à vous engager dans une relation spécifique, à créer, à être autonome et autodidacte, à être clair et objectif et à assumer vos responsabilités d'adulte.

Vous pouvez aussi avoir du mal à vous engager, à y voir clair, à mobiliser vos énergies lorsqu'il s'agit de vivre des moments de rêve et d'évasion, lorsqu'il s'agit d'accéder à des niveaux de conscience plus élevés ou à des vérités spirituelles permettant de transcender les réalités quotidiennes, lorsqu'il s'agit de faire face à l'épreuve, à l'adversité, à la souffrance, à la maladie ou à des expériences dures à vivre, lorsqu'il s'agir de participer à un courant collectif, à des initiatives de groupe ou à une action de sauvetage.

Scénario 3 : Votre Soleil (votre volonté, votre besoin de reconnaissance) est en excès

Lorsque vous êtes identifié au Soleil, vous pouvez avoir tendance à l'être excessivement. Peut-être n'arrivez-vous à avoir la foi, à adhérer à un groupe ou à un mouvement collectif, à faire preuve de charité et de générosité, à secourir autrui que lorsque vous êtes admiré, estimé, mis sur un piédestal, que lorsque vous êtes l'objet d'une attention particulière, d'un amour inconditionnel ou que lorsque vous êtes le centre du monde.

Peut être avez vous excessivement besoin de vivre dans la réalité, de vous accrochez à vos principes, d'être maître de votre vie et de votre trajectoire, de vivre à travers une relation privilégiée, d'être aimé, d'être estimé, de briller, de vivre en fonction d'objectifs et de repères clairement définis, d'un idéal ou de certains principes, en fonction d'une certaine image que vous voulez donner. Cela vous empêche alors de vivre votre part de rêve et d'évasion, d'écouter votre ressenti, de vous ouvrir à d'autres possibles, de vous laisser porter par le hasard, de vivre des moments de tranquillité, de lâcher-prise et vous évader ou d'élargir votre champs de conscience vers des horizons (spirituels) plus vastes? Vos rêves et vos idéaux peuvent manquer de réalisme ou au contraire être trop grandioses et impossibles à réaliser dans le concret.

Scénario 4 : Neptune est dominante en excès.

Quand vous êtes identifié à Neptune, vous pouvez avoir tendance à l'être excessivement. Vous vivez alors dans l'euphorie, dans des débordements émotionnels, déconnecté de la réalité ou dans une fuite de l'engagement, des responsabilités, et du moment présent. Cette fuite peut prendre la forme d'une recherche de sensations enivrantes qui ravagent et dissolvent la conscience, à travers l'alcool, des pratiques occultes malsaines, les paradis artificiels (drogues, érotisme), les sectes, le tabac, les médicaments.

Elle peut se traduire par une tendance à vivre dans le brouillard, sur un nuage, à côté de la réalité, dans un état de somnambulisme ou dans un monde à part, dans un monde imaginaire construit sur des illusions. Plus couramment, vous pouvez donner l'impression qu'il y a des moments où vous êtes ailleurs et distrait. Où vous pouvez avoir tendance à ne pouvoir aimer que lorsque vous-même ou l'autre sont ailleurs, loin et inaccessibles.

Ces tendances peuvent parfois vous empêcher, par manque de réalisme, de volonté et de dynamisme de faire face à la vie, de lutter pour conquérir votre place au soleil, de vous adapter aux réalités du monde qui vous entoure, d'assumer vos responsabilités, de vivre pleinement vos relations amoureuses ou d'être clair avec vous-même et avec autrui. Votre volonté, votre conscience, votre énergie, vos créations peuvent être influencées par des énergies ou des informations qui sont dans l'air, dans l'inconscient collectif, dans l'astral, dans l'invisible et par une sorte de sensibilité médiumnique aux faits qui vous entourent. Mais cette hypersensibilité à ce qui se passe autour de vous, aux gens, aux vibrations ambiantes et aux événements peut être vécue comme perturbatrice et mal gérée.

Vous captez tout tel un radar, vous vous imprégniez des énergies ambiantes comme une éponge et pouvez être facilement influencé par les désirs du groupe ou par les autres au point parfois de vous dépersonnaliser dans l'anonymat en faisant ce que des personnes, dont la reconnaissance et l'estime sont importantes pour vous, veulent que vous fassiez.

Vous vous sentez parfois trop facilement concerné, affecté et impliqué au moindre événement. Une difficulté à gérer votre énergie peut se traduire par des fuites d'énergie ou par une tendance à vous faire pomper votre énergie, ce qui peut engendrer des états de fatigue prolongée et des difficultés à avoir des relations normales. La façon dont sera vécue cette facette de votre personnalité dépendra de la façon dont vous gérez votre hypersensibilité, votre énergie, votre besoin d'évasion, vos aspirations spirituelles et l'influence de vos vies antérieures ou de vos mémoires généalogiques.

Certaines personnes peuvent vous accuser d'avoir tendance à être de mauvaise foi, à fabuler, à vous auto mystifier, à vous faire des illusions sur beaucoup de choses par excès d'idéalisation, à avoir des hallucinations ou à prendre des vessies pour des lanternes. Ils peuvent parfois avoir raison, mais vous pouvez aussi être exceptionnellement clairvoyant et inspiré.

Vous vous exprimez d'après une logique qui vous est propre, une logique irrationnelle, floue, indéfinie et difficilement explicable. Vous vivez peut être trop en fonction d'aspirations, de pressentiments, de façon inconsciente, au feeling, à la boussole, au radar, en fonction d'intuitions fausses ou d'erreurs d'interprétation. Vous avez peut être trop tendance à laisser les choses se faire au hasard, en attendant que les événements arrivent tout seul, sans fournir les efforts qui seraient nécessaires pour aboutir à quelque chose.

La tendance à compter trop souvent sur la providence et pas assez sur vous-même peut effectivement vous prédisposer à mener une vie d'artiste ou de bohème, à mener une existence incohérente et désordonnée, à errer sans but particulier et à galérer.

Vous pouvez avoir tendance lorsque vous vous engagez dans une relation interpersonnelle forte, lorsque vous êtes face à des personnes qui sont pour vous essentielles ou lorsque vous êtes face à des symboles de pouvoir, à considérer l'autre comme sacré, à vous emballer et à idéaliser la situation avec une foi et un dévouement aveugle, parce que vous y croyez ou parce que cela vous fait rêver. Mais parce que vous ne tenez pas toujours compte de la réalité, ces tendances peuvent engendrer des échecs, des déceptions, des désillusions et de la souffrance. Vous avez parfois tendance à être désordonné, incohérent, anarchique et compliqué, en cherchant à obtenir des résultats par des moyens détournés, de façon secrète et subtile. Vous pouvez donner l'apparence d'être une personne secrète, mystérieuse, difficile à cerner, subtile, étrange, compliquée et pas toujours très claire.

Certains peuvent être particulièrement doués pour tromper leur monde en lui faisant croire ce qui les arrange, pour bluffer ou pour abuser de la confiance d'autrui.

D'après la tradition, la relation Soleil-Neptune dissociée peut parfois donner une tendance à être attiré par ce qui est prohibé, clandestin, frauduleux et illégal, à se complaire dans la maladie ou dans le parasitisme, des difficultés à s'orienter dans la vie ou à prendre sa vie en main, d'égarement dans de mauvaises directions, de déceptions et de désillusions, de revers de situation, de résultats qui partent en fumée, de scandales, de trahisons et parfois de dissolution du moi, de schizophrénie et de folie si une mémoire généalogique prends le pas sur la conscience.

Malgré votre grande générosité de cœur, votre dévouement, votre capacité à sacrifier votre ego pour le bien être d'autrui, votre sens de la charité et de l'hospitalité, votre douceur toute maternelle et votre capacité à pardonner, un coté naïf et idéaliste et un besoin excessif de secourir l'autre peuvent se transformer en masochisme où l'un des partenaires joue le rôle de victime voire de martyr et se fait exploiter tout en croyant voir dans la souffrance une rédemption. Certaines personnes peuvent profiter de votre naïveté et de votre charité excessive si vous n'apprenez pas à vous protéger.

En amour, vous pouvez avoir besoin, lorsque vous vous engagez dans une relation amoureuse, d'idéaliser, de fusionner totalement avec l'autre, d'être fasciné voire ligoté par mille liens subtils tels que l'autre exerce sur vous une sorte d'emprise psychique hypnotique. Ou peut-être à l'inverse avez vous le besoin ou la tendance à tisser autour de l'autre un filet ou une toile d'araignée qui le lie ou l'enchaîne à vous, en l'étouffant?

L'amour peut vous enivrer et vous transporter dans un état second et vous vous oubliez alors à tel point dans une fusion voire dans une confusion totale avec l'autre que vous pouvez en devenir dépendant au point d'en perdre la raison, tout en vous plaignant que la vie à deux est synonyme d'esclavage ou que l'amour vous étouffe. Peut être est ce la peur d'être ligoté par l'autre, d'être trahi ou trompé, de souffrir, d'être déçu, d'être enchaîné à l'autre, d'être prisonnier de votre relation qui vous empêche de vous engager dans une relation amoureuse ?

Peut être croyez-vous qu'une relation amoureuse ne peut se faire qu'au détriment de vos aspirations secrètes ou de vos aspirations spirituelles ?

Peut-être avez vous tendance à devenir collant voire étouffant, à ligoter l'autre par peur qu'il vous échappe, à en faire trop pour l'autre jusqu'à vous sacrifier excessivement et à faire fuir les personnes qu'au fond vous aimez.

Expression positive consciente et naturelle : Lorsque vous apprenez à maîtriser cette partie de votre personnalité et à utiliser toute sa richesse et lorsque vous avez fait le chemin pour exprimer cette relation en pleine conscience et d'une manière positive.

Pour transformer la relation Soleil-Neptune dissociée en relation consciente et dynamique, il peut être utile d'effectuer un travail sur l'image que vous avez de vous-même et celle que vous donnez aux autres, sur l'image de l'homme et du père, sur les modèles servant de références, sur votre idéal et vos valeurs, sur l'Amour et sur le rôle que doivent avoir dans votre vie et au sein de votre personnalité les mémoires ancestrales, la spiritualité, le développement personnel, la joie et la souffrance, l'évasion et la transcendance, le hasard, l'inconscient collectif et les facultés de voyance. Un travail sur l'arbre généalogique et les chants sacrés peuvent vous faire le plus grand bien.

Cette partie de votre personnalité peut être gérée et canalisée en oscillant entre les deux fonctions psychologiques vécues chacune dans deux états d'esprit différents tel que chacune rectifie l'autre au moindre excès.

Vous pouvez vivre des moments où vous affirmez vos valeurs personnelles, votre absolu et vos principes, où vous vous comportez en fonction d'une certaine image à donner, où vous vous consacrez à vous-même, à vos occupations, à vos responsabilités, à vos créations, à vos ambitions, à des activités qui vous mettent en valeur, à une relation amoureuse, à quelques relations privilégiées ou à ce qui vous demande d'investir la plus grande partie de votre énergie.

Puis vous pouvez vivre d'une autre façon votre besoin de rêve et d'évasion, vos convictions religieuses et votre vie intérieure, des moments de détente où vous pouvez vous laisser aller en fonction de vos humeurs, de l'air du temps et du hasard, où vous vous consacrez à donner une dimension plus vaste à votre vie.

Vos repères, vos certitudes, vos principes ne vous empêchent pas d'être ouvert à l'inconnu, à l'incertitude et aux multitudes de possibilités qu'offre le hasard tout comme votre ouverture et votre capacité à laisser intervenir le hasard ne vous empêche pas de rester centré sur vos objectifs et vos valeurs. Vos responsabilités et ce qui vous tient à cœur ne vous empêchent pas de rêver, de vivre des moments où vous dérivez dans l'inconnu, de vous faire consciemment des illusions mais vos rêves et vos moments de folie, ou de génie, ne vous empêchent pas d'être réaliste, de rester centré sur ce qui vous est essentiel et d'assumer vos responsabilités quand cela est nécessaire. Vous pouvez alors être capable de vous perdre pour mieux vous retrouver.

Bien maîtrisée, la relation Soleil-Neptune peut vous conférer un ensemble d'aptitudes qui sont alors vécues d'une façon particulièrement consciente et dynamique.

Cela peut par exemple se traduire par pour ce qui concerne le Soleil par une créativité, un éveil ou une volonté qui sont au-dessus de la moyenne et pour ce qui concerne Neptune par de puissantes inspirations, par un sens du dévouement exemplaire, par des aptitudes à faire rêver, par une sensibilité hors du commun et par une foi capable de soulever des montagnes.

Lorsque vous vivez votre foi, lorsque vous êtes dans une démarche spirituelle, lorsque vous soignez les souffrances et les misères du monde, vous savez surveiller votre image de marque, préserver l'amour ou l'estime de ceux qui vous sont chers, rester centré sur vos objectifs, vos valeurs et vos idéaux et rester vous-même.

Inversement, lorsque vous engagez votre volonté et lorsque vous vous exprimez, vous savez garder une certaine ouverture d'esprit, rester disponible et tenir compte du climat social, de votre ressenti, des besoins collectifs et des signes du hasard. Avec le temps, votre conscience et vos idéaux tendent à être organisés et centralisés en une vision claire grâce à un processus de réflexion logique de façon à ce qu'ils soient en accord avec vos aspirations profondes, avec la loi de Dieu, ou avec votre besoin d'élévation spirituelle.

Votre idéal peut être un idéal d'ordre spirituel. Il peut être lié à un besoin de soulager les maux, les souffrances et les misères du monde, de faire rêver autrui et d'adhérer ou de participer à une œuvre collective.

Vous pouvez ainsi avoir besoin d'être comme une fourmi dans la fourmilière, comme une goutte d'eau dans l'océan humain, d'être comme le groupe veut que vous soyez, de faire ce que la collectivité veut que vous fassiez et d'être un membre individuel d'un archétype plus grand. Votre foi tend à être mise au service de votre volonté et votre volonté tend à soutenir votre foi. Votre capacité à être relié à l'inconscient collectif tend à se traduire par une hypersensibilité à l'énergie, aux vibrations et à ce qui se passe autour de vous, par des pressentiments qui se révèlent justes et parfois par une certaine clairvoyance qui vous permet d'y voir clair là où autrui n'y voit que du flou.

Vous vous repérez en fonction de pressentiments, de votre feeling, de votre radar ou de votre boussole intérieure mais vous savez vérifier si vos affirmations basées sur un ressenti ne sont pas des illusions.

L'environnement, l'ambiance ou l'énergie vibratoire dans lesquels vous vous trouvez peuvent déteindre sur vous et avoir une certaine importance. Votre hypersensibilité et votre capacité à vous relier à l'ordre profond des choses peuvent vous éclairer comme un phare dans votre vie. Votre créativité peut être soutenue par de puissantes inspirations, par votre foi, par une volonté collective et vous permettre de répondre à une demande collective.

Cette capacité à vous harmoniser avec les désirs et besoins collectifs peut donner d'autant plus d'ampleur à votre créativité. Votre hypersensibilité peut vous rendre influencé par autrui, par des modes et des courants collectifs, par les climats sociaux, par les énergies ambiantes, par l'air du temps et par les rumeurs, mais sans que cela vous détourne de vos objectifs, de vos valeurs, de vos repères et de ce qui est essentiel pour vous.

Tout en ayant des objectifs personnels clairs, vous savez néanmoins être souple et adaptable, ouvert et disponible à ce qui pourrait advenir dans la mesure où vous savez que d'autres possibilités peuvent venir se greffer sur vos créations et décisions. Et même lorsque vous avez un but précis et une ligne directrice bien tracée, tout reste possible, sans doute parce que pour vous, tout est relatif et parce que vous savez que le hasard peut parfois modifier les situations. Vous savez qu'on ne contrôle pas tout dans une vie.

Vous savez donc lâcher prise et vous laisser aller, mais sans dévier de vos engagements. Vous pouvez avoir des facilités pour être en communion ou en symbiose avec un mouvement général, pour vous effacer afin de fondre dans l'ensemble, pour vous laisser porter par la situation, par le hasard ou par le fil de vos aspirations secrètes.

Le hasard peut jouer un rôle important dans votre vie. Votre tendance à vous fier au hasard, à la providence ou à votre boussole intérieure peut vous inciter à vivre au jour le jour, en fonction de votre ressenti, de vos aspirations profondes et de vos inspirations, sans forcément savoir où vous allez ni ce que vous voulez vraiment, mais en sachant néanmoins que c'est la bonne direction. Souvent, votre intuition, votre foi et votre capacité à vous laisser guider vous permet de sentir ce que vous avez à faire ou la direction qu'il vous faut prendre. Elles vous aident à réaliser vos objectifs d'une façon parfois surprenante voire miraculeuse et vous permettent de rencontrer l'amour. Vous devez par contre apprendre à ne pas compter que sur le hasard pour atteindre vos objectifs, et vous engager personnellement afin de soutenir le hasard. Ce que les cartésiens appellent l'étrange ou le paranormal peuvent également jouer un rôle important dans votre vie. Vous pouvez avoir des facilités pour comprendre les mythes, les contes, les symboles et l'âme humaine en général.

Vous pouvez parfois donner au commun des mortels l'image d'une personne énigmatique, difficile à cerner, irrationnelle, secrète, mystérieuse ou parfois étrange, qui est dans un autre monde, sur une longueur d'onde inconnue, comme si vous étiez ailleurs. Vous pouvez être doué pour ne pas vous dévoiler. Et vous pouvez avoir des facilités à transcender, à vous évader mais parfois aussi à fuir la réalité lorsque celle ci devient trop dure. Votre hypersensibilité vous permet de vous mettre dans la peau d'autrui, de vibrer à l'unisson avec l'autre, d'éprouver ce qu'il y a dans son cœur et parfois de communiquer par télépathie, à l'aide de vos antennes. Vous avez besoin dans votre vie, pour vivre et vous exprimer, de rêve et d'évasion, de merveilleux et de magie, d'espace et d'horizons plus larges, d'aspirations spirituelles ou mystiques, d'émotions religieuses, de transcender les réalités matérielles, d'accéder à d'autres états de conscience plus élevés ou à des états seconds et parfois d'isolement dans le silence et la méditation.

La foi peut jouer un rôle important dans votre vie et vous pouvez avoir une relation claire et forte avec votre guide intérieur. Vous pouvez avoir du mal à vous engager quand vous n'y croyez pas ou quand vous n'avez pas la foi. Votre foi, la prière et la visualisation créatrice peuvent vous permettre de créer des événements et quelquefois de soulever des montagnes. Vous ignorez parfois tout ce qui concerne les limites, les frontières et les règles, ce qui peut vous donner quelques difficultés à vous organiser au niveau matériel. Lorsque vous croyez en la présence de forces spirituelles supérieures, votre vie peut être soutenue par une chance inexplicable, par une protection qui fait rarement défaut dans les moments délicats et par une sorte d'ange gardien qui vous protège, qui vous permet d'évoluer et d'être à l'abri du besoin.

Il y a souvent à la base de cette foi des croyances religieuses, une capacité à capter les secrets de l'univers, à pressentir l'ordre caché derrière le désordre apparent des événements et une certaine connaissance des lois qui régissent l'univers. Vous pouvez avoir conscience des signes imperceptibles, des coïncidences ou d'un plan divin qui vous guide dans votre vie. Vous pouvez être doué pour saisir le sens caché des événements, pour prendre conscience que votre existence terrestre n'est qu'une toute petite partie de votre existence éternelle et que votre vraie identité n'est pas de ce monde même si elle passe par lui. Certaines personnes peuvent avoir conscience de leurs vies antérieures ou que certaines forces qui sont présentes en leur âme ont vécu sous l'habit d'un autre personnage.

L'amour peut pour vous être sacré et ne pas avoir de limites, vous permettre de transcender la vie terrestre et faire des miracles dans votre vie. Cette facette de votre personnalité peut prédisposer à vivre l'amour au loin, sans qu'une présence concrète soit forcément nécessaire pour alimenter un climat émotionnel. Lorsque vous vivez l'expérience de l'amour, vous pouvez avoir le besoin de vous oublier dans une fusion totale avec l'autre, de relation télépathique, d'ivresse, de subtilité, d'être tenu, captivé, fasciné et parfois emprisonné par mille liens subtils qui exercent une sorte d'emprise psychique hypnotique sur vous ou sur l'autre. Les états d'âme, le courant qui passe et les émotions non exprimées peuvent avoir pour vous autant d'importance que ce qui est dit et montré. Vous avez besoin que vos relations amoureuses correspondent à vos aspirations secrètes ou qu'elles soient soutenues, confirmées, approuvées par le hasard, par les dieux, par ce en quoi vous croyez et qu'elles vous permettent d'accéder à des niveaux de conscience plus élevés, à des vérités spirituelles, ou à des émotions quasi religieuses qui vous permettent de transcender les réalités matérielles.

ASPECT HARMONIQUE SOLEIL-PLUTON

Il y a dans votre thème astral une relation permanente, continue et symbiotique entre le Soleil et Uranus qui s'expriment en vous comme deux partenaires. Comme vous êtes sensible aux effets positifs que chacune des fonctions à sur l'autre, vous tendez à croire que lorsque vous vivez l'une des fonctions, alors l'autre viendra systématiquement la soutenir. Vous tendez ainsi à récolter le meilleur de chacune de ces deux fonctions psychologiques et des expériences qui y sont associées.

Vous exprimez la planète Pluton dès lors qu'il s'agit de faire preuve d'authenticité, d'exercer un pouvoir, de concentrer votre énergie, d'être à 100% présent, de vous battre, de déployer les grands moyens, d'être offensif et s'il le faut agressif, de pressentir les non dits, les émotions et les craintes non exprimées, de flairer les rapports de forces, les dangers et les enjeux présent dans la situation, de déceler les tentatives de manipulations et ceux qui tirent les ficelles, de décoder les signes et les symboles, de focaliser sur des détails que personne n'avait remarqué, de capter l'envers du décor, de tirer des conclusions à partir du moindre indice, de percer les mystères, d'être lucide, de vivre une sorte d'échange médiumnique avec votre milieu, de cerner ce qui se passe dans les coulisses ou dans les profondeurs de votre inconscient, d'élucider les mystères, de faire face à l'inconnu, de résister à de très fortes pressions, de vivre l'intensité, de vous régénérer tel le phœnix qui renaît de ces cendres, d'utiliser vos instincts ou des forces occultes pour de franchir les différentes étapes de l'initiation, de gérer les crises et de procéder à des transformations.

Dans ces situations, vous êtes alors particulièrement capable de déployer votre volonté, d'y mettre tout votre cœur, de savoir ce que vous voulez, de vous fixer des objectifs, de vous organiser, d'être positif, confiant, audacieux et généreux, d'engager votre être tout entier, dans une recherche de perfection et d'absolu, d'en rajouter et de vous dépasser pour que le résultat soit brillant et royal, d'être soucieux de l'image que vous donnez et de votre réputation, de préserver une certaine honorabilité, d'incarner votre idéal, vos valeurs, vos principes, vos objectifs personnels, d'être mis en valeur, de recevoir des marques de reconnaissance, de jouer un rôle central, de créer, de vous montrer, d'être sur les devants de la scène, d'incarner une certaine classe et d'avoir un certain prestige et de vous donner les moyens nécessaires pour réussir.

La relation Soleil-Pluton vous demande de vous transformer, de transformer l'image que vous avez de vous-même et celle que vous donnez aux autres, de vous purifier pour vous identifier à ce qu'il y a d'éternel en vous, d'apprendre à voir au-delà des apparences, de percer les secrets de la vie et de la mort, de maîtriser la partie invisible du monde extérieur, d'incarner un pouvoir sur vous-même et sur la vie, de parcourir le chemin de l'initiation et de devenir une personne authentique.

Tout ce que représente Pluton, c'est à dire, par exemple, le besoin de combat, de transformation, de pouvoir et d'initiation, peuvent faire partie intégrante de votre personnalité, être pour vous essentiel, constituer vos repères dans la vie et être le centre de votre existence et une source principale de dépense d'énergie.

Les grandes lignes directrices de votre vie, vos repères, votre conscience et votre destinée peuvent être marqués par de grandes transformations, par l'expérience de l'au-delà, par une initiation aux forces secrètes de la nature, par des révélations, par des crises et des bouleversements, par un héritage, par le pouvoir ou parfois par l'exclusion et l'ignorance. Votre conscience de vous-même, votre volonté, votre logique, vos modèles et vos repères tendent à être reliés à une sensibilité occulte, à l'envers du décor, à l'astral ou à l'inconscient collectif, et à être soutenus par vos instincts primitifs, par des pulsions inconscientes souterraines et par vos exigences les plus personnelles. Votre énergie et votre conscience sont alimentées par un feu intérieur, par des pulsions violentes et par d'intenses passions, ce qui vous donne un coté volcanique, passionné, instinctif voire animal.

Vous êtes capable de vous détacher intérieurement des modèles extérieurs qui ont été présents dans votre vie pour trouver vos propres modèles ou pour devenir votre propre modèle. Vous pouvez vivre une sorte d'échange médiumnique avec votre milieu et là où d'autre sont simplement éveillés, vous êtes lucide, perspicace et subtil.

La réalité invisible d'où naissent les causes qui engendrent la réalité visible peut avoir pour vous autant d'importance que la réalité visible. La conscience que vous pouvez avoir des causes engendrant la réalité visible peut vous conférer un sens aigu de la justice et un juge moral impitoyable qui vous faire croire que chacun a ce qu'il mérite. Cela peut vous rendre dur et parfois intolérant.

Vous pouvez avoir des facilités pour voir clair dans le noir ou dans l'invisible, pour disséquer et décortiquer tout ce qui atteint votre conscience, pour voir derrière les formes et les apparences, pour saisir le sens caché ou les causes des événements, pour cerner ce qui se passe dans les coulisses ou dans les profondeurs de votre inconscient, pour pressentir les non dits, les émotions et les craintes non exprimées.

Vous pouvez être doué pour flairer les rapports de force, les dangers et les enjeux présent dans la situation, pour déceler les tentatives de manipulation et ceux qui tirent les ficelles, pour décoder les signes et les symboles, pour comprendre le langage de la nature ou la justice divine, pour capter les indices subtils, pour lire entre les lignes, pour tirer des conclusions à partir du moindre indice et pour faire face à l'inconnu.

Vous êtes également très conscient de ce qui ne va pas en vous ou à l'extérieur, des problèmes, des failles, des pertes et des sacrifices, des défauts potentiels de la nature humaine et des injustices, des lâchetés, des machinations et des hypocrisies qui existent là où vous êtes. Vous êtes aussi très conscient de tout ce qui est susceptible de menacer votre sécurité. Et si vous savez donner une certaine image de vous en fonction que l'influence que vous voulez exercer, bien souvent vous n'en pensez pas moins.

Votre tendance à ne vivre qu'en fonction de perceptions subtiles peut parfois vous cacher l'essentiel, vous donner tendance à vous compliquer la vie ou vous donner un coté complexe ou tortueux. Suivant la façon dont vous vivez cet aspect, votre conscience de ce qui ne va pas peu vous donner tendance à dramatiser, à dévaloriser, à transformer un détail sans importance en quelque chose d'essentiel, à voir des problèmes partout ou à vous mettre en valeur par vos problèmes, à n'être jamais content, à broyer du noir.

Où vous pouvez au contraire à être particulièrement doué pour dédramatiser, pour relativiser la valeur de toute chose, pour transformer un essentiel en incident mineur pour être à la foi conscient de la valeur et des failles au niveau de ce que vous vivez ou voyez, pour voir clairement les problèmes et pour leur faire face de façon volontaire et énergique.
Votre volonté consciente et vos objectifs tendent à prendre la forme d'une nécessité impérieuse, de pulsions qui doivent être satisfaites à tout prix et de détermination farouche. Vous pouvez être prêt à utiliser tous les moyens pour parvenir à vos fins.

Vous vous exprimez parfois en fonction d'une logique du "soit - soit ", en ayant recours à la menace et au chantage lorsque cela vous semble nécessaire. Vous avez besoin que votre vie, vos modèles, vos repères, vos idéaux, vos créations et les grandes lignes directrices de votre vie soient en accord avec votre réalité intérieure, avec votre vérité profonde et avec ce que vous êtes éternellement. Cela vous donne un coté très authentique. Vous savez d'instinct ce que vous voulez et quand vous voulez quelque chose, c'est parfois plus fort que vous.

Il vous arrive ce qui vous arrive parce que vous l'avez décidé au plus profond de vous, même si vous oubliez parfois ce que vous aviez décidé. Et vous mettez votre forte combativité, votre lucidité et votre agressivité au service de votre puissante volonté et de votre créativité. La tradition parle de pulsion créatrice et de l'instinct du créateur. La vie n'a souvent pour vous de sens que dans le combat, que dans les luttes ou en présence d'obstacles, que lorsque vous transformez ou êtes vous-même transformé, mais aussi parfois que dans les crises, les problèmes, le danger, les conflits, la désintégration ou la putréfaction. Vous supportez mal l'inaction, le calme et la paix.

Vous êtes armé pour la lutte et parfois érigé en guerrier. Lorsque vous parvenez à dominer votre personnalité, vos angoisses, votre sexualité, vos pulsions et vos émotions et à vous positionner par rapports aux forces secrètes de la nature, vous pouvez développer un puissant magnétisme, être capable de produire des influences à distance tel un sorcier et être capable de manipuler les événements, en influençant entre autres, à travers les émotions, les personnes présentes dans la situation.

Vous pouvez être doué pour manier le suspens, pour entretenir la tension, pour alimenter un certain mystère, pour faire croire aux autres ce que vous voulez qu'ils croient et pour ne pas dévoiler ce qui est pour vous essentiel.
Vous êtes doté d'une puissance de travail exceptionnelle et lorsque vous engagez votre volonté, vous le faîte intensément, avec passion et obsession, en mettant le temps qu'il faut et en fournissant les efforts nécessaires, jusqu'à ce que vos objectifs soient atteints.

Les difficultés et les obstacles ne vous rebutent pas. Souvent même ils vous stimulent et renforcent votre détermination. Votre amour de la difficulté peut vous prédisposer à en attirer dans votre vie. Vous êtes capable de résister à de fortes pressions, aux chocs et à l'usure, aux manipulations perfides, au chantage et aux forces secrètes de la nature, de ne pas vous laissez détourner de vos objectifs par des éléments extérieurs, de récupérer et de vous régénérer rapidement après une période de crise ou après avoir fourni des efforts épuisants et d'affirmer votre vérité envers et contre tout.

Vous avez un besoin permanent d'influencer, de transformer, de faire changer les choses et de façonner les événements en manipulant de façon subtile, en tirant les ficelles et en détruisant pour reconstruire ensuite. Cela peut vous conférer des aptitudes à manier le pouvoir ou vous permettre d'être un agent transformateur. Votre puissant magnétisme et votre capacité à influencer le cours des événements peut provenir d'une sexualité puissante et bien maîtrisée, mais aussi d'une connaissance vécue des forces secrètes de la nature.

Vous supportez en général difficilement toute pression extérieure, toute interdiction, toute contrainte et toute volonté extérieure cherchant à vous influencer. Vous pouvez avoir tendance à n'admettre que vos propres lois, que vos propres repères et à vivre selon une logique qui vous est propre, selon vos propres vérités. Vous pouvez être tellement sûr de détenir la vérité que cela vous empêche de vous ouvrir aux vérités d'autrui.

La relation Soleil-Pluton a un rôle initiatique dans le sens où elle a pour objectif de vous faire prendre conscience que votre vie terrestre n'est qu'une toute petite partie de votre vie éternelle, de vous apprendre les secrets de la vie et de la mort, de vous faire prendre conscience de ce que vous avez à travailler pour évoluer, c'est à dire les déchets psychologiques qu'il vous faut purifier et évacuer, le vide qu'il vous faut remplir, les dettes karmiques qu'il vous faut payer et les pertes et transformations qui sont nécessaires à votre évolution.

Si vous intégrez les transformations qui vous permettent de devenir plus authentique, si vous effectuez la prise de conscience et le travail sur votre personnalité qui sont nécessaires, Soleil Pluton peut déboucher sur une puissante évolution intérieure et vous permettre d'initier autrui à ce qui leur est inconnu. Ce travail peut consister à développer votre lucidité, à prendre de la distance par un détachement intérieur, à percer les secrets de la vie et de la mort, à vous transformer, à transformer votre environnement et à vous situer par rapport à l'éternité. La maxime du Coran " Vivez comme si vous alliez mourir demain et vivre mille ans " est en analogie avec Soleil-Pluton. C'est alors ainsi que vous prendrez conscience de votre identité éternelle et acquerrez une claire conscience de vous-même.

L'AMOUR

Vos élans amoureux tendent à s'exprimer en fonction d'une logique qui vous est propre, une logique qui est au-delà des modèles, des normes, de l'éducation ou des influences extérieures. Parce qu'ils sont alimentés par vos instincts primitifs et par des pulsions inconscientes souterraines, ils s'affirment comme une nécessité impérieuse qui doit être satisfaite.

Malgré votre lucidité, vous ne savez pas toujours pourquoi vous aimez, mais vous aimez et c'est souvent plus fort que vous. Certains de vos comportements amoureux parfois vous dépassent. Et parce que votre vie amoureuse, comme toute relation privilégiée, doit correspondre à vos exigences les plus personnelles et à votre réalité profonde, vous avez besoin d'une relation authentique et remplie de vérité. On ne triche pas avec l'amour.

Vous êtes exigent, intransigeant, exclusif et souvent excessif. Avec vous, c'est tout ou rien, c'est blanc ou c'est noir. Votre engagement est total, dès lors que votre scepticisme naturel est surmonté. La sexualité peut jouer un rôle important dans vos relations amoureuses. Vous pouvez avoir besoin de garder secrète votre vie amoureuse qui peut paraître mystérieuse vue de l'extérieure.

Dans la mesure où vous avez besoin d'une certaine tension ou de rapports de force dans votre relation amoureuse, vous ne vous sentez vivre que dans des relations intenses et passionnées, où règne une totale communion du corps et de l'esprit, mais aussi quelquefois où l'un domine l'autre, tire les ficelles, impose ses choix et use de son pouvoir pour influencer les événements.

Cela peut engendrer des situations conflictuelles, des crises mais aussi des relations extrêmement riches. Vous pouvez avoir une forte emprise émotionnelle sur ceux que vous aimez et lorsque vous aimez, vous pouvez avoir le besoin ou la tendance à être fasciné, captivé, envoûté, dominé ou transformé.

Et l'amour, à travers une relation authentique, peut vous transformer, vous faire renaître, vous apporter des révélations, vous ouvrir les portes de l'éternité et être vécu comme une véritable initiation spirituelle. Si vous êtes une femme, vous pouvez avoir une certaine fascination pour l'homme à qui vous accordez toutes sortes de pouvoirs et être capable de vivre avec lui des liens authentiques qui vous unissent pour l'éternité et des relations sexuelles épanouies.

ASPECT DISSONANT/DYNAMIQUE SOLEIL-PLUTON

Il y a dans votre thème astral une relation permanente, mais discontinue, dissociée, duelle, tendue et conflictuelle, entre le Soleil (vos repères, votre ego, votre volonté) et Pluton (votre sexualité, votre besoin de transformation et d'initiation), car ces deux planètes vibrent en vous à deux fréquences totalement différentes. Chaque planète veut se vivre, à sa façon, à travers vous et tend à considérer l'autre comme une rivale ou comme une perturbatrice.

Vous avez alors tendance, soit à exprimer l'une puis l'autre des planètes d'une façon excessive, soit à vivre l'une des planètes et à rejeter l'autre parce que vous la considérez comme perturbatrice, parce que vous voyez son côté sombre plus que son côté lumineux. Tant que vous nourrissez ce conflit à l'intérieur de vous, vous récoltez le moins bon de chacune des deux fonctions psychologiques et des expériences qui y sont associées.

La solution, que vous verrez plus bas dans le texte, est de vivre chaque fonction en pleine conscience et de savoir alterner rapidement et consciemment, entre chacune des deux fonctions psychologiques représentées par la planète Vous transformez ainsi une relation conflictuelle en une grande force et vous vivez cette relation de façon consciente et dynamique. Jusqu'à ce que vous la transformiez, la relation Soleil-Pluton va souvent de pair avec un manque d'amour ou un sentiment de manque d'amour, avec une blessure d'amour propre infligée durant l'enfance, avec un sentiment d'avoir été rejeté par le père ou avec une relation conflictuelle avec le père.

Elle peut engendrer, jusqu'à ce qu'elle soit maîtrisée, une crise d'identité et des difficultés dans la vie extérieure, dans les relations amoureuses ou dans l'évolution spirituelle de part un conflit, une contradiction ou une dissociation entre par exemple un besoin de d'engagement conscient et des pulsions inconscientes, entre un besoin de créer et un besoin de saboter et de détruire, entre un besoin de vous engager au grand jour et un besoin d'agir dans les coulisses, entre un besoin de reconnaissance extérieure et un besoin de rester dans l'ombre. L'ombre et la lumière, l'être et le néant s'opposent en vous.

La relation entre le Soleil et Pluton a un rôle initiatique dans le sens où elle a pour objectif de vous faire prendre conscience que votre vie terrestre n'est qu'une toute petite partie de votre vie éternelle, de vous apprendre les secrets de la vie et de la mort, de vous faire prendre conscience de ce que vous avez à travailler pour évoluer, c'est à dire les déchets psychologiques qu'il vous faut purifier et évacuer, le vide qu'il vous faut remplir, les dettes karmiques qu'il vous faut payer et les pertes et transformations qui sont nécessaires à votre évolution.

Si vous intégrez les transformations qui vous permettent de devenir plus authentique, si vous effectuez les prises de conscience et le travail sur votre personnalité qui sont nécessaires, Soleil-Pluton peut déboucher sur une puissante évolution spirituelle et vous permettre d'initier autrui à ce qui leur est inconnu. Ce travail peut consister à vous transformer, à transformer l'image que vous avez de vous-même et celle que vous donnez aux autres, à stopper l'autosabotage et la dévalorisation, à vous purifier pour vous identifier à ce qu'il y a d'éternel en vous, à apprendre à voir au-delà des apparences, à percer les secrets de la vie et de la mort, à maîtriser la partie invisible du monde, à incarner un pouvoir sur vous-même et sur la vie, à devenir une personne authentique capable de transformer les êtres et les situations et à parcourir le chemin de l'initiation permettant d'incarner les vérités spirituelles et votre vérité profonde.

Vous pouvez alors devenir dans le monde un agent de transformation permettant à la spiritualité de s'incarner dans le cœur des Hommes. La maxime du Coran « Vivez comme si vous alliez mourir demain et vivre mille ans » est en analogie avec le symbolisme de Soleil-Pluton, de l'âme éternelle que vous êtes en réalité. Tant que la relation n'est pas maîtrisée, vous avez tendance à incarner plusieurs scénarios, en alternant parfois de l'un à l'autre.

Scénario 1 : Le Soleil domine et Pluton est rejeté ou mal intégré à votre personnalité.

Quand vous exprimez votre Soleil, vous avez besoin de vous engager dans une voie personnelle, d'exprimer vos convictions et vos valeurs, de mobiliser votre volonté, de vivre selon votre idéal, un absolu, un système de référence orientant les grandes lignes directrices de votre vie, d'être admiré, aimé, connu, estimé, de vivre une relation amoureuse ou de créer, de réussir et de réaliser vos ambitions.

Vous pouvez alors être très sensible aux effets perturbateurs que peuvent avoir sur vos valeurs, votre absolu, vos repères, vos certitudes, sur l'image que vous avez de vous-même, sur votre réussite et votre amour propre le décès d'une personne qui comptait pour vous, une expérience sexuelle malsaine, les effets pervers de la jalousie, de la haine, des conflits, des rapports de force, de la guerre, de catastrophes naturelles ou de pratiques occultes malsaines, l'influence de personnes louches et dangereuses ou l'influence d'une personne qui vous a mis sur le mauvais chemin, qui vous a dévalorisé, manipulé ou qui vous a fait menée une vie infernale.

Cela peut vous donner une tendance à attirer ce que vous redoutez et se traduire par une peur que des influences mystérieuses, qu'une force occulte, que la fatalité ou que vos propres démons viennent perturber ou anéantir votre réussite, votre amour propre, vos certitudes et vos valeurs. Vous avez alors tendance à nourrir vos propres angoisses et à rejeter tout où partie de ce que représente Pluton.

Ce rejet de Pluton peut engendrer des difficultés à voir derrière les formes et les apparences, à ressentir puis à gérer les non dits, les angoisses, les malaises et les émotions non exprimées, à analyser les événements en profondeur, à comprendre le langage de la nature ou la justice divine, à garder un secret, à être lucide, à détecter les enjeux non exprimés, les tensions et les rapports de force sous jacents, à deviner les besoins, les intentions et les motivations d'autrui et à bien vivre l'expérience de la relation sexuelle.

152

Vous pouvez également avoir du mal à voir les problèmes en face, à accepter les crises et transformations nécessaires à l'évolution de toute vie, à gérer les crises et les conflits, à vous régénérer après des moments difficiles, à percer les mystères de l'existence et à vivre l'expérience initiatique, à réagir aux pressions, aux manipulations et aux magouilles, à influencer discrètement le cours des événements ou à tenir compte de vos exigences profondes. Si votre vie n'est pas tout à fait tel que vous le souhaiteriez, peut être en trouverez vous là la cause ? Peut-être refoulez-vous cette partie profonde de votre personnalité parce que vous avez peur de ne plus être aimé ou de perdre l'estime, l'admiration ou la reconnaissance de personnes qui sont importantes pour vous ?

Peut-être vous laissez-vous dominer, manipuler voire abuser par les événements ou par des personnes plus subtiles et plus sournoises présentes dans votre vie perce que vous manquez de lucidité?

A force de nier ou de refouler vos pulsions profondes ou ce qui se cache dans votre inconscient, vous risquez alors d'accumuler des déchets psychologiques toxiques qui proviennent d'angoisses, de colères ou de pulsions non exprimées, et d'en subir les conséquences néfastes. Il peut donc être important pour vous d'apprendre à faire remonter à la surface puis à évacuer vos toxines intérieures, par exemple en faisant un travail sur le corps ou en faisant une analyse.

Vous pouvez être insatisfait dans votre vie parce que vous avez l'impression qu'il y manque ce que vous refoulez, c'est à dire un sens profond, cette part de vérité, d'authenticité, de tension, de mystère, de suspens, d'épanouissement sexuel, de transformation, de sécurité, de culture métaphysique ou d'expériences initiatiques qui vous sont pourtant nécessaires.

Il est possible que votre vie, vos modèles, vos repères, votre idéal, vos créations ne soient pas en accord avec votre vérité profonde, avec votre réalité intérieure et avec ce que vous êtes éternellement ? Peut être avez vous l'impression que votre vie ne correspond pas à votre réalité intérieure, à vos aspirations secrètes, à vos instincts primitifs, à vos pulsions inconscientes, à votre karma, à votre vérité et à vos exigences profondes?
Peut être avez vous l'impression, même si votre vie est bien remplie et votre réussite assurée, qu'il vous manque toujours quelque chose pour vous soyez vraiment vous-même et pour combler un vide angoissant? Des réactions de compensation à ses sentiments de manque et d'insatisfaction peuvent se traduire par de violentes réactions de compensations qui peuvent vous nuire dans votre vie active.

Scénario 2 : Pluton domine et le Soleil est rejeté ou mal intégré.

Si vous êtes plutôt identifié à Pluton, prédomine alors chez vous un besoin de pouvoir, d'initiation, de percer les secrets de la vie, d'être détaché de tout en vivant les choses de très loin, d'être sexuellement épanoui(e), de développer votre instinct de survie et de résistance à de fortes pressions, d'être lucide, de vivre intensément et de suivre votre voie personnelle sans rien devoir à personne.

Vous pouvez alors être sensibilisé aux effets négatifs perturbateurs que peuvent avoir ou causer toute stabilité, tout idéal, tout acte volontariste, toute mise en valeur, toute activité exclusive vous imposant de dépenser la majeure partie de votre temps ou de votre énergie au point de croire que tout ou une partie de la fonction solaire perturbera systématiquement votre parcours initiatique, votre besoin de purification et d'évolution spirituelle, votre lucidité, votre authenticité, votre vie sexuelle et votre exercice du pouvoir. Cela peut vous donner tendance à dénigrer, à rejeter et à refouler tout ou une partie de ce que représente le Soleil. La conscience que vous avez de vous-même, votre idéal, vos repères, les grandes lignes directrices de votre vie et ce que vous voulez peuvent alors être troubles, obscures et teintées d'ignorance.

Vous pouvez aussi avoir des difficultés à avoir confiance en vous, à utiliser la pensée positive et l'auto suggestion pour améliorer vos conditions de vie, à élaborer un idéal, à structurer votre identité en fonction d'un cadre de référence, à vous situer dans la vie et à donner un sens à votre existence, à prendre position, à vous centrer sur un objectif et à vous engager dans une direction bien définie, à vous mettre en valeur ou à vous sentir aimé et valorisé, à jouer un rôle central, à aimer et à vous engager dans une relation spécifique, à créer, à être autonome et autodidacte, à être clair et objectif, à assumer vos responsabilités d'adulte. Vous pouvez aussi avoir du mal à vous engager, à avoir confiance en vous, à être clair et à mobiliser vos énergies lorsqu'il s'agit de faire face aux crises et aux problèmes, d'exercer un pouvoir, de voir derrière les apparences ou de parcourir le chemin de l'initiation ?

Vous pouvez cependant à un certain moment être insatisfait parce que vous avez l'impression qu'il vous manque des grandes lignes directrices, une vision, une réussite qui vous met en valeur, l'admiration, l'estime et la reconnaissance d'autrui, une relation amoureuse stable, une identité claire et un engagement qui mobilise votre volonté.

Scénario 3 : Votre Soleil (votre volonté, votre besoin de reconnaissance) est en excès

Lorsque vous êtes identifié au Soleil, vous pouvez avoir tendance à l'être excessivement. Cela peut perturber votre développement spirituel, votre parcours initiatique, votre purification, votre capacité à utiliser votre pouvoir ou votre vie sexuelle. Peut-être n'arrivez-vous à être lucide, à vous dominer ou à dominer votre vie, à exercer un pouvoir, à vous sentir vraiment authentique, à exprimer vos pulsions inconscientes que lorsque vous êtes admiré, estimé, mis sur un piédestal, que lorsque vous êtes l'objet d'une attention particulière, d'un amour inconditionnel ou que lorsque vous être le centre du monde?

Peut être avez vous à tel point un besoin d'atteindre vos objectifs, d'être maître de votre vie et de votre trajectoire, de vivre à travers une relation privilégiée, d'incarner votre idéal, de donner une certaine image et de consacrer toute votre énergie à ce qui vous paraît essentiel que cela vous empêche de vivre votre vérité profonde, de vous purifier, d'évacuer vos toxines, d'être lucide et authentique, d'exprimer votre vrai pouvoir, de vivre votre sexualité ou de vivre les expériences initiatiques dont vous avez besoin.

Vous pouvez avoir une tendance faire preuve d'orgueil, d'égocentrisme autoritaire, de sécheresse de cœur, d'intransigeance, d'intolérance, d'arrogance, de présomption, d'un coté «je sais tout », d'un complexe de supériorité, d'une tendance à l'exhibitionnisme et d'une tendance à ne vivre qu'en fonction des apparences, de la parure et de l'image que vous voulez donner.

Scénario 4 : Pluton est dominant en excès.

Lorsque vous êtes identifié à Pluton, vous pouvez avoir tendance à l'être excessivement. Cela peut vous donner une tendance à nourrir une profonde dévalorisation de vous-même, à vivre comme un mort vivant où à vous prendre pour le diable ! Vous risquez alors d'être tenté à un moment donné de démonter, de casser, de démolir, d'anéantir ou de salir votre réussite, vos relations amoureuses, vos créations, l'amour, le modèle paternel, l'estime ou l'admiration dont vous faites l'objet, votre amour propre ou l'image que vous voulez donner par votre intolérance, par une tendance excessive à vouloir vivre votre part d'intensité, de combat, de suspens, d'initiation, par vos critiques acerbes, à force de vous dévaloriser, de laisser libre cour à vos pulsions, à force de laisser d'autre prendre le pouvoir que vous ne voulez pas assumer ou à force de rejeter autrui en vrac et de piquer des crises.

155

L'influence excessive de Pluton peut se traduire par une tendance à vouloir systématiquement tirer les ficelles, à utiliser toutes sortes de combines, de machinations, de manœuvres ou de trafic d'influence pour parvenir à vos fins, à corrompre ou à être victime de corruption, à manipuler votre entourage ou à vous laisser manipulé, à influencer les événements, à dominer en imposant vos décisions de façon impérieuse sans laisser le choix aux autres, à transformer et parfois à détruire tout ce qui vous tombe sous la main.

Certaines personnes peuvent à contribuer à la désintégration, à la destruction et à l'anéantissement d'un idéal, de certaines valeurs ou d'une personnalité. D'autres auront tendance à faire monter la pression, la tension, le suspens et l'angoisse quand les événements sont trop calmes, à se laisser dominer par leurs pulsions et en s'exprimant alors par des «c'était plus fort que moi » ou à vouloir systématiquement fasciner, influencer, impressionner ou envoûter pour mieux dominer et exercer le pouvoir. Sous les bonnes apparences qui sont montrées au grand jour peut se cacher un subtil manipulateur ou parfois un monstre d'ignorance et de cruauté.

Et lorsque votre supériorité, votre valeur, votre idéal, vos convictions ou votre autorité ne sont pas reconnues ou obéies, c'est parfois l'ultimatum, le drame, le chantage, la crise, les explosions de colère, la négation et le rejet en bloc. Vous pouvez alors avoir une impression de néant, de perte d'identité et d'absurdité ou rien ne va plus et ou rien n'a plus de sens ! Peut-être faites vous preuve d'une mentalité policière, culpabilisante et punitive dès qu'il y a chez vous ou chez autrui une manifestation spontanée de besoins personnels, d'amour, de créativité et de vie. Des crises dans votre vie peuvent provenir de votre caractère difficile, de votre tempérament volcanique et d'une franchise trop brutale.

Si votre sensibilité et votre grande lucidité peuvent vous permettre de localiser les failles, les imperfections et les défaillances de toute vérité, de tout idéal, de toute réussite et de toute personne, d'identifier les gens susceptibles de menacer votre sécurité, elle peut aussi vous donner une tendance à être trop sensible à ce qui ne va pas, aux différences qu'il y a entre vous et les autres, aux mauvais cotés des choses, aux problèmes de l'existence et à vos propres problèmes, aux pertes et aux sacrifices plutôt qu'aux gains et aux bénéfices, à tous les défauts potentiels de la nature humaine, à l'aveuglement, à l'ignorance, à l'égoïsme ou à la médiocrité des masses et aux manipulations, injustices, hypocrisies et lâchetés qui sévissent sur la planète Terre.

Cela peut vous donner tendance à dramatiser, à voir tout en noir, à croire que le pire va toujours arriver, à entretenir des images négatives, à être assujetti par certaines croyances, à être tout le temps en train de critiquer, de râler, de vous plaindre, de gémir et de grogner, à être d'un naturel méfiant, sceptique et difficilement abordable, à être parfois dégoûté de la vie au point de vous enfermer dans un univers triste et sombre, à rejeter les autres en vrac et vous faire vivre comme un vieux loup solitaire tout en vous plaignant d'être exclu.

Une sensibilité excessive à l'envers du décor ou à des détails subtils qui passent inaperçu aux autres font qu'un événement, qu'un conflit, qu'un problème, qu'un incident mineur ou qu'un détail insignifiant peut prendre des proportions importantes et occuper les devants de la scène. Cela peut vous rendre méfiant, tortueux et vous donner tendance à vous compliquer la vie. Vous pouvez être trop sensible aux questions d'insécurité ou de sécurité au point de vivre dans un état de guerre et de vigilance permanente pouvant parfois vous empêcher de vivre.

Certains ne se sentent exister que dans des situations infernales, que lorsqu'ils prennent des risques insensés, que lorsque qu'ils défient la mort ou la provoquent, qu'en compagnie de gens pas clairs, que lorsqu'ils ont de gros problèmes, que dans des luttes perpétuelles pour le pouvoir ou dans des rapports de force, que dans un climat d'intensité extrême, de tourmente, de conflit d'excès et de crise, que lorsqu'ils sont différents, exclus ou marginalisés, que lorsqu'ils prennent une certaine distance par rapport à la vie, aux événements et aux personnes qui les entourent, que lorsqu'ils exercent un rôle de justicier impitoyable, que dans le rejet, le silence ou l'indifférence.

Cette recherche d'initiation, d'intensité voire de violence se traduit parfois par un attrait pour la guerre, pour les stupéfiants, pour des expériences sexuelles ou occultes dangereuses, pour la magie noire, par une tendance à jouer au sorcier et par une tendance à l'auto destruction.

D'autres auront tendance à n'en faire qu'à leur tête, à suivre leur voie personnelle de façon égoïste et individualiste en méprisant le reste du monde, à fonctionner selon une logique tellement différente de la logique commune que cela les marginalise et à se rebeller systématiquement contre toute forme d'autorité et contre tout idéal. Vous pouvez être attiré par les exclus, par les gens négatifs, perturbés ou qui vivent en marge de la société, en fonction d'autres repères, d'autres lois et d'autres valeurs.

Soleil-Pluton peut donner une tendance à rejeter, à détruire ou à transformer ce que l'on aime et à aimer ce que l'on détruit et transforme, à n'aimer que dans la crise, dans le conflit, dans les problèmes, dans les relations compliquées voire tortueuses et que lorsqu'il y a une dévalorisation de soi ou de l'autre, à ignorer les lois et comportements nécessaires permettant d'incarner l'amour ou à confondre amour et sexualité.

Une tendance excessive à tester sa propre valeur ou celle des autres, à tester l'admiration, l'estime, l'amour que l'on vous témoigne et dont vous croyez difficilement à l'authenticité peut engendrer des difficultés relationnelles. Une tendance excessive à prendre de la distance ou du recul vis à vis de votre vie, de la vie, de la société, des gens et des valeurs qu'on a pu vous transmettre et à voir votre vie de très loin, un peu comme un spectacle dont vous seriez l'auteur, le spectateur ou le pantin, à les comparer de façon particulièrement critique à l'éternité, à l'au-delà ou à l'ensemble de votre existence peut vous donner l'impression que toute forme de reconnaissance n'est qu'illusoire, temporelle, accidentelle et dérisoire.

Votre conscience du fait que la vie terrestre n'est qu'une toute petite partie de votre vie éternelle peut vous donner l'impression que la vie terrestre est inutile ou absurde parce que vous n'avez pas su donner un sens à votre vie, de vous sentir chez vous nulle part sur Terre, de ne pas arriver à vous définir à travers ce qu'il y a autour de vous.

Vous vous identifiez à un personnage quelconque qu'avec difficulté et pouvez avoir l'impression d'être comme un étranger sur une Terre étrange. Cela peut provoquer une crise d'identité, une difficulté à vous investir dans un projet quelconque, un sentiment de vide et de néant, d'ennui et d'inutilité, un sentiment d'exclusion, une difficulté à d'adhérer à la vie, un état général d'indifférence, de rejet, mais aussi de peur, de vide et d'ennui. «On est peu de chose » dites-vous alors. Peut-être vous servez-vous mal de votre lucidité?

Peut être qu'à force de ne rien faire parce ce que les autres ou la fatalité risque d'anéantir vos efforts, vous n'obtenez naturellement pas les résultats voulus dans votre vie? Et vos attitudes de rejet, de détachement et de négation ne sont telles pas un prétexte pour ne pas affronter la vie, pour ne pas faire face à la réalité ou pour ne pas vous engager dans une relation amoureuse ? Un sentiment d'indifférence vis-à-vis des conséquences de vos actes peut vous donner tendance à vous croire tout permis et à vivre n'importe quoi n'importe comment.

Expression positive consciente et naturelle : Lorsque vous apprenez à maîtriser cette partie de votre personnalité et à utiliser toute sa richesse et lorsque vous avez fait le chemin pour exprimer cette relation en pleine conscience et d'une manière positive. Pour transformer la relation Soleil-Pluton dissociée en relation consciente et dynamique, il peut être utile d'effectuer un travail sur l'image que vous avez de vous-même et celle que vous donnez aux autres, sur l'image de l'homme et du père, sur les modèles servant de références, sur votre idéal et vos valeurs, sur l'Amour et sur le rôle que doivent avoir dans votre vie et au sein de votre personnalité les pulsions instinctives, la sexualité, l'au-delà et les voyages astraux (sorties hors de corps), les forces secrètes de la nature et l'initiation aux vérités universelles. Il est essentiel pour vous d'accéder à votre vérité profonde.

Cette partie de votre personnalité peut être gérée et canalisée en oscillant entre les deux fonctions psychologiques vécues chacune dans deux états d'esprit différents tel que chacune rectifie l'autre au moindre excès. Vous pouvez vivre des moments où vous affirmez vos valeurs personnelles, votre absolu et vos principes, où vous vous comportez en fonction d'une certaine image à donner, où vous vous consacrez à votre réussite, à vos occupations, à vos responsabilités, à vos créations, à vos ambitions, à des activités qui vous mettent en valeur, à une relation amoureuse, à quelques relations privilégiées ou à ce qui vous demande d'investir la plus grande partie de votre énergie.

Puis vous pouvez vivre d'une autre façon à d'autres moments, dans un autre état d'esprit, votre réalité profonde, une passion, votre sexualité, votre intérêt pour tout ce qui est invisible ou vos expériences initiatiques.

Vous savez, quand cela est nécessaire, aller au-delà des apparences pour plonger dans l'envers du décor, dans les coulisses, pour tirer les ficelles dans l'ombre et pour tenir compte des émotions, des angoisses et des sous-entendus. Vous avez également appris à vivre de façon saine et épanouie votre sexualité. Vous savez vivre avec vos certitudes tout en acceptant votre ignorance tout comme vous savez être conscient de votre valeur tout en étant également conscient de vos failles. Vous pouvez être doué pour relativiser la valeur de toute chose et pour dédramatiser.

Vos repères, vos certitudes, vos principes ne vous empêchent pas d'être lucide et ouvert à l'inconnu tout comme votre ouverture à l'inconnu, vos incertitudes et votre ignorance, votre lucidité, les obstacles et problèmes qui peuvent se présenter ne vous empêchent pas de rester centré sur vos objectifs et vos valeurs.

Bien maîtrisé cette facette de votre personnalité peut conférer les mêmes aptitudes et permettre d'incarner les mêmes valeurs que l'aspect harmonique, d'une façon beaucoup plus consciente et dynamique. Cela peut par exemple se traduire en ce qui concerne Pluton par des aptitudes à être initié aux secrets de la vie et de l'au-delà, par un caractère puissant, par des aptitudes à manier le pouvoir, par une lucidité, une subtilité, une combativité, des capacités à transformer les événements et un sens critique hors du commun et en ce qui concerne le Soleil par une volonté et une créativité hors-norme.

Quand la relation Soleil-Pluton est maîtrisée et vécue en conscience, le besoin de combat, de transformation, de pouvoir, de transcendance et d'initiation font partie intégrante de votre personnalité. Ces besoins sont pour vous essentiels. Ils constituent vos repères dans la vie, un des centres de votre existence et ils sont une source principale de dépense d'énergie. Les grandes lignes directrices de votre vie, vos repères, votre conscience et votre destinée peuvent être marqués par de grandes transformations, par l'expérience de l'au-delà, par une initiation aux forces secrètes de la nature, par des révélations, par des crises et des bouleversements, par un héritage et par l'expérience de l'au-delà.

Vous êtes capable de vous détacher intérieurement des modèles extérieurs qui ont été présents dans votre vie pour trouver vos propres modèles ou pour devenir votre propre modèle. Vous pouvez vivre une sorte d'échange médiumnique avec votre milieu et là où d'autre sont simplement conscients, vous êtes éveillés, lucide et subtil. La réalité invisible d'où naissent les causes qui engendrent la réalité visible peut avoir pour vous autant d'importance que la réalité visible. La conscience que vous pouvez avoir des causes engendrant la réalité visible peut vous conférer un sens aigu de la justice et un juge moral impitoyable, vous faire croire que chacun a ce qu'il mérite, vous rendre dur et parfois intolérant.

Vous pouvez avoir des facilités pour voir clair dans le noir ou dans l'invisible, pour disséquer et décortiquer tout ce qui atteint votre conscience, pour voir derrière les formes et les apparences, pour saisir le sens caché ou les causes des événements, pour cerner ce qui se passe dans les coulisses ou dans les profondeurs de votre inconscient, pour pressentir les non dits, les émotions et les craintes non exprimées. Vous pouvez être doué pour flairer les rapports de force, les dangers et les enjeux présent dans la situation, pour déceler les tentatives de manipulation et ceux qui tirent les ficelles, pour décoder les signes et les symboles, pour comprendre le langage de la nature ou la justice divine, pour capter les indices subtils, pour lire entre les lignes, pour tirer des conclusions à partir du moindre indice et pour faire face à l'inconnu.

Vous êtes également très conscient de ce qui ne va pas en vous ou à l'extérieur, des problèmes, des failles, des pertes et des sacrifices, des défauts potentiels de la nature humaine et des injustices, des lâchetés, des machinations et des hypocrisies qui existent là où vous êtes. Vous êtes aussi très conscient de tout ce qui est susceptible de menacer votre sécurité. Et si vous savez donner une certaine image de vous en fonction que l'influence que vous voulez exercer, bien souvent vous voyez clairement les motivations et intentions cachées des autres. Votre tendance à ne vivre qu'en fonction de perceptions subtiles peut parfois vous cacher l'essentiel, vous donner tendance à vous compliquer la vie ou vous donner un coté complexe ou tortueux.

Votre volonté consciente et vos objectifs prennent la forme d'une nécessité impérieuse, de pulsions qui doivent être satisfaites à tout prix et de détermination farouche. Vous pouvez être prêt à utiliser tous les moyens pour parvenir à vos fins. Vous avez besoin que votre vie, vos modèles, vos repères, vos idéaux, vos créations et les grandes lignes directrices de votre vie soient en accord avec votre réalité intérieure, avec votre vérité profonde et avec ce que vous êtes éternellement.

Cela vous donne un coté très authentique. Vous savez d'instinct ce que vous voulez et quand vous voulez quelque chose, c'est parfois plus fort que vous. Il vous arrive ce qui vous arrive parce que vous l'avez décidé au plus profond de vous, même si vous oubliez parfois ce que vous aviez décidé. Et vous mettez votre forte combativité, votre lucidité et votre agressivité au service de votre puissante volonté et de votre créativité. La tradition parle de pulsion créatrice et de l'instinct du créateur. La vie n'a souvent pour vous de sens que dans le combat, que dans les luttes ou en présence d'obstacles, que lorsque vous transformez ou êtes vous-même transformé, mais aussi parfois que dans les crises, les problèmes, le danger, les conflits, la désintégration ou la putréfaction. Vous supportez mal l'inaction, le calme et la paix. Vous êtes armé pour la lutte et parfois érigé en bête de guerre.

Lorsque vous parvenez à dominer votre personnalité, vos angoisses, votre sexualité, vos pulsions et vos émotions et à vous positionner par rapports aux forces secrètes de la nature, vous pouvez développer un puissant magnétisme, être capable de produire des influences à distance tel un sorcier et être capable de manipuler les événements, en influençant, à travers les émotions, les personnes présentes dans la situation. Vous pouvez être doué pour manier le suspens, pour entretenir la tension, pour alimenter un certain mystère, pour faire croire aux autres ce que vous voulez qu'ils croient et pour ne pas dévoiler ce qui est pour vous essentiel.

Vous êtes doté d'une puissance de travail exceptionnelle et lorsque vous engagez votre volonté, vous le faîte intensément, avec passion et obsession, en mettant le temps qu'il faut et en fournissant les efforts nécessaires, jusqu'à ce que vos objectifs soient atteints.

Les difficultés et les obstacles ne vous rebutent pas. Souvent même ils vous stimulent et renforcent votre détermination. Votre amour de la difficulté peut vous prédisposer à en attirer dans votre vie. Vous êtes capable de résister à de fortes pressions, aux chocs et à l'usure, aux manipulations perfides, au chantage et aux forces secrètes de la nature, de ne pas vous laissez détourner de vos objectifs par des éléments extérieurs, de récupérer et de vous régénérer rapidement après une période de crise ou après avoir fourni des efforts épuisants et d'affirmer votre vérité envers et contre tout.

Vos élans amoureux tendent à s'exprimer en fonction d'une logique qui vous est propre, une logique qui est au-delà des modèles, des normes, de l'éducation ou des influences extérieures. Parce qu'ils sont alimentés par vos instincts primitifs et par des pulsions inconscientes souterraines, ils s'affirment comme une nécessité impérieuse qui doit être satisfaite. Malgré votre lucidité, vous ne savez pas toujours pourquoi vous aimez, mais vous aimez et c'est souvent plus fort que vous, parce que ça résonne avec votre vérité profonde. Certains de vos comportements amoureux parfois vous dépassent.

Et parce que votre vie amoureuse, comme toute relation privilégiée, doit correspondre à vos exigences les plus personnelles et à votre réalité profonde, vous avez besoin d'une relation authentique et remplie de vérité. On ne triche pas avec l'amour. Vous êtes exigent, intransigeant, exclusif et souvent excessif. Avec vous, c'est tout ou rien, c'est blanc ou c'est noir. Votre engagement est total, dès lors que votre scepticisme naturel est surmonté. La sexualité peut jouer un rôle important dans vos relations amoureuses.

Vous pouvez avoir besoin de garder secrète votre vie amoureuse qui peut paraître mystérieuse vue de l'extérieure. Dans la mesure où vous avez besoin d'une certaine tension ou de rapports de force dans votre relation amoureuse, vous ne vous sentez vivre que dans des relations intenses et passionnées, où règne une totale communion du corps et de l'esprit, mais aussi quelquefois où l'un domine l'autre, tire les ficelles, impose ses choix et use de son pouvoir pour influencer les événements.

Cela peut engendrer des situations conflictuelles, des crises mais aussi des relations extrêmement riches.

Vous pouvez avoir une forte emprise émotionnelle sur ceux que vous aimez et lorsque vous aimez, vous pouvez avoir le besoin ou la tendance à être fasciné, captivé, envoûté, dominé ou transformé. Et l'amour, à travers une relation authentique, peut vous transformer, vous faire renaître, vous apporter des révélations, vous ouvrir les portes de l'éternité et être vécu comme une véritable initiation spirituelle.

LES ASPECTS A MARS

ASPECT HARMONIQUE MARS-JUPITER

Il y a dans votre thème astral une relation permanente, continue et symbiotique entre Mars et Jupiter qui s'expriment en vous comme deux partenaires. Dans la mesure où vous êtes sensible aux effets positifs que chacune des fonctions à sur l'autre et où vous tendez à croire que lorsque vous vivez l'une des fonctions, alors l'autre viendra systématiquement la soutenir, vous tendez à récolter le meilleur de chacune de ces deux fonctions psychologiques et des expériences qui y sont associées.

 Le monde vous passionne et vous avez besoin de vie et d'action. Vivre des expériences, vous affirmer dans la vie, mobiliser vos énergies pour obtenir des résultats, vous imposer en faisant usage de la force, agir, réagir ou vous engager dans un combat tend à être pour vous synonyme d'insertion dans la société, d'élargissement de vos horizons (soit à travers des voyages, expéditions et explorations, soit à travers une recherche culturelle, philosophique ou spirituelle), et de lutte pour défendre ou propager un idéal, pour faire respecter la loi en incarnant une forme d'autorité, ou pour vous épanouir, vous réaliser et vous accomplir.

Vous êtes particulièrement capable de vous sentir fort, de vous battre, de déployer les grands moyens et d'être offensif ou agressif lorsqu'il s'agit de conquérir votre place dans la société, lorsque vous exercez votre activité professionnelle, lorsqu'il s'agit de vous insérer dans un groupe ayant des objectifs communs, lorsqu'il vous faut convaincre et vous imposer, lorsque vous participez à un travail d'équipe ou à un mouvement général d'ordre collectif, lorsqu'il vous faut défendre, propager, nationaliser ou internationaliser une culture, un idéal, un marché, des normes, codes et règles officielles ou des produits et services ayant une valeur marchande.

De même, vous savez vous mobiliser lorsque vous avez besoin d'élargir vos horizons ou d'acquérir un certain confort matériel, lorsqu'il s'agit d'exploiter une opportunité ou de provoquer la chance ou lorsqu'il s'agit de légiférer, de représenter, d'organiser, de coordonner, de gérer, d'administrer, de distribuer, d'éduquer, de conseiller, de guider, de faire des affaires ou de

163

vous rendre utile. L'euphorie de la victoire et la grisaille de la défaite vous motivent dans la lutte pour le pouvoir, la domination et la réussite professionnelle.

Vos instincts, votre combativité et vos élans naturels tendent à être influencés, canalisés, gérés et pris en main par des normes sociales, par un idéal philosophique, religieux, culturel ou spirituel et par une conscience des conséquences de vos actes sur l'entourage. Cela vous permet le plus souvent d'orienter de façon constructive votre dynamisme, de l'orienter vers des objectifs sociaux, utiles et d'intérêt collectif.

Les faits démontrent souvent que vous êtes chanceux et sans doute croyez-vous à la chance parce que l'expérience vécue vous en a fourni la preuve. Mais le plus souvent, le ciel vous aide parce que vous savez vous aider vous-même. Si la vie vous apporte des bonnes cartes de départ et certaines choses sur un plateau, vous êtes souvent obligé de lutter pour parvenir à vos fins et réussissez avant tout par la force du poignet, par votre courage, votre dynamisme et votre sens de l'initiative.

Vous êtes doué pour percevoir les bons cotés d'une situation mais aussi les opportunités et contraintes qu'elle renferme, pour saisir les occasions au vol puis pour les exploiter afin d'en tirer un profit, pour évaluer si vos moyens correspondent à vos ambitions, pour adapter vos ambitions à vos capacités, pour vous donner les moyens de les réaliser et pour partager avec autrui les résultats obtenus et les acquis de vos expériences.

Vous avez à la foi le besoin et les capacités de comprendre le sens et les exigences de toute situation, pour évaluer les sacrifices nécessaires par rapport aux bénéfices escomptés dans vos engagements, pour rentabiliser et optimiser, pour donner ou trouver un sens, une signification et une utilité à ce que vous faites, pour mettre en pratique, appliquer, utiliser des codes, des normes et des lois en vigueur et pour assumer vos responsabilités.

Vous savez, face à tout événement, faire preuve d'autorité et de maturité, de bon sens et d'un bon jugement et tenir compte du contexte environnant au sens large du terme. Vous avez une capacité à globaliser, à généraliser et à comparer ce qui est comparable avec les normes, avec ce qui se fait ailleurs de façon semblable ou différente.

Vous faîtes le nécessaire pour être dans la course, pour gérer la compétition et pour dominer les événements, pour vous adapter et pour vous faire conseiller judicieusement lorsque cela vous semble utile et profitable.

Vous disposez en général d'une puissante vitalité, d'une vigueur musculaire, d'une certaine force physique, d'une impressionnante réserve d'énergie et d'appétits sexuels forts mais sains. Vous avez des facilités pour extérioriser votre énergie, vos instincts, votre dynamisme, vos élans de conquêtes et votre combativité. Cette facilité à vous extérioriser provient souvent d'une influence bénéfique du père ou d'une personne s'étant montré généreuse, chaleureuse, protectrice, stimulante et encourageante, d'un soutien familial et matériel, d'une approbation voire de récompenses de votre environnement social, d'une ouverture culturelle ou de l'influence bénéfique de voyages et de l'étranger.

Parce que vous êtes sensible aux effets bénéfiques de Jupiter sur votre vie active et aux effets positifs de Mars sur votre vie extérieure, vous tendez à croire que chaque fonction ne peut qu'avoir des répercussions positives sur l'autre. Dans la mesure ou c'est ce que vous croyez, c'est en général ce qui vous arrive. Cette sensibilité peut vous conférer une certitude d'être guidé ou protégé dans vos entreprises.

Mars-Jupiter vous confère une nature qui peut être d'une part optimiste, généreuse, chaleureuse, joviale, boute en train, enthousiaste, entraînante, expansionniste voire colonialiste, parfois classique et conventionnelle, parfois aventurière, indépendante, voyageuse, exploratrice et d'autre part courageuse, dynamique, passionnée, fougueuse, franche et directe, offensive et conquérante, pratique et fonctionnelle, réaliste et orientée vers une recherche de performance, d'efficacité et de résultats. Vous avez souvent besoin d'espace, d'envergure et de grandeur pour vous exprimer.

Cet ensemble de capacités vous confère de puissantes aptitudes réalisatrices, une force de frappe considérable, des moyens pour vaincre et convaincre, pour franchir les obstacles et pour forcer les événements, pour vous imposer, commander, diriger et manager, pour couronner vos entreprises de succès, pour jouer un rôle important dans le monde extérieur et pour atteindre une position sociale élevée à partir de la trentaine.

Votre destinée tend le plus souvent à suivre une courbe ascendante et à être particulièrement riche en événements. Elle obéit souvent à des cycles d'environs deux ans où il peut y avoir, à chaque cycle, un renouvellement de l'activité.

Vous avez tendance à aborder la culture, les conceptions philosophiques, les idéaux sociaux ou les aspirations religieuses (si vous en avez) à travers une participation active par l'expérience vécue et les faits concrets, en cherchant à expérimenter, à vérifier et à utiliser de façon fonctionnelle et pratique ce que vous abordez.

Vous êtes fortement sensible aux événements extérieurs et vous sentez facilement impliqué et concerné par tout événement extérieur, que cela vous touche de prêt ou de loin, et ressentez tout aussi facilement, face à une situation, le besoin d'y jouer un rôle, de mettre votre grain de sel et de faire partie des événements en participant activement.

Cela vous entraîne parfois dans des philosophies militantes, dans des luttes idéologiques ou dans des entreprises de colonisation économiques ou guerrières. Vous préférez faire la loi plutôt que de la subir, pouvez avoir la passion du pouvoir et avoir tendance à contester, à défier, à bousculer et parfois à agresser ce qui représente la loi, l'ordre, l'autorité et les valeurs officielles. Vos comportements francs, directs, virils et impulsifs en groupe ou en société sont parfois synonymes d'égoïsme et de manque de finesse, de tact, de diplomatie et peuvent déboucher sur des heurts, des tensions et des rivalités dans le contexte socioprofessionnel jusqu'à ce que vous deveniez plus philosophe et sage.

Vous pouvez avoir des goûts, des aptitudes et des talents naturels pour travailler dans monde de l'entreprise ou du sport, pour toutes les activités nécessitant l'usage du corps physique et de courage, pour les activités liées aux métaux (mécanique), nécessitant un maniement d'outils ou d'armes et pour tout ce qui concerne les machines, pour les disciplines de combats (police et justice), les professions libérales et les métiers où il y a de l'indépendance et parfois pour certaines activités médicales qui nécessitent l'utilisation d'objets en métal ou de machines.

Vous pouvez aussi avoir des goûts, des aptitudes et des talents naturels pour légaliser, légiférer, représenter, organiser, administrer, pour vous insérer socialement et aider d'autres à le faire, pour vous cultiver, voyager, éduquer, philosopher, coordonner, pour découvrir le monde, pour organiser des transports ou expéditions, avoir des liens avec l'étranger, négocier et faire des affaires. Votre image de la l'homme est celle d'un homme généreux, sociable, bon vivante, conventionnel ou aventurier, voyageur, ouvert d'esprit et ouvert au monde, mondain, ayant un lien avec l'étranger, cultivé et bien inséré socialement.

La Femme, de part l'image de l'homme qu'elle projette sur son partenaire, peut aider celui-ci à s'extérioriser, à s'insérer socialement et à réussir. La femme est attirée par des hommes expansifs, généreux et extravertis, qui aiment les voyages, qui sont bien inséré dans la société, qui ont une condition aisée, une ouverture d'esprit et une autorité naturelle, une certaine culture ou un tempérament jovial et optimiste.

166

ASPECT DISSONANT/DYNAMIQUE MARS-JUPITER

Il y a dans votre thème astral une relation permanente, mais discontinue, dissociée, duelle, tendue et conflictuelle, entre Mars (votre moteur, la décision, l'action, le combat) et Jupiter (votre relation à l'espace et à la société), car ces deux planètes vibrent en vous à deux fréquences totalement différentes.

Chaque planète veut se vivre, à sa façon, à travers vous et tend à considérer l'autre comme une rivale ou comme une perturbatrice. Vous avez alors tendance, soit à exprimer l'une puis l'autre des planètes d'une façon excessive, soit à vivre l'une des planètes et à rejeter l'autre parce que vous la considérez comme perturbatrice, parce que vous voyez son côté sombre plus que son côté lumineux.

Tant que vous nourrissez ce conflit à l'intérieur de vous, vous récoltez le moins bon de chacune des deux fonctions psychologiques et des expériences qui y sont associées. La solution, que vous verrez plus bas dans le texte, est de vivre chaque fonction en pleine conscience et de savoir alterner rapidement et consciemment, entre chacune des deux fonctions psychologiques représentées par la planète. Vous transformez ainsi une relation conflictuelle en une grande force et vous vivez cette relation de façon consciente et dynamique.

Mars-Jupiter indique parfois deux types d'expériences dans votre vie extérieure, deux tranches de vie vécues dans des contextes, dans des états d'esprit ou dans des lieux totalement différents et plus ou moins indépendant l'un de l'autre.

L'une de ses expériences ou de ses tranches de vie concerne les études supérieures, les voyages, l'apprentissage de règles, de conventions et d'informations vous permettant de vous insérer dans la société ou d'intégrer des valeurs culturelles, philosophiques ou spirituelles. L'autre niveau d'expérience concerne votre besoin de gagner votre vie sur le terrain, d'assurer dans la vie active, de faire face aux réalités du monde extérieur et de mobiliser vos énergies dans un combat ou dans un engagement.

La dissociation entre ses deux types d'expériences peut s'exprimer de différentes façons. Les études ou l'apprentissage de l'insertion professionnelle peuvent être effectués dans un lieu très éloigné et dans un contexte très différent du lieu et du contexte où cet apprentissage est mis en pratique, vécu et expérimenté à travers une activité professionnelle sur le terrain. Cela abouti parfois à l'émigration ou à un changement de région.

Dans d'autres cas, l'activité professionnelle peut n'avoir qu'un lien très éloigné voire aucun lien avec les études effectuées, de part votre conception totalement différente des études et de l'activité pratique. Parfois encore, les études sont interrompues par le besoin ou la nécessité d'avoir une activité pratique, ou inversement l'activité peut être interrompue par le besoin ou la nécessité de refaire de la formation.

Cette partie de votre personnalité peut engendrer, lorsqu'elle n'est pas maîtrisée, des difficultés dans la vie active à cause d'une tendance à entrer en conflit avec l'autorité mais aussi des difficultés à trouver votre place dans le monde, à être reconnu socialement, à exprimer votre autorité, à être en règle avec la loi et à acquérir les savoirs nécessaires pour travailler de par un conflit ou une dissociation entre par exemple votre besoin de combat et votre besoin de vie professionnelle, votre besoin de vivre selon votre instinct et les contraintes imposées par la société, entre votre besoin d'efficacité et les opportunités du moment. Vous avez alors tendance à incarner plusieurs scénarios, en alternant parfois de l'un à l'autre.

Scénario 1 : Mars domine et Jupiter est rejeté ou mal intégré à votre personnalité.

Si vous êtes identifié à Mars, vous avez avant tout besoin de vivre dans le présent, d'agir et de réagir, de vous affirmer et de vous engager, d'assurer dans la réalité, de mobiliser vos énergies pour obtenir des résultats, d'extérioriser vos instincts et de faire face aux défis qui peuvent se présenter.

Vous pouvez alors être sensibilisé aux effets perturbateurs de tout ou une partie de Jupiter sur votre vie active, sur votre situation concrète, sur vos engagements. Vous pouvez alors être très sensible aux difficultés ou aux effets perturbateurs que peuvent causer toute manifestation d'autorité, tout élargissement de vos horizons à travers les voyages ou la culture, toute recherche philosophique ou spirituelle, le système fiscal, éducatif, juridique ou médical, toute différence de nationalité ou de culture et l'insertion dans la société, avec ses codes, ses lois, son uniformité, ses obligations et les sacrifices qu'elle impose.

Peut-être avez-vous cru à un moment donné dans votre vie que vous ne pourriez pas faire ce que vous voulez si vous obéissiez à l'autorité ?

Cela peut vous inciter à renier et à rejeter tout ou une partie de ce que représente Jupiter, c'est à dire par exemple la société, les symboles d'autorité comme les hommes de lois ou les patrons, les voyages et les étrangers.

Dans ce cas, vos instincts, votre combativité et vos élans naturels ne sont alors pas toujours influencés, canalisés, gérés et pris en main par des normes sociales, par une volonté d'insertion professionnelle, par un idéal culturel, philosophique ou spirituel, ou alors pas comme il le faudrait pour obtenir des résultats constructifs. Mars-Jupiter vous pose le défi de canaliser de façon positive la vitalité souvent excessive dont vous disposez. Vos initiatives ne sont pas toujours orientées vers des objectifs professionnels ou vers des activités utiles et d'intérêts collectifs, et elles ne tiennent pas toujours compte du contexte général et des conséquences de vos actes sur l'entourage.

Si vous ressentez avec force le besoin de faire ce que vous avez envie de faire et de vivre la situation présente avec intensité, vous pouvez par contre avoir du mal à supporter, à respecter ou à appliquer les codes, les normes, les consignes et des lois extérieures en vigueur parce que vous les considérez comme étant hypocrites ou parce que vous avez l'impression qu'elles vous étouffent, vous agressent et qu'elle vous empêchent de vous exprimer pleinement. Peut être que la société tout entière vous agresse quelque part ?

Cela peut parfois vous inciter à des comportements " hors la loi ", vous attirer des conflits avec les autorités ou être synonyme de difficultés à vous intégrer dans un groupe, dans un contexte ou dans une société quelconque.

Peut-être manquez-vous d'optimisme, de chance ou de confiance en vos moyens d'action ? Peut être aussi avez vous des difficultés pour percevoir les bons cotés d'une situation ou les opportunités et contraintes qu'elle renferme, pour évaluer si vos moyens correspondent à vos ambitions, pour adapter vos ambitions à vos capacités, pour vous donner les moyens de les réaliser, pour permettre de faire profiter aux autres de vos expériences et de votre savoir-faire.

Vous pouvez également avoir des difficultés pour arriver à gérer les différentes situations et à en tirer des enseignements, pour comprendre le sens et les exigences de tout événement, pour évaluer les sacrifices nécessaires par rapport aux bénéfices escomptés dans vos engagements, pour rentabiliser, optimiser et prendre vos responsabilités, ou encore pour trouver un sens, une signification et une utilité à ce que vous faites.

Ce refoulement peut se traduire par un manque d'organisation, de bon sens, de jugement ou d'autorité dans vos entreprises ou dans votre vie active, par une difficulté à négocier et à faire des compromis et par une difficulté à être satisfait.

169

Vous pouvez ainsi être insatisfait parce que vous avez l'impression que ce que vous faites n'est pas assez reconnu, pas assez rémunéré, pas assez utile ou ne vous apporte pas de réels bénéfices.

Scénario 2 : Jupiter (votre besoin de jouer un rôle dans la société et votre besoin d'espace) domine et Mars est rejeté ou mal intégré.

Si Jupiter est valorisé chez vous, vous avez besoin de vous insérer dans votre société, d'être utile et reconnu, de confort et d'épanouissement, d'aventure, de vie et d'action, de faire la fête, de coopérer au sein d'un groupe ayant des objectifs communs, d'élargir vos horizons à travers des voyages ou à travers une activité culturelle, philosophique, religieuse ou spirituelle, d'affirmer votre autorité, d'exercer un pouvoir et de faire la loi.

Vous pouvez alors être très sensible aux difficultés ou aux effets perturbateurs que peuvent avoir votre besoin d'action et de réaction, vos instincts, la colère, les rapports de force, la concurrence et les rivalités, le face à face avec les réalités du monde, la mobilisation de vos énergies pour gagner votre vie, l'engagement dans un combat et votre besoin de vivre selon vos élans naturels.

Cela peut vous inciter à rejeter tout ou une partie de ce que représente Mars. Vous pouvez alors avoir des difficultés à vous motiver, à vous battre, à franchir les obstacles, à prendre des risques, à être offensif, agressif et efficace, ou à faire ce qu'il faut pour obtenir des résultats lorsque vous vous insérez dans un groupe ayant des objectifs communs, lorsque vous participez à un travail d'équipe ou à un mouvement général, lorsqu'il vous faut promouvoir et propager une culture, un marché, des produits ou des services ayant une valeur marchande, lorsqu'il faut tenir compte des codes, des normes et des règles officielles, lorsqu'il s'agit d'exploiter une opportunité ou de provoquer la chance, ou lorsqu'il s'agit d'organiser, d'éduquer, de légiférer, de négocier, de conseiller, de guider ou de vous rendre utile. Peut être que vos règles, vos projets professionnels ou votre philosophie ne sont pas toujours pratiques et fonctionnels parce qu'ils ne tiennent pas compte des impératifs de la réalité extérieure, des nécessités pratiques du terrain, des opportunités et des contraintes ou de vos propres possibilités d'action ? Ou peut être qu'ils vous empêchent d'exprimer vos élans naturels, qu'ils limitent vos possibilités d'actions, qu'ils vous empêchent de vivre certaines expériences ou de faire ce qu'au fond vous auriez envie de faire ? Vous pouvez être insatisfait parce que vous avez l'impression de ne pas vraiment exister dans votre contexte professionnel, de ne pas obtenir les résultats voulus malgré les efforts déployés ou qu'ils n'y a pas assez de vie et d'action dans votre destinée.

170

Une tendance à ne pas vous exprimer réellement et à ne pas extérioriser votre colère lorsque vous en éprouvez le besoin provient parfois d'une peur de vos instincts, de votre propre force et de l'animal qui vous habite, ou d'une peur d'être sanctionné si vous les exprimez. Vous avez alors parfois tendance à museler vos instincts dans une cage faites de règles, de jugement et de lois. Mais vos instincts cherchant à s'extérioriser le font alors d'une façon violente, au risque que votre violence soit sanctionnée par la loi et par des jugements défavorables, ou au risque de vouloir quitter brusquement votre travail parce que vous ne supportez plus les contraintes.

Scénario 3 : Votre moteur surchauffe

L'influence excessive de Mars peut se traduire par des accès de colère non maîtrisés, par une impulsivité et une impatience excessive, par un manque de discipline, par des sentiments de révolte et d'agressivité envers la loi, l'ordre, les éducateurs, des supérieurs, l'autorité en général et envers toute manifestation d'hypocrisie, de conformisme, de fanatisme et d'abus de pouvoir, par une tendance à brûler les étapes dans la vie en confondant vitesse et précipitation, par une tendance à ne vivre qu'en fonction de vos instincts et de vos besoins personnels et par des comportements agressifs.

Peut être avez vous tendance à être trop affecté par les événements qui vous entourent au point de réagir de façon exagérée et disproportionnée à tout stimulus. Certaines personnes tendent à attirer les critiques, la jalousie, les rivalités et des réactions d'hostilité de par leurs comportements égoïstes, leur franchise excessive, leur brutalité et leur besoin d'avoir toujours raison.

D'autres cherchent à exprimer leur violence intérieure dans des activités extérieures comportant des risques et des dangers, par des activités nécessitant de gros investissements d'énergie ou obligeant à une lutte perpétuelle pour être compétitif et performant. La tradition associait cet aspect aux guerres de religion, aux expéditions guerrières, aux corsaires et aux hors la loi. De nos jours cet aspect peut heureusement trouver d'autres terrains d'expression.

Votre destinée tend le plus souvent à suivre une courbe ascendante et à être particulièrement riche en événements, mais avec parfois de brusques arrêts, des revers, des recommencements, des changements de régions ou de pays, ou des changements de cap suite à des décisions impulsives, à des coups de tête, à des accidents portant atteinte au corps, à des actions précipitées ou à des rivalités et des jalousies.

La femme, de part l'image qu'elle projette sur l'homme, peut aider celui ci à s'extérioriser et peut avoir le don de le propulser vers la réussite ou vers un poste à responsabilités. Elle est attirée par des hommes expansifs et extravertis, capable de générosité et d'autorité, de voyager, d'être bien inséré dans la société, ayant une condition aisée, une certaine culture, une certaine envergure ou une ouverture d'esprit, un tempérament jovial et optimiste.

Dans certains cas, la femme peut avoir tendance à rejeter et à refuser le pouvoir incarné par l'homme à cause d'un conflit d'autorité vécu avec le père. Elle devra aussi veiller à ce que l'activité professionnelle de son conjoint ne l'empêche pas de passer du temps avec elle.

Scénario 4 : Votre besoin d'espace et de vie extérieure est en excès

L'influence excessive de Jupiter peut se traduire par une tendance à ne vivre qu'à l'extérieur (sans tenir compte des besoins de développement personnel de votre âme et en ignorant toute notion de travail sur soi), par un coté bruyant et tapageur, par un optimisme trop confiant qui n'arrive pas toujours à cerner les difficultés qui peuvent se présenter, par un opportunisme excessif, par un désir exagéré de vous faire valoir, d'être reconnu, d'être utile ou d'être récompensé.

Jupiter peut alors engendrer une tendance à tout le temps justifier, expliquer et comparer vos actes à ceux des autres, une tendance à comparer ce qui n'est pas comparable, une tendance aux généralisations abusives, une tendance aux emballements et à amplifier des faits sans importances, ou une tendance à trouver trop facilement ce que vous faites normal alors que cela ne l'est pas forcément.

Cette influence peut également vous conférer une tendance au fanatisme idéologique ou religieux ou aux préjugés de race, une tendance à abuser de la confiance d'autrui et à pratiquer la fraude et l'escroquerie, une tendance à l'hypocrisie, un goût exagéré des fêtes, une tendance à être gonflé et sans gêne, une tendance au gaspillage, à la démesure, et aux excès de toutes sortes. Certaines personnes chercheront systématiquement à acquérir du pouvoir, à faire la loi en donnant des leçons aux autres, même s'il faut pour cela abuser de leur pouvoir et employer la force ou des moyens douteux, au point d'être autoritaire, despote, encombrant, étouffant et au point de se comporter en colonialiste. D'autres chercheront à respecter les normes et les lois et à faire ce que la société attend de d'eux au point de devenir affreusement conformiste, au point de perdre cette part de liberté qui leur permettrait s'exprimer librement.

Peut être avez vous peur d'être sanctionné vous vous exprimez librement ou si vous n'êtes pas dans les normes ? Peut-être vivez-vous à tel point en fonctions des circonstances extérieures que vous avez tendance à vous dépersonnaliser et à vivre une vie qui ne vous correspond pas. Il se peut alors que votre vie professionnelle vous mobilise à tel point en temps et en énergie, à travers des responsabilités, des réunions ou des voyages, que vous n'avez plus la disponibilité pour vous consacrer à ce que vous auriez envie de faire ou pour vivre votre vie à vous.

Il se peut aussi que votre besoin énorme d'espace et de liberté interprète toute forme d'autorité, même justifiée, comme une entrave à votre besoin d'expansion, d'où parfois des réactions d'indépendance ou de rébellion dès qu'on vous impose quelque chose. Et si vous pouvez être dur et virulent envers les symboles autorité (les patrons, les hommes de lois, la société), vous pouvez également être dur et virulent lorsque vous incarnez vous-même l'autorité.

Expression positive consciente et naturelle : Lorsque vous apprenez à maîtriser cette partie de votre personnalité et à utiliser toute sa richesse et lorsque vous avez fait le chemin pour exprimer cette relation en pleine conscience et d'une manière positive.

Pour transformer la relation Mars-Jupiter dissociée en relation consciente et dynamique, il peut être utile d'effectuer un travail sur le rôle que doivent avoir la motivation, la prise de décision, l'engagement, la combativité et l'action au sein de votre personnalité et de votre vie, mais aussi et aussi sur le rôle que doivent avoir la société avec ses règles et ses lois, la formation professionnelle, le monde extérieur, les voyages, l'optimisme et la confiance en soi. Un travail sur la conscience corporelle (Tai-Chi, Tantrisme) et du sport peuvent vous faire le plus grand bien. Ils peuvent vous aider à canaliser votre énergie. L'étude et l'expérience des cultures et des langues étrangères peuvent contribuer à élargir vos horizons intérieurs et extérieurs. La prise de conscience que l'humanité a toujours immigré depuis 60.000 ans et que vos lointains ancêtres n'habitaient pas là où vous habitez actuellement peut vous permettre de changer de perspective

Les deux planètes peuvent être vécues dans des états d'esprit, dans des lieux ou à des moments très différents, de façon à ce que chacune rectifie l'autre au moindre excès. Vous pouvez ainsi vivre des moments où vous faites ce que vous avez envie de faire, où vous exprimer vos instincts, où vous assurez, où vous faites face aux événements et ou vous prouvez aux autres que vous existez.

Vous vous exprimez alors en toute liberté. Vous avez appris à gérer et à canaliser votre agressivité, votre dynamisme, vos colères et votre besoin de résultats immédiats. Puis vous pouvez vivre d'autres moments où vous vous consacrez à votre vie professionnelle, où vous faites des études ou de la formation, où il vous faut respecter un ordre établi, des règles du jeu, faire des sacrifices et vous intégrer dans un groupe. Vous ne faîtes alors fi des règles qu'en cas de danger.

Bien maîtrisée, la relation Mars-Jupiter peut vous conférer un ensemble d'aptitudes qui sont alors vécues d'une façon particulièrement consciente et dynamique. Cela peut par exemple se traduire, pour ce qui concerne, Mars par un dynamisme, une combativité, une capacité à vous motiver et à prendre des décisions, un courage, un sens de l'efficacité et des capacités physiques qui sont hors du commun et qui peuvent vous permettre d'atteindre une position sociale élevée et pour ce qui concerne Jupiter par des aptitudes à faire des affaires et à produire des richesses, à assumer un pouvoir et de lourdes responsabilités, à incarner l'ordre et la loi, à vous cultiver et à enseigner qui sont hors du commun.

Le monde est alors le terrain d'expression de votre force de frappe, de votre dynamisme et de votre besoin de vie et d'action. Le monde vous passionne et vous avez besoin de vie et d'action. Vous êtes particulièrement capable de vous battre, de déployer les grands moyens et d'être offensif ou agressif lorsqu'il s'agit de conquérir votre place dans la société, lorsque vous exercez votre activité professionnelle, lorsqu'il s'agit de vous insérer dans un groupe ayant des objectifs communs, lorsqu'il vous faut convaincre et vous imposer, lorsque vous participez à un travail d'équipe ou à un mouvement général d'ordre collectif, lorsqu'il vous faut défendre, propager, nationaliser ou internationaliser une culture, un idéal, un marché, des normes, codes et règles officielles ou des produits et services ayant une valeur marchande.

De même, vous savez vous mobiliser lorsque vous avez besoin d'élargir vos horizons ou d'acquérir un certain confort matériel, lorsqu'il s'agit d'exploiter une opportunité ou de provoquer la chance ou lorsqu'il s'agit de légiférer, de représenter, d'organiser, de coordonner, de gérer, d'administrer, de distribuer, d'éduquer, de conseiller, de guider, de faire des affaires ou de vous rendre utile. L'euphorie de la victoire et la grisaille de la défaite vous motivent dans la lutte pour le pouvoir, la domination et la réussite professionnelle. Vos instincts, votre combativité et vos élans naturels tendent à être influencés, canalisés, gérés et pris en main par des normes sociales, par un idéal philosophique, religieux, culturel ou spirituel et par une conscience des conséquences de vos actes sur l'entourage.

Cela vous permet le plus souvent d'orienter de façon constructive votre dynamisme vers des objectifs sociaux, utiles et d'intérêt collectif. Les faits démontrent souvent que vous êtes chanceux et sans doute croyez-vous à la chance parce que l'expérience vécue vous en a fourni la preuve. Mais le plus souvent, le ciel vous aide parce que vous savez vous aider vous-même.

Si la vie vous apporte des bonnes cartes de départ et certaines choses sur un plateau, vous êtes souvent obligé de lutter pour parvenir à vos fins et réussissez avant tout par la force du poignet, par votre courage, votre dynamisme et votre sens de l'initiative. Vous êtes doué pour percevoir les bons cotés d'une situation mais aussi les opportunités et contraintes qu'elle renferme, pour saisir les occasions au vol puis pour les exploiter afin d'en tirer un profit, pour évaluer si vos moyens correspondent à vos ambitions, pour adapter vos ambitions à vos capacités, pour vous donner les moyens de les réaliser et pour partager avec autrui les résultats obtenus et les acquis de vos expériences.

Vous avez à la foi le besoin et les capacités de comprendre le sens et les exigences de toute situation, pour évaluer les sacrifices nécessaires par rapport aux bénéfices escomptés dans vos engagements, pour rentabiliser et optimiser, pour donner ou trouver un sens, une signification et une utilité à ce que vous faites, pour mettre en pratique, appliquer, utiliser des codes, des normes et des lois en vigueur et pour assumer vos responsabilités.

Vous savez, face à tout événement, faire preuve d'autorité et de maturité, de bon sens et d'un bon jugement et tenir compte du contexte environnant au sens large du terme. Vous avez une capacité à globaliser, à généraliser et à comparer ce qui est comparable avec les normes, avec ce qui se fait ailleurs de façon semblable ou différente.

Vous faîtes le nécessaire pour être dans la course, pour gérer la compétition et pour dominer les événements, pour vous adapter et pour vous faire conseiller judicieusement lorsque cela vous semble utile et profitable. Vous disposez en général d'une puissante vitalité, d'une vigueur musculaire, d'une certaine force physique, d'une impressionnante réserve d'énergie et d'appétits sexuels forts mais sains. Vous avez des facilités pour extérioriser votre énergie, vos instincts, votre dynamisme, vos élans de conquêtes et votre combativité. Cette facilité à vous extérioriser provient souvent d'une influence bénéfique du père ou d'une personne s'étant montré généreuse, chaleureuse, protectrice, stimulante et encourageante, d'un soutien familial et matériel, d'une approbation voire de récompenses de votre environnement social, d'une ouverture culturelle ou de l'influence bénéfique de voyages et de l'étranger.

Vous avez une nature art optimiste, généreuse, chaleureuse, joviale, boute en train, enthousiaste, entraînante, expansionniste, parfois classique et conventionnelle, parfois aventurière, indépendante, voyageuse, exploratrice et d'autre part courageuse, dynamique, passionnée, fougueuse, franche et directe, offensive et conquérante, pratique et fonctionnelle, réaliste et orientée vers une recherche de performance, d'efficacité et de résultats.

Vous avez souvent besoin d'espace, d'envergure et de grandeur pour vous exprimer. Cet ensemble de capacités vous confère de puissantes aptitudes réalisatrices, une force de frappe considérable, des moyens pour vaincre et convaincre, pour franchir les obstacles et pour forcer les événements, pour vous imposer, commander, diriger et manager, pour couronner vos entreprises de succès, pour jouer un rôle important dans le monde extérieur et pour atteindre une position sociale élevée à partir de la trentaine. Votre destinée tend le plus souvent à suivre une courbe ascendante et à être particulièrement riche en événements. Elle obéit souvent à des cycles d'environs deux ans où il peut y avoir, à chaque cycle, un renouvellement de l'activité. Vous avez tendance à aborder la culture, les conceptions philosophiques, les idéaux sociaux ou les aspirations religieuses (si vous en avez) à travers une participation active par l'expérience vécue et les faits concrets, en cherchant à expérimenter, à vérifier et à utiliser de façon fonctionnelle et pratique ce que vous abordez.

Le monde vous passionne et vous avez besoin de vie et d'action. Vous êtes fortement sensible aux événements extérieurs et vous sentez facilement impliqué et concerné par tout événement extérieur, que cela vous touche de prêt ou de loin, et ressentez tout aussi facilement, face à une situation, le besoin d'y jouer un rôle, de mettre votre grain de sel et de faire partie des événements en participant activement. Cela vous entraîne parfois dans des philosophies militantes, dans des luttes idéologiques ou dans des entreprises de colonisation économiques ou guerrières. Vous préférez faire la loi plutôt que de la subir, pouvez avoir la passion du pouvoir et avoir tendance à contester, à défier, à bousculer et parfois à agresser ce qui représente la loi, l'ordre, l'autorité et les valeurs officielles.

Vous pouvez avoir des goûts, des aptitudes et des talents naturels pour travailler dans monde de l'entreprise ou du sport, pour toutes les activités nécessitant l'usage du corps physique et de courage, pour les activités liées aux métaux (mécanique), nécessitant un maniement d'outils ou d'armes et pour tout ce qui concerne les machines, pour les disciplines de combats (police et justice), les professions libérales et les métiers où il y a de l'indépendance et parfois pour certaines activités médicales qui nécessitent l'utilisation d'objets en métal ou de machines.

Vous pouvez également avoir des aptitudes pour des activités touchant aux services, au management et à l'encadrement, aux postes de direction, aux affaires et à la représentation, à l'enseignement et à l'éducation (physique et sportive entre autres), au tourisme, à l'organisation de voyages, d'expéditions ou de salons, à l'hôtellerie, aux reportages, aux lois et à la politique, à la grande distribution ou à l'import export, à la culture ou à la religion, aux métiers ayant un rapport avec l'environnement, à l'élevage et à l'équitation, à la culture physique, à la moto, aux courses et aux compétitions sportives et pour toutes les activités visant à aider les personnes qui ont des difficultés à s'insérer professionnellement.

ASPECT HARMONIQUE MARS-SATURNE

Il y a dans votre thème astral une relation permanente, continue et symbiotique entre Mars et Saturne qui s'expriment en vous comme deux partenaires. Dans la mesure où vous êtes sensible aux effets positifs que chacune des fonctions à sur l'autre et où vous tendez à croire que lorsque vous vivez l'une des fonctions, alors l'autre viendra systématiquement la soutenir, vous tendez à récolter le meilleur de chacune de ces deux fonctions psychologiques et des expériences qui y sont associées.

Vous êtes particulièrement capable de vous sentir fort, de vous battre, de vous motiver, de déployer les grands moyens dans une recherche de résultats, d'être offensif voir agressif lorsqu'il s'agit d'assumer des responsabilités, lorsque l'essentiel est en jeu, lorsqu'il s'agit d'acquérir ou de préserver une certaine sécurité, lorsque vous êtes face à des difficultés, lorsqu'il s'agit de mettre de l'ordre ou de vous imposer une certaine discipline, lorsque vous abordez l'inconnu ou entreprenez une recherche, une quête ou une étude mais aussi lorsqu'il s'agit de parcourir les différentes étapes de l'évolution spirituelle.

Votre sens de l'organisation et de la précision, des systèmes et des structures, votre sens de l'effort et vos capacités à construire, votre sens pratique, votre réalisme, votre logique et votre sens de l'expérimentation peuvent vous conférer de puissantes aptitudes réalisatrices. Vous pouvez être à la fois un excellent théoricien parce que pratique et fonctionnel et un excellent homme de terrain de part votre bon sens, votre pragmatisme organisé, votre rigueur et votre sérieux.

Vous pouvez être doué pour saisir le fonctionnement des théories, des hypothèses, des structures et des systèmes organisés, pour manier des chiffres, des plans et des schémas, pour trouver des applications concrètes et une utilité pratique à toute théorie, à toute recherche, à toute formule mathématique ou à toute découverte. Inversement, toute recherche, toute théorie, toute découverte, toute organisation ou tout principe doit fournir la preuve de sa validité par l'expérience vécue, servir à quelque chose et permettre d'obtenir des résultats. Vous croyez donc avant tout ce que vous vivez, éprouvez, voyez et pouvez vérifier.

Vivre des expériences, vous affirmer dans la vie, mobiliser vos énergies pour obtenir des résultats, vous engager dans un combat ou vous imposer en faisant usage de la force tend à être pour vous synonyme d'apprentissage, de recherche, de découverte, de perfectionnement ou d'évolution vers une maîtrise de votre être, de votre corps et de votre vie. Ces différentes activités peuvent vous passionner. Vous pouvez avoir tendance à envisager votre existence comme un cheminement où domine une part d'inconnu, comme une perpétuelle évolution, comme une œuvre en construction ou comme une vaste école de formation.

La relation Mars-Saturne, même harmonique peut cependant retarder les processus d'affirmation de soi. Cela peut provenir d'une forte sensibilité aux difficultés, aux insuffisances et aux imperfections de l'existence, à ce qui ne va pas dans toute situation, à vos lacunes éventuelles, d'une tendance à vous poser de nombreuses questions et à vous remettre facilement en question.

Peut-être voudriez- vous être parfait, agir de façon parfaite et que la vie ou votre vie sur le terrain corresponde à votre idéal de perfection. Cette forme de sensibilité peut engendrer une certaine insatisfaction et parfois des frustrations, lorsque vous comparez votre vie actuelle à votre idéal de perfection. Vous êtes exigent et difficilement satisfait. Mais votre sensibilité à l'inachevé tend néanmoins à être le moteur de votre évolution tandis que votre coté exigeant garanti la qualité de vos actes.

Votre sens de l'initiative, votre dynamisme, vos actes, votre besoin de gagner et d'être efficace tendent à être mis au service de vos ambitions, de votre besoin de construire quelque chose ou de votre besoin de sécurité. Et inversement les qualités que vous apporte la planète Saturne font votre force.

Face à une situation concrète ou à une expérience quelconque, vous savez vous engager tout en prenant du recul, être présent tout en étant détaché intérieurement, observer avec détail et précision, poser les vraies questions et cherchez les bonnes réponses, voir les problèmes en face et faire le nécessaire pour réagir efficacement, apprendre sur le tas à travers vos différentes expériences et dégager des leçons, des principes ou une morale des événements vécus en organisant les faits dans votre tête.

Vous êtes ainsi capable de vous perfectionner par la vie et l'action et d'acquérir maturité et expérience. Une secondarité dans l'action fait que vous êtes parfois lent à démarrer parce qu'il vous faut analyser, réfléchir, vous organiser et assurer vos arrières avant d'aller de l'avant. Vous pouvez avoir besoin de calme, de tranquillité, de confiance, de recueillement et de solitude pour agir ou pour être efficace. Cette secondarité vous permet de garder votre sang froid dans les situations conflictuelles.

L'important pour vous n'est pas d'avancer lentement mais d'avancer tout de même, à votre rythme et selon vos propres convictions, quitte parfois à faire preuve d'égoïsme. La relation particulière que vous avez avec le temps, qui est votre allié, vous rend doué pour les entreprises à long terme. Il est donc important pour vous de prendre les bonnes décisions dès le départ car vous revenez ensuite difficilement en arrière. Par contre, lorsque vous vous engagez, lorsque vous êtes lancé, vous savez faire la différence entre ce qui est prioritaire et ce qui est secondaire. Vous savez préparer longtemps à l'avance ce que vous voulez faire, vous fixer des objectifs à long terme et des étapes, élaborer des plans et des méthodes d'exécution, agir de façon stratégique, méthodique, précise et en profondeur, vous discipliner, fournir des efforts prolongés, abattre une quantité parfois impressionnante de travail et contrôler les situations auxquelles vous êtes confronté. Vous êtes souvent calculateur et parfois intéressé.

Votre faculté de concentration, votre fermeté, votre ténacité opiniâtre et votre persévérance dans l'action tournent parfois à l'obstination, à l'acharnement et à l'obsession mais elles peuvent vous permettre d'aller loin. Votre volonté inflexible parfois rigide vous empêche de vous laisser distraire ou détourner du résultat recherché, vous permet de recommencer si vos entreprises ont été malencontreusement interrompues et de mener des entreprises longues et difficiles jusqu'à leur aboutissement.

Votre juge moral tend à être particulièrement fort et à jouer un rôle actif dans votre vie. Il vous incite à agir en utilisant un ensemble de principes, de règles ou de lois morales et peut vous culpabiliser lorsque vous ne faîtes pas de votre mieux. Votre besoin que les choses soient bien faîtes vous incite à vous montrer perfectionniste, exigent et parfois dur tant envers vous-même qu'envers les autres, mais aussi à faire preuve d'honnêteté, de droiture, de sérieux et d'une grande conscience professionnelle. Parce que vous savez agir de votre mieux ou agir de façon à avoir la conscience tranquille, vous pouvez acquérir à partir d'un certain âge une certaine sérénité intérieure. Et il est important pour vous d'agir de façon à avoir la conscience tranquille et de ne pas avancer trop vite dans la vie.

Vos principes et vos convictions tendent à être, ou devraient être, pratiques et fonctionnels, fondés sur les faits et l'expérience vécue. Ils tendent à être, au fur et à mesure que les années passent, fondées sur les valeurs martiennes d'action, de vie, d'engagement, de lutte pour obtenir des résultats, d'initiatives personnelles d'efficacité, de dynamisme, d'improvisation et de renouvellements. Avec Mars Saturne, les besoins et comportements sexuels tendent à être intériorisés, contrôlés ou exprimés de façon plutôt sobre, sans grande démonstration d'affection.

Les moments difficiles que vous avez vécus ou les dures leçon de l'existence vous ont permis de développer une grande robustesse, de solides réflexes défensifs, de vous barricader face aux agressions, de résister à de fortes pressions, de vous remettre en question quand cela vous parait nécessaire, de faire face avec courage aux situations difficiles sans perdre votre sang froid, de lutter contre l'adversité sans lui céder le pas et de devenir une personne coriace à la peau dure.

Vous avez tendance à choisir et à trier ce qui vous semble bon à vivre ou à expérimenter et à écarter vigoureusement tout ce qui est extérieur à l'expérience du moment. Vous agissez souvent avec une certaine prudence, que lorsque vous possédez un maximum de moyens et êtes sur d'être à la hauteur de la tache. Si cela limite parfois votre champs d'expériences, vous enlève une part de spontanéité et de souplesse ou vous retarde dans vos initiatives, vous reculez pour mieux sauter, attendez patiemment le moment d'agir et y gagnez en profondeur et en perfection.

Lorsque votre vie est orientée vers l'évolution intérieure, cet aspect, grâce au travail que vous pouvez faire pour évoluer et pour vous structurer, peut vous permettre d'acquérir une certaine sagesse, une vision profonde de la vie et une force morale ou spirituelle. Si votre volonté et votre vie sont orientées vers l'extérieur, la relation

Mars-Saturne peut vous permettre d'atteindre un statut social élevé dans votre domaine d'activité. Vous pouvez avoir des goûts, des aptitudes et des talents naturels pour structurer, bâtir, construire, gérer, organiser, contrôler, analyser, prohiber, fixer des limites, administrer, réfléchir, chercher, gérer le temps et tenir compte du temps, travailler la terre ou la pierre, pour créer des formes ou des objets et pour apporter sagesse et vérité. Votre image de l'homme est celle d'un homme sécurisant, profond, organisé, calme, responsable, respectueux, mûr et sage.

La femme est souvent attirée par des hommes plus âgés, par des hommes ayant une certaine maturité ou pouvant l'aider à s'organiser concrètement, à se structurer, à évoluer ou à lui apporter un sentiment de sécurité.

Elle peut également avoir le don de faire mûrir l'homme, de l'aider à se construire et a la possibilité de vivre avec l'homme des relations profondes, ce qu'elle recherche. La relation Mars-Saturne correspond parfois à un père exigeant, sérieux, intègre, réservé, distant, peu communicatif, fréquemment absent parce qu'absorbé par son travail, ayant de fortes valeurs morales et vous ayant inculqué le sens du devoir, du travail bien fait, de la discipline et des responsabilités.

ASPECT DISSONANT/DYNAMIQUE MARS-SATURNE

Il y a dans votre thème astral une relation permanente, mais discontinue, dissociée, duelle, tendue et conflictuelle, entre Mars (votre moteur, la décision, l'action, le combat) et Saturne (votre juge, votre relation aux structures), car ces deux planètes vibrent en vous à deux fréquences totalement différentes. Chaque planète veut se vivre, à sa façon, à travers vous et tend à considérer l'autre comme une rivale ou comme une perturbatrice.

Vous avez alors tendance, soit à exprimer l'une puis l'autre des planètes d'une façon excessive, soit à vivre l'une des planètes et à rejeter l'autre parce que vous la considérez comme perturbatrice, parce que vous voyez son côté sombre plus que son côté lumineux. Tant que vous nourrissez ce conflit à l'intérieur de vous, vous récoltez le moins bon de chacune des deux fonctions psychologiques et des expériences qui y sont associées.

La solution, que vous verrez plus bas dans le texte, est de vivre chaque fonction en pleine conscience et de savoir alterner rapidement et consciemment, entre chacune des deux fonctions psychologiques représentées par la planète Vous transformez ainsi une relation conflictuelle en une grande force et vous vivez cette relation de façon consciente et dynamique.

Cette facette de votre personnalité peut initialement engendrer, lorsqu'elle n'est pas maîtrisée, des difficultés dans la vie active car elle ne facile pas la prise de décision, la gestion de votre énergie, l'affirmation de soi et l'engagement, des difficultés à vivre heureux sur Terre et des difficultés pour se structurer, construire, être ordonné, respectueux et responsable, pour évoluer et pour trouver la paix intérieure. La cause de ces difficultés est une forte sensibilité à toute situation d'abandon ainsi qu'un conflit ou une dissociation entre votre juge moral et vos instincts, entre votre besoin de prendre des risques et votre besoin de sécurité, entre un besoin d'agir et un besoin de vous organiser, entre votre besoin de résultats immédiats et votre besoin de qualité, entre un besoin de vivre dans l'instant présent et un besoin de voir les choses à long terme, entre un besoin de résultats et une difficulté à être satisfait, entre l'enthousiasme et le scepticisme.

Ce conflit intérieur s'est parfois matérialisé dans votre passé par un manque affectif, par un traumatisme affectif suite à un abandon ou à la perte d'un être cher, par une personne dure et moralisatrice, ou par un juge moral intérieur pouvant gêner et quelquefois paralyser vos élans et votre dynamisme, à travers des peurs, des préjugés, des sentiments de culpabilité, un manque de confiance en soi, une timidité, des exigences jamais satisfaites ou un désir excessif de perfection.

Pour bien intégrer cette relation, il est important de comprendre qu'elle correspond à une partie de votre personnalité qui vous demande et parfois vous impose de mûrir, d'apprendre à construire, d'évoluer spirituellement, de vous situer dans la vie par rapport à la vie éternelle, de connaître et d'appliquer les lois éternelles dans votre vie active, de maîtriser votre énergie et votre vie pour acquérir une certaine sagesse et une sérénité intérieure permettant d'accéder à la liberté de l'âme.

Dans cette optique d'évolution, vous pouvez être placé dans une situation de départ difficile ou avoir un ensemble de tendances et de comportements qui peuvent, en général dans les débuts de votre existence, vous donner quelques difficultés à vous affirmer dans la vie, à mobiliser vos énergies pour obtenir des résultats, à vous engager dans un combat et à lutter pour agir dans le monde. Ces différents comportements peuvent avoir comme origine une situation matérielle précaire, un père qui fut distant, silencieux, souvent absent parce qu'absorbé par son travail, incapable de vous encadrer et d'assumer ses responsabilités de père ou au contraire qui fut dur exigent, ayant de fortes valeurs morales ou imposant une discipline quasi monastique, militaire ou policière limitant l'expression de vos élans et de votre spontanéité.

Vous avez alors tendance à incarner plusieurs scénarios, en alternant parfois de l'un à l'autre.

Scénario 1 : Mars domine et Saturne (le juge, les structures), est rejetée ou mal intégrée à votre personnalité.

Si vous êtes plutôt identifié à Mars, vous avez avant tout besoin de vivre dans le présent, d'agir et de réagir, de vous affirmer et de vous engager, d'assurer dans la réalité, de mobiliser vos énergies pour obtenir des résultats, d'extérioriser vos instincts et de faire face aux défis qui peuvent se présenter.

182

Vous pouvez alors être particulièrement sensible aux effets négatifs ou perturbateurs que peuvent avoir ou causer l'ordre et les structures, le fait de concrétiser, vos obligations et responsabilités professionnelles, votre carrière, votre âge, votre idéal de perfection, votre morale, toute introspection, toute remise en question, toute interrogation, toute forme de recherche, d'expérimentation et d'investigation, tout obstacle ou difficulté, la vérité et vos peurs, comme par exemple la peur d'être abandonné(e) ou la peur d'être jugé(e), la solitude, les effets du temps et l'influence du passé sur votre vie active.

Vous pouvez aussi être très sensible aux difficultés à vaincre pour pouvoir exprimer pleinement vos besoins, pour faire ce que vous avez envie de faire où pour être efficace. Une tendance à refouler tout ou une partie de Saturne peut se traduire par une difficulté à vous structurer et à fixer des limites, à analyser les événements de façon réfléchie, à observer avec détail et précision, à prendre du recul, à poser les vraies questions et à chercher les réponses, à comprendre le sens et les causes profondes de toute situation, à voir les problèmes en face et à faire le nécessaire pour réagir efficacement, à vous remettre en question ou de faire preuve de maturité, de sérieux, d'honnêteté, de sagesse ou de moralité vis à vis de vous-même ou des autres.

Vous pouvez avoir du mal à faire preuve de discernement, de prudence, de rigueur, d'organisation, de discipline, de stratégie et de perfectionnisme, à élaborer des plans, à vous fixer des étapes et à aller jusqu'au bout des objectifs fixés avec la persévérance et l'acharnement nécessaire, à fournir des efforts soutenus dans le temps, à assumer des responsabilités, à faire preuve de simplicité, de bon sens, de pragmatisme, de maturité, d'honnêteté, de sérieux et d'intégrité, à respecter les besoins d'autrui, à évoluer intérieurement à travers un travail sur soi, une structuration intérieure et une connaissance pratique des lois éternelles permettant d'acquérir une paix de l'âme.

Il peut également être difficile pour vous, même si vous faîtes beaucoup de choses, d'envisager votre vie comme un cheminement ou comme une œuvre en construction, de construire quelque chose, mais aussi de tenir compte du temps et de voir les choses à long terme, de respecter l'heure ou de supporter ceux qui ne la respecte pas, de vous occuper de votre vie intérieure et en fin de compte d'évoluer. Certaines personnes seront trop prises par leur vie active, par leurs engagements et par leurs combats pour prendre le temps de se consacrer à des moments de réflexion, d'introspection, de recherche ou de construction d'un avenir.

Et cette intense activité est parfois un moyen pour elles, de façon inconsciemment voulue, d'éviter de se consacrer à cette part d'introspection, de solitude, de silence, de réflexion, de se regarder en face, ou de se poser les questions existentielles qui quelques part effraient.

Il faut alors parfois des coups durs et un "coup de pied aux fesses " pour qu'une remise en question ai lieu. Vous pouvez néanmoins être insatisfait ou frustré dans votre vie active, dans vos initiatives, dans vos combats, dans les relations avec le père ou avec un homme, ou dans les résultats que vous obtenez parce que vous avez l'impression qu'il vous manque ce que vous refoulez.

Ce peut être la sécurité, la possibilité de construire quelque chose à long terme, une structure organisée, une évolution positive, une compréhension profonde des événements, un réel contrôle de la situation ou un sentiment de sérénité, de tranquillité et de paix intérieure.

Mars Saturne peut encore se traduire par une impression, qui peut correspondre à une réalité ou n'être qu'imaginaire, que ce que vous vivez ne correspond pas à vos principes, à vos aspirations profondes, à la morale que vous prêchez ou à un certain idéal de perfection que vous vous imposez. Vous êtes parfois trop sensible aux différences qu'il y a entre la théorie et les faits, entre vos performances et ce que vous exigez de vous, entre votre idéal de perfection et votre situation concrète. Cela peut provoquer un dur sentiment d'insatisfaction.

Scénario 2 : Saturne, votre juge, domine et Mars est rejeté ou mal intégré.

Vous vivez votre Saturne lorsque vous avez besoin de sécurité, de vous poser les questions essentielles, de prendre du recul pour réfléchir, d'entreprendre une forme de recherche ou de quête de vérité, de vous construire un avenir, d'effectuer un travail sur vous pour évoluer, de vous consacrez à votre carrière ou à vos ambitions, d'expérimenter pour découvrir, de vous organiser avec rigueur et précision pour atteindre un certain idéal de perfection, d'assumer des responsabilités, de poursuivre vos objectifs à long terme avec acharnement ou d'acquérir une certaine sérénité intérieure. Vous pouvez alors être très sensible aux difficultés ou aux effets perturbateurs que peuvent avoir votre besoin d'action et de réaction, vos instincts, la colère, les rapports de force, la concurrence et les rivalités, le face à face avec les réalités du monde, la mobilisation de vos énergies pour gagner votre vie, l'engagement dans un combat et votre besoin de vivre selon vos élans naturels.

Cela peut vous donner tendance à renier et à rejeter tout ou une partie de Mars. Peut-être alors rejetez-vous votre propre corps et ses instincts, les relations sexuelles, toute participation à la vie, toute action et initiatives, toute expression de votre personnalité, toute expression de vos besoins et la vie elle-même ? Peut-être êtes-vous trop pris par votre recherche, votre carrière, vos responsabilités, vos réflexions ou ce que vous construisez pour avoir le temps de vivre, de vous exprimer ou de faire les choses que vous auriez envie de faire ? Peut-être que vos réflexions, votre morale, vos recherches, vos responsabilités d'ordre professionnelles et votre tendance à tout vouloir contrôler sont un moyen pour vous, de façon inconsciemment voulue, d'éviter de combattre, de faire face à certaines réalités de la vie, de prendre certains engagements, d'assumer un rôle d'époux ou de père, ou de prendre les initiatives qui seraient nécessaires.

Peut-être refusez-vous de vous engager parce que vous avez peur que cela vous enferme dans une triste monotonie ou dans une routine synonyme d'ennui ? Ou peut-être avez-vous tellement l'impression de déranger que ne faîtes pas ce que vous pourriez faire ? Vous pouvez avoir des difficultés à vous battre, à mobiliser vos énergies, à franchir les obstacles, à réagir de façon offensive et efficace en faisant ce qu'il faut lorsque vous avez affaire à de grosses responsabilités, lorsque vous avez à faire un travail sur vous-même dans le but d'évoluer et d'atteindre un état de paix intérieure, lorsqu'il s'agit de poser les vrais questions et de voir les problèmes en face, de vous organiser de façon pragmatique ou d'incarner des principes moraux.

Peut-être que vos recherches, vos principes, vos réflexions et spéculations, vos ambitions à long terme ne sont pas pratique et fonctionnels ou qu'ils ne donnent pas les résultats voulus parce qu'ils ne tiennent pas assez compte des réalités environnantes, des faits concrets, des opportunités et contraintes de votre situation ou de vos propres moyens.

La non-expression de Mars peut également vous donner des difficultés à assumer ou à gérer les rapports de force, les heurts, les conflits, les discussions et les tensions, à vous engager dans une entreprise quelconque, dans un combat ou dans la vie sans que soient perturbés votre sécurité, vos principes ou votre conscience morale. Au pire, vous refusez la confrontation avec la réalité en fuyant le monde et ses combats. Vous pouvez alors être insatisfait au plus profond de vous-même parce que vous avez l'impression de ne pas réellement exister, que votre existence est monotone, qu'il ne se passe rien ou que vous ne servez à rien, que vos principes, votre morale, vos doutes et interrogations, votre réserve, votre timidité, les efforts que vous faîtes pour vous construire ou pour construire quelque chose n'aboutissent à rien ou vous empêche de faire et de vivre ce qu'au fond vous auriez envie. Ces sentiments de manque et d'insatisfaction peuvent se traduire par de violentes réactions de compensation.

Scénario 3 : Votre moteur surchauffe.

Lorsque vous êtes identifié à Mars, vous pouvez avoir tendance à l'être excessivement. Cela peut se traduire par des accès de colère non maîtrisée, par une impatience chronique, par une tendance à vivre toujours dans l'urgence ou dans l'énervement, par un besoin brutal d'affirmation de vos besoins et de vos instincts, par un sentiment de révolte, de vengeance ou de contestation généralisée.

Peut être avez vous l'impression que le temps joue contre vous alors que vous ne vous donnez tout simplement pas la peine de vous organiser comme il faut ? Une tendance à agir précipitamment et impulsivement peut aboutir à des chutes, à des accidents et à des fractures.

Mars-Saturne peut engendrer un décalage entre ce que vous planifiez, ce que vous prévoyez de faire et ce que vous faîtes concrètement.
Il peut également conférer une tendance à alterner entre des moments d'enthousiasme ou de passion excessifs et des moments de dépression et d'abattement. Une absence totale de maîtrise de soi peut déboucher sur des actes barbares, destructeurs ou autodestructeur qui balaient touts les freins, touts les interdits et toute morale et qui témoignent d'une mentalité archaïque et préhistorique sortant tout droit de l'âge de pierre.

Scénario 4 : Votre juge et votre besoin d'ordre et de structures sont en excès

Lorsque vous êtes identifié à La fonction psychologique Saturne, vous pouvez alors avoir tendance à l'être excessivement. Les difficultés engendrées par Saturne, qui se manifestent en général jusqu'à la trentaine, peuvent provenir d'une tendance à vous poser trop des questions dans vos entreprises, à vous remettre trop souvent en question, à vous interroger sur la possibilité d'obtenir des résultats, sur la valeur de vos moyens, sur le pourquoi des événements, sur le sens de la vie et de votre vie.

Vous pouvez avoir tendance à vouloir tout contrôler et tout calculer, à douter de vos moyens, à manquer de confiance en vous, à voir des problèmes et des obstacles partout ou à vous sentir bloqué au moindre obstacle, à être trop facilement inquiet et en insécurité, à avoir peur de l'avenir, à vous compliquer la vie en réfléchissant lorsqu'il faut agir et à dresser vous-même des murs et des obstacles dans votre vie. Une difficulté à vous faire confiance peut se traduire par une difficulté à faire confiance aux autres, vous rendre méfiant et rendre difficile la création de relations intimes. Vous pouvez également être doué pour provoquer chez autrui des remises en questions et pour faire douter autrui.

Un juge moral particulièrement fort peut vous faire culpabiliser à chaque initiative, lorsque vous ne faîtes pas de votre mieux ou que vous n'êtes pas parfait, et vous donner une tendance à tout le temps vous demander si ce que vous allez faire est bien. Cela tend à freiner et parfois à paralyser vos élans naturels, votre dynamisme, votre spontanéité et l'affirmation de votre personnalité.

Ce juge moral mal canalisé peut également induire un blocage au niveau de la sexualité qui est parfois injustement considérée comme quelque chose d'immoral. Vous pouvez avoir tendance à être trop sur la défensive, à entretenir une morale rigide, des préjugés et une inaccessibilité qui freine l'action, à vouloir tout le temps tout analyser, intellectualiser, théoriser, comprendre, expliquer, justifier, contrôler et maîtriser, à ruminer et à vous poser trop de questions avant d'agir, à être trop sévère, dur, exigent envers vous-même et envers autrui et à vous rendre la vie compliquée.

Peut-être ne vous sentez-vous exister que dans des situations rigides où tout est prévu, géré, structuré, organisé et contrôlé ? Une tendance à sélectionner ou trier de façon excessive ce qui vous semble bon à vivre en écartant systématiquement tout ce qui est extérieur à la situation et à croire dur comme fer dans une attitude pessimiste et défaitiste, et donc d'échec, que ce que vous faîtes n'aboutira pas ou ne durera pas peut considérablement limiter le champs de vos expériences et vous faire passer à coté d'opportunités.

Ces tendances peuvent également étouffer toute expression spontanée de vos instincts, de votre corps et de votre besoin d'affirmation. Votre profondeur de conscience vous faisant constater à quel point le monde manque de vertu, de morale, de sagesse et de valeurs authentiques, vous pouvez être tenté de vous détacher du monde extérieur pour faire cavalier seul, en reniant les conseils de votre entourage et les lois extérieures régissant votre cadre de vie.

Vous pouvez avoir tendance à refuser d'obéir aux lois sociales pressenties comme corrompues, à sortir des sentiers battus et vivre vos propres expériences et votre propre vie à l'écart du monde et parfois à vous révolter intérieurement ou par des actes contre les structures en place. Ou vous pouvez simplement développer un sens critique percutant, une méfiance spontanée et une tendance à résister aux événements. L'influence de Saturne peut se traduire par un détachement excessif de la vie, par une difficulté à vous incarner, par un repli sur vous-même dans vos mondes intérieurs, par une tendance à l'ascétisme ou à martyriser votre corps, par des excès de prudence, de lenteur, de lourdeur, d'arrivisme, d'ambition et de sécheresse de cœur.

Une impression de n'en faire jamais assez ou d'être très difficilement satisfait de la qualité de ce que vous faîtes peut vous donner tendance à vouloir tout assumer, à vouloir porter la terre entière sur vos épaules comme Atlas dans la mythologie Grecque et vous pousser aux excès de travail, à un tel point que vous risquez de perturber votre santé.

Expression positive consciente et naturelle : Lorsque vous apprenez à maîtriser cette partie de votre personnalité et à utiliser toute sa richesse et lorsque vous avez fait le chemin pour exprimer cette relation en pleine conscience et d'une manière positive.

Pour transformer la relation Mars-Saturne dissociée en relation consciente et dynamique, il peut être utile d'effectuer un travail sur le rôle que doivent avoir la motivation, la prise de décision, la confiance en soi, l'engagement, la combativité et l'action au sein de votre personnalité et de votre vie mais aussi sur le rôle que doivent avoir dans votre vie et au sein de votre personnalité le juge moral, les structures, l'effort, le silence, la sécurité, la gestion du temps, la valeur que vous avez et la paix intérieure.

Sans doute devrez-vous donc dépasser et remettre en question vos doutes, vos peurs, vos exigences, vos préjugés, certaines croyances et certains comportements, mais aussi apprendre à vous laisser allez, à vous organiser et à ne pas systématiquement vouloir tout contrôler dans votre vie, à être plus accessible et disponible et à vous accorder le droit au bonheur. Notre juge intérieur existe pour nous mettre sur le chemin de notre vérité, pour nous faire prendre conscience des lois éternelles de la vie (d'où nous venons, ce que nous sommes et où nous allons après la mort du corps physique). Les structures sont là pour nous permettre de nous tenir debout et pour permettre à la vie de s'exprimer. L'âme, pour fleurir et s'épanouir, a besoin de silence.

Cette facette de votre personnalité peut être gérée et canalisée en oscillant entre les deux fonctions psychologiques qui sont vécues dans des états d'esprit très différents de façon telle que chaque fonction rectifie l'autre au moindre excès et sans que l'une des fonctions psychologiques gène l'expression de l'autre. Vous pouvez ainsi vivre des moments où vous faites ce que vous avez envie de faire, où vous exprimer vos instincts, où vous êtes dans l'action, où vous assurez, où vous faites face aux événements et ou vous prouvez aux autres que vous existez.

Vous vous exprimez alors en toute liberté. Vous avez appris à gérer et à canaliser votre agressivité, votre dynamisme, vos colères et votre besoin de résultats immédiats. Vous pouvez être alors d'autant plus efficace que vous savez attendre le bon moment pour agir.

Vous pouvez ensuite vivre d'autres moments où vous savez vous discipliner, réfléchir en profondeur, voir les choses à long terme, prendre du recul, prendre votre temps, vous consacrer à une forme de recherche, vous posez des questions existentielles, faire face aux problèmes et vous organiser. Vous savez que la vie extérieure et l'action sont des champs d'expérience nécessaires pour vous structurer et pour évoluer, ce qui vous permet de vous affirmer à l'extérieur, mais vous savez que des moments de retraite sont également nécessaires et vous avez vos périodes de solitude.

Bien maîtrisée, la relation Mars-Saturne peut vous conférer un ensemble d'aptitudes qui sont alors vécues d'une façon particulièrement consciente et dynamique. Cela peut par exemple se traduire, pour ce qui concerne Mars, par un dynamisme, une combativité, une capacité à vous motiver et à prendre des décisions, un courage, un sens de l'efficacité et des capacités physiques qui sont hors du commun et qui peuvent vous permettre d'atteindre une position sociale élevée et pour ce qui concerne Saturne par une exceptionnelle maîtrise de votre énergie, de votre sexualité et de votre force, par un sang froid, une objectivité, une solidité et une puissance de travail hors du commun, par une aptitude à assumer de grosses responsabilités, par une capacité à travailler sur votre personnalité afin de tendre vers la perfection, à appliquer les lois éternelles qui régissent l'univers et par la possibilité d'acquérir un puissant éveil spirituel. Les sports de précision et le yoga peuvent être un moyen d'organiser et de canaliser votre énergie.

Lorsque la relation Mars-Saturne est vécue en conscience, vous êtes particulièrement capable de vous battre, de vous motiver, de déployer les grands moyens dans une recherche de résultats, d'être offensif voir agressif lorsqu'il s'agit d'assumer des responsabilités, lorsque l'essentiel est en jeu, lorsqu'il s'agit d'acquérir ou de préserver une certaine sécurité, lorsque vous êtes face à des difficultés, lorsqu'il s'agit de mettre de l'ordre ou de vous imposer une certaine discipline, lorsque vous abordez l'inconnu ou entreprenez une recherche, une quête ou une étude mais aussi lorsqu'il s'agit de parcourir les différentes étapes de l'évolution spirituelle.

Votre sens de l'organisation et de la précision, des systèmes et des structures, votre sens de l'effort et vos capacités à construire, votre sens pratique, votre réalisme, votre logique et votre sens de l'expérimentation peuvent vous conférer de puissantes aptitudes réalisatrices.

Vous pouvez être à la fois un excellent théoricien parce que pratique et fonctionnel et un excellent homme de terrain de part votre bon sens, votre pragmatisme organisé, votre rigueur et votre sérieux.

Vous pouvez être doué pour saisir le fonctionnement des théories, des hypothèses, des structures et des systèmes organisés, pour manier des chiffres, des plans et des schémas, pour trouver des applications concrètes et une utilité pratique à toute théorie, à toute recherche, à toute formule mathématique ou à toute découverte. Inversement, toute recherche, toute théorie, toute découverte, toute organisation ou tout principe doit fournir la preuve de sa validité par l'expérience vécue, servir à quelque chose et permettre d'obtenir des résultats. Vous croyez donc avant tout ce que vous vivez, éprouvez, voyez et pouvez vérifier.

Vivre des expériences, vous affirmer dans la vie, mobiliser vos énergies pour obtenir des résultats, vous engager dans un combat ou vous imposer en faisant usage de la force tend à être pour vous synonyme d'apprentissage, de recherche, de découverte, de perfectionnement ou d'évolution vers une maîtrise de votre être, de votre corps et de votre vie. Ces différentes activités peuvent vous passionner. Vous pouvez avoir tendance à envisager votre existence comme un cheminement où domine une part d'inconnu, comme une perpétuelle évolution, comme une œuvre en construction ou comme une vaste école de formation.

Face à une situation concrète ou à une expérience quelconque, vous savez vous engager tout en prenant du recul, être présent tout en étant détaché intérieurement, observer avec détail et précision, poser les vraies questions et cherchez les bonnes réponses, voir les problèmes en face et faire le nécessaire pour réagir efficacement, apprendre sur le tas à travers vos différentes expériences et dégager des leçons, des principes ou une morale des événements vécus en organisant les faits dans votre tête.

Vous êtes ainsi capable de vous perfectionner par la vie et l'action et d'acquérir maturité et expérience. Une secondarité dans l'action fait que vous êtes parfois lent à démarrer parce qu'il vous faut analyser, réfléchir, vous organiser et assurer vos arrières avant d'aller de l'avant. Vous pouvez avoir besoin de calme, de tranquillité, de confiance, de recueillement et de solitude pour agir ou pour être efficace. Cette secondarité vous permet de garder votre sang froid dans les situations conflictuelles. L'important pour vous n'est pas d'avancer lentement mais d'avancer tout de même, à votre rythme et selon vos propres convictions, quitte parfois à faire preuve d'égoïsme.

La relation particulière que vous avez avec le temps, qui est votre allié, vous rend doué pour les entreprises à long terme. Il est donc important pour vous de prendre les bonnes décisions dès le départ car vous revenez ensuite difficilement en arrière.

Par contre, lorsque vous vous engagez, lorsque vous êtes lancé, vous savez faire la différence entre ce qui est prioritaire et ce qui est secondaire. Vous savez préparer longtemps à l'avance ce que vous voulez faire, vous fixer des objectifs à long terme et des étapes, élaborer des plans et des méthodes d'exécution, agir de façon stratégique, méthodique, précise et en profondeur, vous discipliner, fournir des efforts prolongés, abattre une quantité parfois impressionnante de travail et contrôler les situations auxquelles vous êtes confronté. Vous êtes souvent calculateur et parfois intéressé.

Votre faculté de concentration, votre fermeté, votre ténacité opiniâtre et votre persévérance dans l'action tournent parfois à l'obstination, à l'acharnement et à l'obsession mais elles peuvent vous permettre d'aller loin. Votre volonté inflexible parfois rigide vous empêche de vous laisser distraire ou détourner du résultat recherché, vous permet de recommencer si vos entreprises ont été malencontreusement interrompues et de mener des entreprises longues et difficiles jusqu'à leur aboutissement. Votre juge moral tend à être particulièrement fort et à jouer un rôle actif dans votre vie.

Il vous incite à agir en utilisant un ensemble de principes, de règles ou de lois morales et peuvent vous culpabiliser lorsque vous ne faîtes pas de votre mieux. Votre besoin que les choses soient bien faîtes vous incite à vous montrer perfectionniste, exigent et parfois dur tant envers vous-même qu'envers les autres, mais aussi à faire preuve d'honnêteté, de droiture, de sérieux et d'une grande conscience professionnelle. Parce que vous savez agir de votre mieux ou agir de façon à avoir la conscience tranquille, vous pouvez acquérir à partir d'un certain âge une certaine sérénité intérieure. Et il est important pour vous d'agir de façon à avoir la conscience tranquille et de ne pas avancer trop vite dans la vie.

Vos principes et vos convictions tendent à être, ou devraient être, pratiques et fonctionnels, fondés sur les faits et l'expérience vécue. Ils tendent à être, au fur et à mesure que les années passent, fondées sur les valeurs martiennes d'action, de vie, d'engagement, de lutte pour obtenir des résultats, d'initiatives personnelles d'efficacité, de dynamisme, d'improvisation et de renouvellement. Avec Mars Saturne, les besoins et comportements sexuels tendent à être intériorisés, contrôlés ou exprimés de façon plutôt sobre, sans grandes démonstrations d'affection.

Les moments difficiles que vous avez vécus ou les dures leçon de l'existence vous ont permis de développer une grande robustesse, de solides réflexes défensifs, de vous barricader face aux agressions, de résister à de fortes pressions, de vous remettre en question quand cela vous parait nécessaire, de faire face avec courage aux situations difficiles sans perdre votre sang froid, de lutter contre l'adversité sans lui céder le pas et de devenir une personne coriace à la peau dure.

Mars-Saturne peut vous conférer des aptitudes pour, ou être canalisé par des activités touchant aux métiers du bâtiment et des travaux publics (architecte, maçonnerie, ingénieur, isolation, menuiserie etc.), aux métiers du froid, à la gestion, à la logistique, à l'administration, à l'organisation, à la comptabilité, à la mécanique de précision, aux sciences exactes et à la recherche, au droit, à l'histoire ou à l'archéologie, aux métiers de la terre, à l'artisanat, à la politique, ou être vécu sous la forme d'une recherche des vérités spirituelles à travers une quête spirituelle ou religieuse, par des activités en rapport avec le contrôle, la qualité, la sécurité et la prise de responsabilités. Mars-Saturne bien géré indique une ascension lente et progressive vers un poste à responsabilité grâce aux efforts personnels.

Votre image de l'homme est celle d'un homme plus âgé, ayant une certaine maturité ou pouvant vous aider à vous organiser concrètement, à vous structurer, à évoluer ou à vous apporter un sentiment de sécurité. Vous pouvez avoir le don de faire mûrir l'homme, de l'aider à se construire et vous la possibilité de vivre avec les hommes des relations profondes.

ASPECT HARMONIQUE MARS-URANUS

Il y a dans votre thème astral une relation permanente, continue et symbiotique entre Mars et Uranus qui s'expriment en vous comme deux partenaires. Dans la mesure où vous êtes sensible aux effets positifs que chacune des fonctions à sur l'autre et où vous tendez à croire que lorsque vous vivez l'une des fonctions, alors l'autre viendra systématiquement la soutenir, vous tendez à récolter le meilleur de chacune de ces deux fonctions psychologiques et des expériences qui y sont associées.

Vous êtes particulièrement capable de vous sentir fort, de vous battre, de vous motiver, d'être offensif et agressif lorsqu'il s'agit d'acquérir ou de préserver une certaine liberté d'action dont vous avez besoin, lorsqu'il s'agit de concrétiser vos projets, lorsqu'il s'agit de vivre des expériences inconnues ou d'explorer de nouveaux horizons ou lorsqu'il s'agit de faire des réformes visant à améliorer les situations.

Vous savez également vous mobiliser pour vous affranchir des contraintes sociales, des pressions extérieures, des tentatives d'accaparement ou de manipulation de votre personnalité, pour vous vous détacher intérieurement des mythes, des préjugés, des rumeurs, des influences de l'entourage et du passé mais aussi pour aider autrui.

Vivre des expériences, vous engager dans la vie, mobiliser vos énergies pour obtenir des résultats, bref agir et réagir sont pour vous synonyme d'affirmation de votre spécificité et de vos convictions. Vous avez besoin de vous dépasser et de progresser vers une maîtrise de vous-même dans le but d'atteindre un état de liberté, d'indépendance et d'autonomie. Vos puissantes capacités réalisatrices, votre force de frappe et votre action foudroyante sont alimentées par une capacité à prendre rapidement les bonnes décisions, par un courage peu banal et par un dynamisme percutant et redoutablement efficace.

Malgré votre tendance à être détaché intérieurement des événements et à analyser toute situation, vous avez besoin de participer activement au monde extérieur et savez vous engager à fond dans toute situation. Vif, nerveux et souvent sous tension, vous savez focaliser toutes vos forces sur le résultat à atteindre et agir comme il le faut, au bon moment et au bon endroit. Cela vous permet d'avoir un puissant contrôle sur votre vie. Vous êtes souvent totalement sur et convaincu de ce qu'il faut faire et acceptez parfois difficilement qu'il puisse exister d'autres moyens, d'autres angles d'attaques et d'autres possibilités pour parvenir aux même résultats. Vous faites également preuve de constance dans vos initiatives et dans vos combats, c'est à dire qu'une fois lancé, vous savez vous battre avec acharnement jusqu'aux résultats, jusqu'à ce que vous ayez fait le maximum, jusqu'à ce que vous ayez pris les choses en main et dominé la situation.

Vous permettez rarement aux événements de modifier votre trajectoire ou vos convictions et avez une remarquable capacité à franchir les obstacles. Vous avez tendance à prendre votre vie en main et à imposer votre empreinte sur les événements plutôt que de les subir.

Votre capacité à intellectualiser les événements, à comprendre leur cause et leur sens, à saisir comment ce que chacun porte à l'intérieur de son être engendre les événements équivalents dans le monde extérieur ne vous font en général guère croire au hasard. Vous tendez à avoir la certitude que le ciel vous aidera si vous vous aidez vous-même.

Et souvent, vos initiatives peuvent être secondées par des appuis, par des relations amicales et par des personnes rencontrées sur le chemin de la vie. Vous vous sentez néanmoins responsable de ce qui vous arrive et rendez facilement responsable autrui de ce qui leur arrive. Cela vous rend parfois dur, exigent et intransigeant tant envers vous-même qu'envers autrui.

Vos réactions et vos intentions sont relativement transparentes. Vous avez cependant à votre disposition une puissante agressivité qui peut vous permettre d'être victorieux dans les guerres psychologiques ou dans les situations complexes. Vous avez de toute façon un impact psychologique fort sur les autres.

Vous avez souvent une façon très personnelle d'agir. Vous aimez sortir des sentiers battus, suivre votre voie personnelle et ne pas faire comme les autres. Un paradoxe chez vous est que, malgré votre individualisme, votre dynamisme s'exprime plus facilement dans un cadre collectif, au sein d'un groupe, d'une association, d'une grande entreprise voire d'une multinationale qu'à travers des initiatives égoïstes et individuelles. Cela explique peut être pourquoi la tradition attribuait un manque d'efficacité personnelle à la relation Mars Uranus car l'efficacité potentielle que renferme cet archétype a souvent besoin, pour se révéler, d'une action collective au service de principes spirituels ou humanitaires, des autres, de projets et des valeurs ou objets du monde moderne qui n'existent que depuis un peu plus d'un siècle. De nos jours Mars Uranus permet une adaptation efficace au monde moderne.

L'espoir est une force qui vous fait vivre. Vous pouvez vous sentir exister lorsqu'il s'agit de provoquer chez autrui l'espoir, lorsque vous défendez des valeurs humanitaires ou démocratiques, une idéologie, les droits de l'homme ou les droits du travail et lorsque vous aidez autrui en leur apportant une vie meilleure ou en les libérant de leurs difficultés. Vous assumez parfois un rôle de sauveur, de St Bernard, de Zorro, de libérateur ou d'Ange gardien, rôle dans lequel vous êtes le dominant tendant la main au dominé. Vous pouvez croire aux Anges parce que vous avez des preuves concrètes suite à vos expériences vécues et parce que vous vivez leur influence dans votre existence. Vous pouvez cependant avoir tendance à vouloir aider les autres et à ne pas assez vous occupez de vous-même et de votre vie privée.

Vos actes et vos décisions tendent à être influencés voire dictées par des idées, une idéologie, des valeurs spirituelles, des intuitions claires, des certitudes, des convictions et par un besoin d'évolution, de nouveauté et de progrès. Inversement, votre idéologie, vos valeurs spirituelles, vos projets, vos convictions et vos certitudes tendent à être fondées sur les valeurs martiennes d'engagement, d'initiatives personnelles, d'efficacité, de dynamisme, d'improvisation et de renouvellement. Vos projets se veulent pratiques, fonctionnels et orientés vers une recherche de performance.

Votre corps, votre énergie vitale, vos actes et vos décisions tendent à être influencés par des énergies à haute tension venant de l'inconscient collectif. Cet apport d'énergie a pour but de vous faire participer au progrès technique, psychologique ou sociale de la société, de vous donner les moyens de faire évoluer les choses dans votre situation ou d'aider autrui d'une façon ou d'une autre.

Cet apport d'énergie peut vous conférer une tendance à être brusque et imprévisible dans vos réactions, un goût pour la vitesse, une impatience à vouloir obtenir rapidement des résultats, un besoin de vivre comme un avion à réaction. Certaines personnes peuvent être douées d'un un magnétisme capable de guérir autrui. Vous pouvez avoir de bonnes aptitudes pour maîtriser des systèmes d'information complexes, pour saisir le fonctionnement des théories, des principes scientifiques, mécaniques ou techniques, des mécanismes psychologiques et sociologiques qui font la nature humaine et pour trouver une utilité pratique ou des applications concrètes à toute théorie, formule, idée, découverte ou invention.

Si vous pouvez être un théoricien ou un idéologue percutant parce que pratique, fonctionnel et proche des réalités concrètes, vous pouvez aussi être un excellent homme de terrain de part votre sens de l'expérimentation, votre capacité à être logique et rationnel, votre rigueur, votre discipline, vos capacités techniques ou psychologiques, votre sens du progrès et de l'innovation mais aussi de part votre volonté de maîtriser tout ce qui vous tombe sur la main. Vous pouvez avoir des facilités pour trouver des solutions pratiques et efficaces aux problèmes qui peuvent se présenter et certaines personnes auront même des dons d'inventeur.

Vous pouvez aussi être doué pour réagir efficacement et pour improviser face à l'inconnu ou à des événements imprévus et indépendants de votre volonté, ou découvrir votre force face à ce genre d'événements.

Un des paradoxes dans votre façon de vivre est que si les événements peuvent être programmés dans votre vie et se dérouler comme sur des rails, vous avez néanmoins besoin d'imprévus, de surprises et de nouveauté pour vous sentir réellement exister. La routine ou une existence ordinaire, monotone et répétitive ne vous conviennent. Votre faiblesse est parfois de passer trop facilement à quelque chose de nouveau dès que vous avez fait le tour de la situation, dès que s'installent des habitudes ou une impression de déjà vu, ce qui peut être synonyme d'instabilité.

Votre sens de l'organisation et de la stratégie, votre coté humain, mais aussi votre capacité à vous projeter dans l'avenir facilitent la concrétisation de vos projets.

Présent et avenir peuvent être chez vous étroitement liés. Vous croyez à la force de l'amitié et votre vie active est souvent jalonnée par de nombreuses relations amicales. L'échange amical est chez vous vécu sur le mode de la franchise, de l'enthousiasme et de l'action. Vous aimez faire des choses avec vos amis, vous dépenser avec eux et parfois vous affirmer grâce à eux. Cela vous donne tendance à lier des relations amicales avec des personnes fortes, dynamiques, viriles, franches et qui assurent dans ce qu'elles font. Vos amis vous apportent souvent un précieux soutien dans votre vie.

Vous pouvez avoir des goûts, des aptitudes et des talents naturels pour travailler en groupe, pour organiser des projets, pour coopérer, réformer, nettoyer, être à l'avant garde, vous se consacrer à une cause universelle, pour trouver des solutions, pour libérer et aider autrui, pour soulager des maux physiques et moraux, pour participer au progrès collectif et à la vie moderne, pour vous spécialiser, pour innover ou inventer, pour participer à un mouvement humanitaire, à une grande société ou à une association.

Votre image de l'homme est celle d'un homme dynamique, autonome et indépendant, sociable, amical, ayant des valeurs humaines, intelligent, très psychologue et libérateur. Dans un thème féminin, cet aspect facilite les relations amicales masculines, l'homme pouvant constituer pour la femme un élément libérateur. La femme recherche souvent dans ses relations avec l'homme une dimension psychologique et la satisfaction de son besoin d'extraordinaire, de nouveauté, d'imprévu ou d'éveil intérieur.

ASPECT DISSONANT/DYNAMIQUE MARS-URANUS

Il y a dans votre thème astral une relation permanente, mais discontinue, dissociée, duelle, tendue et conflictuelle, entre Mars (votre moteur, la décision, l'action, le combat) et Uranus (votre besoin de liberté et d'exprimer votre spécificité), car ces deux planètes vibrent en vous à deux fréquences totalement différentes.

Chaque planète veut se vivre, à sa façon, à travers vous et tend à considérer l'autre comme une rivale ou comme une perturbatrice. Vous avez alors tendance, soit à exprimer l'une puis l'autre des planètes d'une façon excessive, soit à vivre l'une des planètes et à rejeter l'autre parce que vous la considérez comme perturbatrice, parce que vous voyez son côté sombre plus que son côté lumineux.

Tant que vous nourrissez ce conflit à l'intérieur de vous, vous récoltez le moins bon de chacune des deux fonctions psychologiques et des expériences qui y sont associées.

La solution, que vous verrez plus bas dans le texte, est de vivre chaque fonction en pleine conscience et de savoir alterner rapidement et consciemment, entre chacune des deux fonctions psychologiques représentées par la planète Vous transformez ainsi une relation conflictuelle en une grande force et vous vivez cette relation de façon consciente et dynamique. Cette facette de votre personnalité peut initialement engendrer, lorsqu'elle n'est pas maîtrisée, des difficultés à vous affirmer dans la vie de façon autonome et indépendante et des difficultés à vivre libre de part un conflit ou une dissociation entre vos instincts et votre intelligence technique ou psychologique, entre un besoin de vivre dans le présent et un besoin de faire des projets, entre vos réactions et la nécessité, entre votre besoin d'efficacité et votre besoin de liberté entre vos besoins personnels et votre besoin de participer à un groupe et d'être avec vos ami(e)s.

Il peut exister une croyance comme quoi tout engagement dans une recherche d'efficacité et de résultats risque de conduire à la perte de votre liberté et de votre autonomie ou à l'inverse que toute autonomie et toute liberté risquent de vous empêcher de faire ce que vous avez envie de faire.

Comment concilier liberté et action au quotidien? Comment être autonome dans la vie active ? Comment concilier décisions personnelles et partage avec ses ami(e)s ? Comment vivre dans le monde moderne avec son côté artificiel? Telles sont les problématiques de Mars-Uranus. Vous avez alors tendance à incarner plusieurs scénarios, en alternant parfois de l'un à l'autre.

Scénario 1 : Mars domine et Uranus est rejeté ou mal intégré à votre personnalité.

Si vous êtes plutôt identifié à Mars, vous avez avant tout besoin de vivre dans le présent, d'agir et de réagir, de vous affirmer et de vous engager, d'assurer dans la réalité, de mobiliser vos énergies pour obtenir des résultats, d'extérioriser vos instincts et de faire face aux défis qui peuvent se présenter. Vous pouvez alors être sensibilisé aux effets perturbateurs que peuvent causer les événements indépendants de votre volonté, la société moderne et ses technologies, les responsabilités et obligations auxquelles vous avez à faire face, la discipline et la rigueur, les idéologies, toute conception de projets, les relations amicales, toute affirmation de votre spécificité, toute recherche spirituelle, tout travail de développement personnel ou tout travail en groupe et les valeurs d'indépendance, de liberté et d'originalité.

La tendance à considérer tout ou une partie de Uranus comme perturbatrice, ou à ne voir que l'aspect négatif de la planète peut engendrer un rejet et un refoulement de tout ou une partie de ce que représente Uranus dans votre vie. Si c'est le cas, peut être avez-vous alors tendance à rejeter les idéologies, les valeurs spirituelles, l'évolution psychologique et le travail de développement personnel, les prévisions qui ne correspondent d'après vous rarement aux faits, les grandes théories, les spéculations de la pensée, le capitalisme, la politique, la discipline et l'ordre des choses, l'espoir et le progrès, les obligations et les contraintes, les valeurs de liberté, d'indépendance et d'originalité, l'organisation rigoureuse et la liberté d'action.

Cela peut amoindrir l'efficacité de vos résultats. Vous pouvez avoir une difficulté à être réellement indépendant dans votre vie active, à assumer vos responsabilités, à maîtriser votre corps et votre situation, à faire preuve de rigueur, de logique, de bon sens, de réflexion ou de sens psychologique, à faire face à l'inconnu et à l'imprévu et à vous adapter aux progrès techniques.

Vous pouvez avoir des difficultés à élaborer des projets sur une grande échelle de temps, à vous projeter dans l'avenir, à faire progresser les choses en trouvant des solutions adaptées aux problèmes, à avoir de l'espoir, à être démocratique dans vos agissements, à comprendre ou à tenir compte du sens, de la tournure des événements et des nécessités qui s'imposent, à aller dans le sens du courant ou de la volonté du groupe etc. Vous pouvez alors avoir l'impression d'être insatisfait dans votre vie active parce que ce que vous faites ne vous semble pas à la hauteur de vos exigences ou de votre idéal, parce que vous avez l'impression de ne pas pouvoir vous exprimer librement, parce que vous n'êtes pas réellement libre et indépendant, parce que vous avez l'impression que votre situation n'évolue pas et qu'il n'y a pas de progrès ou encore parce que vous n'êtes qu'un pion dans un système impitoyable.

Scénario 2 : Uranus, votre besoin de liberté, domine et Mars est rejeté ou mal intégré.

Vous vivez votre Uranus lorsque vous affirmez votre individualité ou votre puissance, lorsque vous affichez vos convictions, votre idéologie, vos valeurs spirituelles, vos revendications pour une vie meilleure, ou lorsque vous cherchez à évoluer vers une maîtrise de vous-même et de votre vie dans le but d'atteindre un état de liberté, d'indépendance et d'autonomie.

Vous pouvez alors être très sensible aux difficultés ou aux effets perturbateurs que peuvent avoir votre besoin d'action et de réaction, vos instincts, la colère, les rapports de force, la concurrence et les rivalités, le face à face avec les réalités du monde, la mobilisation de vos énergies pour gagner votre vie, l'engagement dans un combat et votre besoin de vivre selon vos élans naturels.

Vous pouvez alors renier et rejeter tout ou une partie de Mars. Cela peut vous donner des difficultés à vous battre, à mobiliser vos énergies, à franchir les obstacles, à être efficace et à vous exprimer réellement lorsqu'il s'agit d'acquérir ou de préserver une certaine liberté d'action, lorsqu'il s'agit de vous adapter à l'inconnu, de faire face à la nouveauté ou à l'imprévu, d'adopter des attitudes responsables visant à maîtriser la situation et lorsqu'il s'agit de prendre votre vie en main de façon à être autonome. Peut-être avez-vous tendance à rejeter ou à mépriser toute spontanéité, les besoins de votre corps, l'expression de votre animalité ou tout ce qui est personnel au non d'un certain idéal ou de certaines valeurs universelles ?

La non-expression de Mars peut également vous donner des difficultés à assumer ou à gérer les rapports de force, les heurts, les conflits, les discussions et les tensions, à vous engager dans une entreprise quelconque, dans un combat ou dans la vie sans que soient perturbés votre liberté, vos principes ou vos croyances idéologiques. Au pire, vous refusez la confrontation avec la réalité en fuyant le monde et ses combats.

Vos projets, vos idéologies, vos idées, vos convictions, votre façon d'affirmer votre individualité ou de rechercher à vivre libre ne sont pas toujours pratiques, fonctionnelles ou efficaces parce qu'ils ne tiennent pas forcément compte des faits et des circonstances, des nécessités concrètes qui s'imposent sur le terrain, des opportunités et des contraintes de la situation, de vos possibilités d'action, de la concurrence et des obstacles à franchir. Ou alors ils peuvent être tellement personnels, hors normes et rigides qu'ils vous empêchent de vous adapter concrètement sur le terrain.

Peut-être avez-vous tendance à idéaliser, à intellectualiser, à faire des projets, à théoriser les événements, à envisager un avenir meilleur mais sans passer aux actes, en manquant de réalisme, sans concrétiser vos idées dans la pratique, ou en vivant en fonction d'un avenir hypothétique virtuel au lieu de faire face à la situation présente avec efficacité. Peut-être avez-vous des difficultés à vous impliquer réellement dans vos projets, dans vos obligations, dans vos relations amicales, dans une association, dans un mouvement humanitaire et dans votre participation aux événements de votre environnement social ?

Une tendance à intellectualiser de façon excessive peut vous compliquer la vie et amoindrir votre efficacité. Peut-être que vos convictions, vos idées, vos projets avant-gardistes ou les preuves résultant de vos expériences contredisent et dérangent les vérités admises par la société ou les lois scientifiques en vigueur, même si ces dernières sont fausses? Mais peut-être que vos idées, vos projets et vos convictions sont complètement utopistes et irréalisables dans l'ici maintenant parce qu'ils sont irréalistes ou parce que les circonstances ne permettent pas de les appliquer.

Scénario 3 : Votre moteur surchauffe

Lorsque vous êtes identifié à Mars, vous pouvez avoir tendance à l'être excessivement. Cela peut se traduire par une impatience chronique, par un goût pour les relations sexuelles violentes, par des accès de colère non maîtrisée, par une tendance à vivre toujours dans l'urgence, à agir impulsivement, précipitamment, par une recherche excessive de la vitesse ce qui peut dans certains cas se traduire par des accidents sur la route ou en avion, par une tendance à brûler les étapes et parfois les feux rouges et par un besoin brutal d'affirmation de votre personne, de vos besoins et de vos instincts en laissant rarement le choix aux autres.

Mars-Uranus peut engendrer un sentiment de révolte envers l'ordre, la société, la politique, le capitalisme, révolte qui peut aboutir à des actions militantes, à une participation à des grèves ou des émeutes, à des mouvements révolutionnaires armés ou qui peut plus fréquemment se traduire par une tendance généralisée à la provocation et à la contestation.

Il y a parfois un décalage, une contradiction ou une grande différence entre ce que vous aviez prévu de faire, entre vos projets ou vos idéaux et ce que vous faites concrètement sur le terrain, ce qui peut parfois être déroutant pour autrui. Vous pouvez aussi être trop dépendant des événements, en étant tellement identifié à votre présent et influencé par lui que vous vous emportez dans le feu de l'action en réagissant instinctivement, mécaniquement et de façon excessive à tout stimulus, à tout événement et à toute agression.

Un coté explosif, un esprit de compétition exacerbé, une tendance à rechercher le rapport de force permanent et une franchise, une virilité, une brutalité excessive en milieu amical ou en groupe peut déboucher sur des tensions, des conflits et des rivalités dans les relations amicales ou dans les rapports de groupe.

Vous avez un tel impact psychologique sur autrui que vous laissez rarement indifférent, mais vous pouvez induire des réactions qui sont à la hauteur de votre violence intérieure. La femme recherche souvent dans sa relation avec l'homme une évolution psychologique, un éveil intérieur et une relation allant au-delà d'une simple satisfaction de l'ego, d'une simple entente cordiale ou d'une vie facile et ordinaire dépourvue d'imprévu et d'émerveillement.

Parce qu'elle a tendance à idéaliser l'homme et à voir ce qu'il y a de meilleur en lui, elle peut avoir le don de révéler en l'homme ce que celui-ci a de plus extraordinaire et de le propulser vers la réussite ou vers des actions héroïques mais aussi rencontrer des déceptions lorsque qu'il y a une idéalisation naïve de son partenaire. Elle peut avoir la possibilité de se faire aider par l'homme de part l'image qu'elle projette sur lui et peut elle-même se sentir d'autant plus attiré par un homme que celui ci a besoin d'être aidé.

Scénario 4 : Votre système nerveux surchauffe et votre besoin de liberté domine en excès.

L'influence excessive d'Uranus peut se traduire par un tempérament stressant voire explosif et par un besoin démesuré de liberté et d'indépendance dans votre vie active, au point que vous supportez difficilement les contraintes d'une existence régulière, les pressions extérieures, l'autorité et les ordres. Peut-être êtes-vous tellement convaincu de ce qu'il faut faire que vous n'en faites qu'à votre idée et que vous acceptez difficilement qu'il puisse exister d'autres possibilités que celles que vous aviez envisagées ?

Vous pouvez alors être complètement imperméable aux circonstances, faire preuve d'un individualisme exacerbé qui sort systématiquement des sentiers battus en ne faisant jamais comme les autres, avoir tendance à vous accrocher à vos idéaux, à vos projets, à vos théories, à vos valeurs et à vos convictions même s'ils ne vous mènent nul part, à être complètement sourd aux arguments d'autrui et à ne changer que difficilement votre trajectoire.

Ou à l'inverse, peut-être avez-vous tendance à vouloir tout le temps passer à quelque chose de nouveau dès que vous avez une impression de déjà vu ou dès que vous avez impression d'avoir fait le tour de la situation, mais sans forcément finir et aller jusqu'au bout de ce que vous aviez commencé. Cela peut être synonyme d'une excessive instabilité. Votre originalité tourne parfois à l'excentricité, et à l'inadaptation.

La discipline et les exigences que vous vous imposez, notamment en ce qui concerne votre corps et vos instincts, votre environnement ou les autres, et les contraintes ou obligations auxquelles vous avez à faire face peuvent en retour vous empêcher d'exprimer votre nature instinctive, de faire ce que vous auriez envie de faire et de permettre à ceux qui vous côtoient d'agir librement. Au pire vous vous comportez comme un dictateur.

Mais dans le fond, peut-être êtes-vous trop sensible aux différences et aux incompatibilités qu'il peut avoir entre l'ange et l'animal humain avec ses instincts et pulsions ? Une peur de votre côté animal, de votre agressivité, de votre force et de votre propre puissance vous incite à l'enchaîner pour éviter de soit disant dégâts éventuels. Mais qui veut faire l'ange fait parfois la bête, et lorsque celle-ci se déchaîne après avoir été trop longtemps muselée, elle peut vous entraîner vers la révolte et vers le conflit systématique.

Une activité en lien avec l'informatique, une idéologie, des valeurs universelles ou humanitaires, une association, des relations amicales, un grand groupe ou une multinationale peuvent vous demander un tel investissement d'énergie que vous n'avez plus la disponibilité pour vous occuper de vous-même, pour être présent dans votre foyer, pour faire ce que vous auriez eu envie de faire et pour vous exprimer spontanément.

Votre existence peut alors être très impersonnelle ou faire de vous une marionnette de la société moderne. Vous pouvez avoir tendance à revendiquer brutalement, sans concertation et de façon agressive, vos droits à une vie meilleure (salaires, horaires, avantages sociaux) au point d'irriter vos supérieurs. Votre corps, votre énergie vitale et vos décisions sont influencées par des énergies cosmiques à haute tension venant de l'inconscient collectif mais sans que vous maîtrisiez forcément très bien cette influence.

Une difficulté à gérer ces énergies peut se traduire par les différents symptômes propres à la paranoïa, c'est à dire par une tendance à se sentir constamment persécuté, à être excessivement exigent, sectaire et fanatique, à imposer vos convictions et vos théories d'une façon tyrannique et à vous comporter comme un dictateur, par une surtension nerveuse mal contrôlée, par une instabilité d'humeur et une grande susceptibilité, par une tendance à être facilement irritable, par des comportements intolérants, par une tendance à être survolté, électrique, brusque, imprévisible, parfois déstabilisant voire violent, par un goût pour les situations explosives ou par une tendance à vivre comme un avion à réaction.

Cette paranoïa peut également conférer une difficulté à établir des relations avec autrui en se situant autrement qu'en sauveur ou en dominant tendant la main à un dominé, ou autrement dit lorsqu'une supériorité affichée n'est pas reconnue. Lorsqu'elle n'est pas intégré, la relation Mars-Uranus peut prédisposer à planer au-dessus des réalités concrètes, à avoir excessivement besoin de tout intellectualiser, conceptualiser et schématiser, à vivre dans le virtuel, dans le mental ou dans le projet au point de donner l'image d'un extraterrestre inadapté aux réalités concrètes.

Expression positive consciente et naturelle : Lorsque vous apprenez à maîtriser cette partie de votre personnalité et à utiliser toute sa richesse et lorsque vous avez fait le chemin pour exprimer cette relation en pleine conscience et d'une manière positive.

Pour transformer la relation Mars-Uranus dissociée en relation consciente et dynamique, il peut être utile d'effectuer un travail sur le rôle que doivent avoir la motivation, la prise de décision, la confiance en soi, l'engagement, la combativité et l'action au sein de votre personnalité et de votre vie mais aussi sur le rôle que doivent avoir dans votre vie et au sein de votre personnalité la société moderne, la nouveauté, les projets, la virtualité et les ordinateurs, le groupe, les ami(e)s, l'autonomie, la liberté, la relation à l'univers et le progrès au sein de la personnalité et dans votre vie. Un travail sur la conscience corporelle (Tai-chi, Tantrisme, Yoga, Danse) et un peu de sport peuvent vous faire le plus grand bien.

Les deux planètes peuvent être vécues dans des états d'esprit, dans des lieux ou à des moments très différents, de façon à ce que chacune rectifie l'autre au moindre excès et sans que l'une des fonctions psychologiques gène l'expression de l'autre. Il y a alors des moments où vous savez vous discipliner, vous maîtriser, assumer vos responsabilités et vos obligations, vous consacrer à une activité de groupe et au progrès universel, vous organiser de façon logique, faire preuve de réflexion en tenant compte de la nécessité et du sens des événements, faire avancer les choses en tenant compte de vos intuitions et en trouvant des solutions originales adaptées au terrain, préparer des projets, être inventif et vivre selon vos convictions personnelles.

Puis il y a d'autres moments où vous vous lancez dans le feu de l'action en fonction des nécessités immédiates qui s'imposent, où vous faites ce que vous avez envie de faire, où vous exprimez librement vos besoins et vos instincts et où vous vous battez pour obtenir les résultats recherchés.

Vous savez alors éviter d'être trop dans la spéculation et revenir aux faits concrets, vous discipliner sans museler vos instincts, vous affirmer avec force mais d'une façon démocratique et concevoir des projets en les adaptant aux réalités présentes. Bien maîtrisée, la relation Mars-Uranus peut vous conférer un ensemble d'aptitudes qui sont alors vécues d'une façon particulièrement consciente et dynamique. Cela peut par exemple se traduire, en ce qui concerne Mars, par un dynamisme, une combativité, un courage, une rapidité, un sens de l'efficacité et des capacités physiques qui sont au-dessus de la moyenne et pour ce qui concerne Uranus par un puissant caractère, par une capacité à être libre et autonome, par un pouvoir libérateur, par des capacités d'autodiscipline, par le pouvoir d'infléchir le cours des événements et par un éveil spirituel hors du commun.

La puissance considérable que vous confère cet aspect peut alors, lorsqu'il est bien maîtrisé, vous permettre de lutter efficacement pour réaliser vos objectifs, pour faire les réformes nécessaires ou pour améliorer vos conditions de vie ou celles de vos semblables.

Lorsque la relation Mars-Uranus est vécue en conscience, vous êtes particulièrement capable de vous battre, de vous motiver, d'être offensif et agressif lorsqu'il s'agit d'acquérir ou de préserver une certaine liberté d'action dont vous avez besoin, lorsqu'il s'agit de concrétiser vos projets, lorsqu'il s'agit de vivre des expériences inconnues ou d'explorer de nouveaux horizons ou lorsqu'il s'agit de faire des réformes visant à améliorer les situations.

Vous savez également vous mobiliser pour vous affranchir des contraintes sociales, des pressions extérieures, des tentatives d'accaparement ou de manipulation de votre personnalité, pour vous vous détacher intérieurement des mythes, des préjugés, des rumeurs, des influences de l'entourage et du passé mais aussi pour aider autrui.

Vos puissantes capacités réalisatrices, votre force de frappe et votre action foudroyante sont alimentées par une capacité à prendre rapidement les bonnes décisions, par un courage peu banal et par un dynamisme percutant et redoutablement efficace.

Malgré votre tendance à être détaché intérieurement des événements et à analyser toute situation, vous avez besoin de participer activement au monde extérieur et savez vous engager à fond dans toute situation. Vif, nerveux et souvent sous tension, vous savez focaliser toutes vos forces sur le résultat à atteindre et agir comme il le faut, au bon moment et au bon endroit. Cela vous permet d'avoir un puissant contrôle sur votre vie.

Vous êtes souvent totalement sur et convaincu de ce qu'il faut faire et acceptez parfois difficilement qu'il puisse exister d'autres moyens, d'autres angles d'attaques et d'autres possibilités pour parvenir aux même résultats. Vous faites également preuve de constance dans vos initiatives et dans vos combats, c'est à dire qu'une fois lancé, vous savez vous battre avec acharnement jusqu'aux résultats, jusqu'à ce que vous ayez fait le maximum, jusqu'à ce que vous ayez pris les choses en main et dominé la situation.

Vous permettez rarement aux événements de modifier votre trajectoire ou vos convictions et avez une remarquable capacité à franchir les obstacles. Vous avez tendance à prendre votre vie en main et à imposer votre empreinte sur les événements plutôt que de les subir.

Votre capacité à intellectualiser les événements, à comprendre leur cause et leur sens, à saisir comment ce que chacun porte à l'intérieur de son être engendre les événements équivalents dans le monde extérieur ne vous font en général guère croire au hasard. Vous tendez à avoir la certitude que le ciel vous aidera si vous vous aidez vous-même.

Et souvent, vos initiatives peuvent être secondées par des appuis, par des relations amicales et par des personnes rencontrées sur le chemin de la vie. Vous vous sentez néanmoins responsable de ce qui vous arrive et rendez facilement responsable autrui de ce qui leur arrive. Cela vous rend parfois dur, exigent et intransigeant tant envers vous-même qu'envers autrui. Vos réactions et vos intentions sont relativement transparentes. Vous avez cependant à votre disposition une puissante agressivité qui peut vous permettre d'être victorieux dans les guerres psychologiques ou dans les situations complexes. Vous avez de toute façon un impact psychologique fort sur les autres.

Vous avez souvent une façon très personnelle d'agir. Vous aimez sortir des sentiers battus, suivre votre voie personnelle et ne pas faire comme les autres. Un paradoxe chez vous est que, malgré votre individualisme, votre dynamisme s'exprime plus facilement dans un cadre collectif, au sein d'un groupe, d'une association, d'une grande entreprise voire d'une multinationale qu'à travers des initiatives égoïstes et individuelles.

Cela explique peut être pourquoi la tradition attribuait un manque d'efficacité personnelle à la relation Mars-Uranus car l'efficacité potentielle que renferme cet archétype a souvent besoin, pour se révéler, d'une action collective au service de principes spirituels ou humanitaires, des autres, de projets et des valeurs ou objets du monde moderne qui n'existent que depuis un peu plus d'un siècle. De nos jours Mars-Uranus permet une adaptation efficace au monde moderne.

L'espoir est une force qui vous fait vivre. Vous pouvez vous sentir exister lorsqu'il s'agit de provoquer chez autrui l'espoir, lorsque vous défendez des valeurs humanitaires ou démocratiques, une idéologie, les droits de l'homme ou les droits du travail et lorsque vous aidez autrui en leur apportant une vie meilleure ou en les libérant de leurs difficultés. Vous assumez parfois un rôle de sauveur, de St Bernard, de Zorro, de libérateur ou d'Ange gardien, rôle dans lequel vous êtes le dominant tendant la main au dominé. Vous pouvez croire aux Anges parce que vous avez des preuves concrètes suite à vos expériences vécues et parce que vous vivez leur influence dans votre existence.

Vous pouvez avoir des aptitudes pour maîtriser des systèmes d'information complexes, pour saisir le fonctionnement des théories, des principes scientifiques, mécaniques ou techniques, des mécanismes psychologiques et sociologiques qui font la nature humaine et pour trouver une utilité pratique ou des applications concrètes à toute théorie, formule, idée, découverte ou invention.

Si vous pouvez être un théoricien ou un idéologue percutant parce que pratique, fonctionnel et proche des réalités concrètes, vous pouvez aussi être un excellent homme de terrain de part votre sens de l'expérimentation, votre capacité à être logique et rationnel, votre rigueur, votre discipline, vos capacités techniques ou psychologiques, votre sens du progrès et de l'innovation mais aussi de part votre volonté de maîtriser tout ce qui vous tombe sur la main.

Vous pouvez avoir des facilités pour trouver des solutions pratiques et efficaces aux problèmes qui peuvent se présenter et certaines personnes auront même des dons d'inventeur. Vous pouvez aussi être doué pour réagir efficacement et pour improviser face à l'inconnu ou à des événements imprévus et indépendants de votre volonté, ou découvrir votre force face à ce genre d'événements.

Un des paradoxes dans votre façon de vivre est que si les événements peuvent être programmés dans votre vie et se dérouler comme sur des rails, vous avez néanmoins besoin d'imprévus, de surprise et de nouveauté pour vous sentir réellement exister.

La routine ou une existence ordinaire, monotone et répétitive ne vous conviennent. Votre faiblesse est parfois de passer trop facilement à quelque chose de nouveau dès que vous avez fait le tour de la situation, dès que s'installent des habitudes ou une impression de déjà vu, ce qui peut être synonyme d'instabilité.

Votre sens de l'organisation et de la stratégie, votre coté humain, mais aussi votre capacité à vous projeter dans l'avenir facilitent la concrétisation de vos projets. Présent et avenir peuvent être chez vous étroitement liés. Vous croyez à la force de l'amitié et votre vie active est souvent jalonnée par de nombreuses relations amicales. L'échange amical est chez vous vécu sur le mode de la franchise, de l'enthousiasme et de l'action.

Vous aimez faire des choses avec vos amis, vous dépenser avec eux et parfois vous affirmer grâce à eux. Cela vous donne tendance à lier des relations amicales avec des personnes fortes, dynamiques, viriles, franches et qui assurent dans ce qu'elles font. Vos amis vous apportent souvent un précieux soutien dans votre vie.

Mars-Uranus peut permettre de travailler dans des activités touchant aux technologies modernes de communication, à l'électricité, à l'aviation, aux médias et aux métiers du cinéma, à l'informatique, aux sciences et techniques, à la mécanique et à l'ingénierie, au syndicalisme, à la science fiction, à la psychologie, à l'astrologie, aux métiers de la relation d'aide, à la météo, au nettoyage industriel, à la logistique, au recyclage, à des groupes humanitaires ou politiques, à des grandes entreprises ou des multinationales, à des associations, à la gestion de projets, au service après-vente, aux métiers consistant à réparer, à des activités spécialisées nécessitant d'être un expert ou à des activités en rapport avec une clientèle.

ASPECT HARMONIQUE MARS-NEPTUNE

Il y a dans votre thème astral une relation permanente, continue et symbiotique entre Mars et Neptune qui s'expriment en vous comme deux partenaires. Dans la mesure où vous êtes sensible aux effets positifs que chacune des fonctions à sur l'autre et où vous tendez à croire que lorsque vous vivez l'une des fonctions, alors l'autre viendra systématiquement la soutenir, vous tendez à récolter le meilleur de chacune de ces deux fonctions psychologiques et des expériences qui y sont associées.

Pour vivre pleinement cette relation, il est important de comprendre qu'elle correspond à une partie de votre personnalité qui vous demande voire vous impose d'élargir votre champs de conscience au-delà des réalités matérielles sans toutefois renier celles ci, d'évoluer spirituellement, de vivre votre quotidien par rapport à votre vie éternelle, d'intégrer dans votre vie active une dimension collective et les influences de l'inconscient collectif ou de participer activement à un groupe, à une collectivité ou à une entreprise représentative d'un ensemble plus vaste.

La relation Mars-Neptune n'a pas toujours une bonne réputation, car lorsqu'elle n'est pas gérée de façon constructive, elle peut être synonyme d'attitudes et de comportements qui peuvent gêner l'affirmation de soi dans la vie, l'engagement, la combativité, l'expression des instincts et l'efficacité.

Par contre, lorsqu'elle est bien intégrée à la personnalité, l'énorme potentiel qu'elle renferme peut être une source de possibilités d'action quasi illimitées, de génie voire de miracles. Elle peut surtout vous rendre capable de réaliser vos rêves, vos fantasmes ou votre idéal dans votre vie active parce que vous savez vous donner les moyens et être réaliste. Votre corps, vos décisions et vos actes peuvent être influencés par des énergies ou des informations venant de l'inconscient collectif, de l'astral, de l'invisible, et par une sorte de sensibilité médiumnique à l'invisible. Vous êtes hypersensible à ce qui se passe autour de vous, aux gens, aux vibrations ambiantes et aux événements qui composent votre présent.

Cela peut vous permettre de deviner les motivations et intentions cachées d'autrui, les jalousies, les rivalités, les rapports de forces non exprimés et parfois carrément de voir le déroulement des événements dans l'avenir.
Vous captez tout tel un radar. et pouvez être facilement influençable par les désirs des autres, par les énergies ambiantes, par les rumeurs, par les bruits qui courent et par l'air du temps. Cela peut vous permettre de vous imbiber des faits, de la situation présente et de vos expériences au point qu'elles fassent intimement partie de vous, mais aussi d'agir en communion totale et en symbiose parfaite avec le mouvement général, avec le courant des événements et de vous laisser porter par la situation, un peu comme une fourmi dans la fourmilière.

Vous vous sentez ainsi systématiquement concerné par le moindre événement au point qu'il vous faille à tout prix intervenir et réagir, surtout lorsqu'une situation inconnue se présente ou que le hasard entre en jeu.

Il est important pour vous de bien faire la différence entre les désirs du groupe et vos désirs personnels afin de surmonter une tendance à la dépersonnalisation. Votre capacité à ressentir les désirs du groupe peut cependant vous permettre d'être à la tête d'un groupe ou d'une collectivité. Vous pouvez être doué pour provoquer chez autrui des émotions collectives de nature quasi religieuses ou des émotions fortes, et dans certains cas pour galvaniser et entraîner les foules ou le groupe dans une action collective. Votre façon d'agir et de décider tend à s'exprimer en fonction d'une logique qui vous est propre, une logique irrationnelle, indéfinie et parfois floue.

Vous pouvez ainsi donner, vu de l'extérieur, l'apparence d'une personne difficile à cerner, à saisir et à comprendre, que l'on trouve secrète, mystérieuse, étrange, parfois bizarre ou qui tout en étant présente est souvent ailleurs, dans un autre monde, sur une longueur d'onde inconnue. En fait, vous tenez compte de la dimension invisible sous jacente aux événements et d'informations que l'on ne peut voir dans les faits bruts tel qu'ils se présentent.

Vous êtes particulièrement capable de vous battre, de faire preuve de courage, de mobiliser vos énergies, de tenir compte des réalités concrètes du terrain et d'être offensif voire agressif lorsqu'il s'agit de vivre des moments de rêve et d'évasion, de faire rêver autrui, d'accéder à des niveaux de conscience plus élevés ou à des vérités spirituelles qui permettent de dépasser et de transcender les réalités quotidiennes, lorsqu'il s'agit de faire face à l'épreuve ou à l'adversité, à la souffrance ou à la maladie, lorsqu'il s'agit de participer à un mouvement collectif, à un courant idéologique, à des initiatives de groupe ou à des actions de sauvetage et surtout lorsque vous avez la foi.

Vous pouvez besoin que vos initiatives, vos conquêtes, vos résultats correspondent à des aspirations secrètes plus profondes et qu'elles soient approuvées, soutenues, confirmées et bénites par le hasard, par les dieux, par le cosmos, par les personnes présentes dans votre situation ou par ce en quoi vous croyez. Vos initiatives prennent alors la forme d'une mission sacrée envers laquelle vous savez vous dévouez corps et âme, comme si vous vous sentiez être l'instrument d'une volonté collective ou d'une puissance cachée agissant à travers vous. Cela vous permet de vous consacrer à de nobles causes et peut vous donner un sens aigu du sacrifice. Vous vous contentez difficilement d'une vie ordinaire et pouvez avoir besoin de donner un sens magique à votre vie et à ce que vous faîtes.

Vous pouvez avoir des facilités pour comprendre le sens caché des événements, pour prendre conscience que votre existence terrestre n'est qu'une toute petite partie de votre existence éternelle et avoir l'impression de venir à l'origine d'un autre monde, d'un autre état de conscience, d'ailleurs. Cela peut vous permettre de donner à votre vécu et à votre existence un sens plus vaste, une signification plus profonde et une dimension inhabituelle. Par contre, vous avez moins de facilité pour vous motiver et vous mobiliser si ce que vous faites n'a pas de sens, si " vous n'y croyez pas " ou si "vous ne le sentez pas ". Plus que d'autres vous fonctionnez au feeling, de façon inconsciente et involontaire, au radar, au pif, à la boussole, en fonction de comment vous le sentez, grâce à la force de la foi ou grâce à une force psychique qui vous guide dans vos actes.

Et lorsque vous y croyez, lorsque vous avez la foi, lorsque ce que vous faîtes a un sens à vos yeux ou lorsque le hasard est de votre coté, vous foncez tête baissée en improvisant sur le champs en fonction des nécessités qui s'imposent. Vous réagissez alors d'instinct, vivez au jour le jour sans réflexion préalable, sans calcul, sans avoir besoin de preuves concrètes et sans toujours savoir où vous mettez les pieds, pourquoi vous faîtes ce que vous faîtes, où cela va vous mener et quels seront les résultats susceptibles d'être obtenus.

Mais parce que vous avez la foi, parce que vous connaissez la force de la foi, parce que vous croyez que tout est possible et que vous ne faîtes pas vraiment la différence entre le possible et le rêve, vous pouvez remuer des montagnes et obtenir des résultats surprenants, incroyables voire miraculeux, comme si les événements se produisaient d'eux même sans démarche consciente de votre part. Vos puissantes inspirations vous permettent de faire ce qu'il faut, comme il faut ou et quand il faut. Bien utilisé, la relation Mars Neptune peut devenir un véritable catalyseur. La foi soulève des montagnes et engendre des actes magiques quand on sait s'en servir. Il peut être bénéfique pour vous de cultiver la force de la foi.

Votre agressivité ne s'exerce pas toujours au grand jour ni sous le feu des projecteurs mais de façon discrète, secrète, subtile, invisible, par derrière et parfois dans l'isolement. Vous n'allez pas toujours directement au but et atteignez parfois vos objectifs par des moyens et des chemins détournés.

Vous avez parfois besoin d'un certain désordre pour agir et dans vos initiatives, vous agissez souvent en fonction d'inspiration, de pressentiments ou d'informations que vous puisez dans l'air ou dans l'inconscient collectif.
Votre agressivité se manifeste parfois de façon inconsciente et il peut émaner de vous une aura d'agressivité, de tension, de combativité et de dynamisme qui se diffuse autour de vous comme un gaz et qui tisse de multiples fils invisibles à travers l'espace et le temps sans efforts conscients de votre volonté. Cela peut parfois vous attirer des rivalités, des conflits ou des réactions virulentes de la part d'autrui sans que vous compreniez toujours très bien ce qui se passe.

Mais cela vous permet aussi d'être doué pour lutter dans l'astral, pour sortir victorieux de guerres psychiques ou émotionnelles, pour conquérir, pour faire avancer les choses et pour produire des résultats à distance sans intervention directe, pour vous adapter aux circonstances qui se présentent et pour faire face à des situations complexes et tortueuses de façon surprenante, même si vous paraissez désordonné et irrationnel.

L'imaginaire peut jouer un rôle important dans les comportements sexuels. Mars-Neptune peut conférer des fantasmes sexuels forts, une grande sensibilité aux désirs collectifs liés à la sexualité et des illusions au niveau de la sexualité mais il peut aussi permettre de transcender la sexualité en utilisant l'énergie sexuelle de façon créative. L'homme parfois peut avoir une conscience assez floue de son corps et de sa sexualité, ou avoir des difficultés à l'exprimer volontairement de part l'influence d'une forme de morale ou de notions de pêché.

Vous pouvez avoir des goûts, des aptitudes et des talents naturels pour explorer l'ailleurs, pour soulager et soigner les souffrances et misères du monde, pour utiliser votre foi et votre intuition, pour capter et ressentir ce qui se passe, pour inspirer et être inspiré(e), pour rêver et faire rêver, pour vous dévouer, pour utiliser un sens communautaire et humanitaire, pour relaxer et détendre, pour assister, pour explorer l' invisible et l'inconscient, pour sonder, pour participer à une entreprise collective, pour communier, pour faire de la magie à votre façon, pour vous évader et pour communiquer par l'image et les émotions. Votre image de l'homme est celle d'un homme sensible, intuitif, spirituel, dévoué, capable de compassion, de charité, de sacrifice, d'amour inconditionnel et d'être à sa façon un magicien.

La femme peut avoir tendance à idéaliser, à sacraliser voire à mystifier l'homme ou le père. Elle peut rechercher en l'homme un magicien, avoir besoin de fusion dans ses relations avec l'homme ou être attiré par des hommes capables de dévouement, de faire des sacrifices ou de lui faire vivre des moments de rêve et d'évasion.

ASPECT DISSONANT/DYNAMIQUE MARS-NEPTUNE

Il y a dans votre thème astral une relation permanente, mais discontinue, dissociée, duelle, tendue et conflictuelle, entre Mars (votre moteur, la décision, l'action, le combat) et Neptune (votre foi, vos mémoires ancestrales et vos vies passées, votre besoin d'évasion et de transcendance), car ces deux planètes vibrent en vous à deux fréquences totalement différentes.

Chaque planète veut se vivre, à sa façon, à travers vous et tend à considérer l'autre comme une rivale ou comme une perturbatrice. Vous avez alors tendance, soit à exprimer l'une puis l'autre des planètes d'une façon excessive, soit à vivre l'une des planètes et à rejeter l'autre parce que vous la considérez comme perturbatrice, parce que vous voyez son côté sombre plus que son côté lumineux.

Tant que vous nourrissez ce conflit à l'intérieur de vous, vous récoltez le moins bon de chacune des deux fonctions psychologiques et des expériences qui y sont associées. La solution, que vous verrez plus bas dans le texte, est de vivre chaque fonction en pleine conscience et de savoir alterner rapidement et consciemment, entre chacune des deux fonctions psychologiques représentées par la planète Vous transformez ainsi une relation conflictuelle en une grande force et vous vivez cette relation de façon consciente et dynamique.

Cette facette de votre personnalité peut initialement engendrer, lorsqu'elle n'est pas maîtrisée, une vie qui peut être une source d'insatisfaction, de déception et de souffrances, des difficultés d'ordre pratique dans la vie active mais aussi des difficultés à avoir la Foi, à exprimer l'amour inconditionnel et à retrouver votre vraie nature Divine de par un conflit ou un désaccord entre par exemple vos motivations et la souffrance, entre vos mémoires généalogiques (ou vos vies passées) et votre besoin de vivre dans l'instant présent, entre votre besoin faire face aux réalités concrètes et votre besoin d'éprouver des états seconds, de transcendance, de rêve et d'évasion, entre votre besoin de dominer la matière et votre besoin de laisser les choses se faire au hasard en lâchant prise, entre votre besoin d'amour charnel et votre besoin d'amour inconditionnel.

Pour bien intégrer Mars-Neptune, il est important de comprendre qu'elle correspond à une partie de votre personnalité qui vous demande de mûrir, d'évoluer spirituellement, de vous situer dans la vie par rapport à la vie éternelle, c'est à dire en tenant compte de vos mémoires généalogiques et de vos vies passées, de connaître et d'appliquer les lois spirituelles dans votre vie active, de maîtriser votre énergie et votre vie pour acquérir une sagesse et une sérénité intérieure permettant d'accéder à la liberté de l'âme, à l'amour inconditionnel et à votre nature Divine.

Dans cette optique d'évolution, vous pouvez être placé dans une situation de départ difficile ou avoir un ensemble de tendances et de comportements qui peuvent, en général dans les débuts de votre existence, vous donner quelques difficultés à vous affirmer dans la vie, à mobiliser vos énergies pour obtenir des résultats, à vous engager dans un combat et à lutter pour agir dans le monde. Ces différents comportements peuvent quelquefois avoir comme origine une situation matérielle précaire, un père qui fut absent ou incapable de vous encadrer et d'assumer ses responsabilités de père ou au contraire qui fut souffrant et étouffant. Vous avez alors tendance à incarner plusieurs scénarios, en alternant parfois de l'un à l'autre.

Scénario 1 : Mars domine et Neptune (votre foi, vos mémoires ancestrales et vos vies passées, votre besoin d'évasion et de transcendance) est rejetée ou mal intégré à votre personnalité.

Si vous êtes plutôt identifié à Mars, vous avez avant tout besoin de vivre dans le présent, d'agir et de réagir, de vous affirmer et de vous engager, d'assurer dans la réalité, de mobiliser vos énergies pour obtenir des résultats, d'extérioriser vos instincts et de faire face aux défis qui peuvent se présenter.

Vous pouvez être très sensible aux effets perturbateurs que peuvent avoir, sur votre motivation et dans votre vie, les énergies venant de l'inconscient collectif atteignant votre sensibilité, les hasards de l'existence, le souvenir d'une déception ou d'une souffrance, vos mémoires généalogiques, les souvenirs de vies antérieures (cela est souvent associé à un sentiment diffus de culpabilité), votre hypersensibilité et vos fantasmes, l'influence de la société, l'adhésion à des croyances religieuses (Judéo-chrétiennes ou autres), le sacré ou votre désir d'évasion, d'être ailleurs, d'évolution spirituelle et de transcendance.

La tendance à considérer tout ou une partie de Neptune comme perturbante ou inefficace, ou à ne voir que l'aspect négatif de la planète peut engendrer un rejet et un refoulement tout ou une partie de ce que représente Neptune dès lors qu'il s'agit d'agir et de vous affirmer.

Vous avez alors peut-être peur de la maladie, de la souffrance, des moments d'euphorie et d'exaltation, du désordre et de l'anarchie, de l'étrange et du paranormal, ou vous avez peut-être peur d'être submergé, débordé, envahi ou infecté par les richesses de votre inconscient, par vos mémoires généalogiques ou vos vies passées.

Cela peut se traduire par un rejet de toute croyance religieuse, spirituelle ou mystique, de vos aspirations secrètes, du sacré, de tout ce qui n'est pas visible et concret et de tout ce qui est synonyme de rêve et d'évasion. Vous pouvez avoir une difficulté à être à l'écoute de votre corps et de vos motivations et une difficulté à comprendre ou à accepter le sens réel de ce que vous vivez. Vous pouvez également avoir du mal à « avoir la Foi » en ce que vous faîtes, à vous laisser porter par les événements, à faire confiance au hasard et à la vie, à vous laisser allez et à lâchez prise dès lors que vous êtes en action.

Peut être croyez-vous que vos désirs ne pourront pas être satisfaits et que vous n'obtiendrez aucun résultats si vous vous laisser-aller ? Mais à cause de ce que vous refoulez, vous pouvez être insatisfait lorsque vous vous affirmez. Vous pouvez avoir l'impression que ce que vous faîtes n'a pas vraiment de sens, que cela ne correspond pas à vos aspirations secrètes, que le hasard, la collectivité, les dieux, vos ancêtres ou ce en quoi vous croyez jouent contre vous et qu'il vous manque cette part de magie, de subtile complicité, de communion, de résonance, de rêve et d'évasion, une approbation des Dieux, du hasard ou de vos ancêtres et de ne pas pouvoir vivre des valeurs spirituelles ou les émotions profondes qui vous sont chères et auxquelles vous aspirez. Cela peut déclencher de violentes réactions de compensation.

Scénario 2 : Neptune domine et Mars est rejeté ou mal intégré.

Si au contraire Neptune domine chez vous, vous vivez alors selon vos inspirations profondes et vos valeurs spirituelles, selon votre sensibilité et votre foi, selon la volonté de vos ancêtres, dans des rêves ou dans un état parfois second, en vous laissant porter par le courant des événements et en laissant beaucoup de choses se faire au hasard.

Vous pouvez avoir besoin d'adhérer à un mouvement religieux ou de participer à une action collective, à une action de groupe. Sans doute croyez-vous alors que l'existence terrestre n'est qu'une toute petite partie de l'existence éternelle et que vous venez à l'origine d'un autre monde, d'un autre état de conscience, d'ailleurs.

Vous pouvez avoir tendance à considérer le monde terrestre, l'affirmation de votre personnalité, la vie et l'action, l'usage de la force, la colère, le face à face avec la réalité comme gênant, perturbateur ou comme étant trop bassement matériel, et vous servir de vos croyances pour justifier votre manque d'activité dans le monde extérieur. Cela peut vous inciter à rejeter tout ou une partie de ce que représente Mars.

Ce rejet peut engendrer une difficulté à vous affirmer, à prendre des risques, à vous motiver et vous mobiliser, à assumer ou à gérer les rapports de force, les heurts, les conflits, les discussions et les tensions, à vous engager dans une entreprise quelconque, à incarner votre idéal, à réaliser vos rêves, parce que vous ne vous donnez pas les moyens nécessaires pour le faire ou parce que vos rêves ne tiennent pas assez compte des réalités concrètes du terrain, et à prendre conscience de votre force réelle, de vos moyens d'action, des réalités extérieures ou des dangers qui vous entourent.

Vous vous empêchez parfois, par manque de sens pratique, de réalisme, de courage et de dynamisme, de faire face à la vie, de lutter pour conquérir votre place au soleil et de vous adapter aux réalités du monde qui vous entoure. Vous pouvez avoir du mal à vous battre, à faire preuve de courage, à mobiliser vos énergies lorsqu'il s'agit de vivre des moments de rêve et d'évasion, lorsqu'il s'agit d'accéder à des niveaux de conscience plus élevées ou à des vérités spirituelles permettant de transcender les réalités quotidiennes, lorsqu'il s'agit de faire face à l'épreuve, à l'adversité, à la souffrance, à la maladie ou à des expériences dures à vivre, lorsqu'il s'agit de participer à un courant collectif, à des initiatives de groupe ou à une action de sauvetage.

Cela peut vous rendre insatisfait parce que vous avez l'impression que vos aspirations spirituelles, vos rêves et vos fantasmes, vos croyances ou une situation de dépendance envers une personne ou envers une collectivité ne servent pas à grand chose ou ne vous aident pas à faire face aux réalités concrètes, parce que votre vie vous parait dépourvue d'action, de combats, d'événements, ou parce que vous avez l'impression, par rapport à votre idéal, de ne jamais obtenir les résultats voulus.

Scénario 3 : Votre moteur surchauffe

Une impression de manque de force, de résultats ou d'activité peut dans certains cas vous inciter à de violentes réactions de compensation. Et lorsque vous êtes alors identifié à Mars, vous pouvez avoir tendance à l'être excessivement. L'influence excessive de Mars peut se traduire par des accès de colère non maîtrisées, par un sentiment de révolte généralisé et par des réactions de contestation systématiques envers tout ce qui va à l'encontre de votre idéal, de vos rêves, de votre besoin de transcendance.

Vous pouvez alors avoir tendance à croire que les autres vont systématiquement vous agresser, au point que la moindre perturbation peut vous mettre en colère, à vous irriter trop facilement contre vous-même ou contre autrui et à être particulièrement susceptible.

Vous pouvez avoir tendance à vivre dans un sentiment d'urgence permanent en voulant tout tout de suite, à brûler les étapes, à avoir des difficultés pour agir sans forcer et sans vous précipiter, à avoir besoin que tout soit fini avant même d'avoir commencé, à ne vivre qu'en fonction de vos instincts et de vos besoins personnels au point d'en devenir égoïste ou à ne vous sentir exister que dans les ambiances collectives orageuses.

Vous pouvez subir des chutes, des blessures, des brûlures ou des coupures à cause de votre impulsivité, par manque de contrôle de vos actes, ou parce que vous êtes distrait et ailleurs.

Dans certains cas, une difficulté à gérer ou à contrôler votre énergie et votre hypersensibilité, un besoin excessif de sensations fortes ou de violence émotionnelle, un manque de réceptivité aux dangers réels, une tendance à surestimer vos moyens ou à sous estimer les obstacles peuvent vous donner une tendance à brûler la chandelle par les deux bouts ou à vous aventurer dans des voies violentes qui peuvent avoir des répercussions néfastes sur votre bien être ou sur votre santé, et qui peuvent se traduire par une usure prématurée ou par une maladie obligeant le corps au repos.

Peut-être vivez-vous à tel point dans le concret, dans l'utilitaire et dans le face à face avec les réalités que votre intense activité est si prenante qu'elle vous empêche de vivre votre part de rêve et d'évasion, de vivre des moments de tranquillité, de relâchement et de laisser aller ou d'élargir votre champs de conscience vers des horizons (spirituels) plus vastes ?

Votre intense activité est peut être un moyen pour vous de fuir, de façon inconsciente, cette dimension invisible, collective, religieuse ou ancestrale qui frappe à votre porte et vous effraie.

Scénario 4 : Neptune est dominante en excès.

Lorsque vous êtes identifié à Neptune, vous pouvez alors avoir tendance à l'être excessivement. L'influence mal intégrée de Neptune peut se traduire par besoin excessif de rêve, d'évasion et de transcendance et par une tendance à fuir l'engagement, le face à face avec la réalité et la situation présente. Cette fuite peut prendre la forme d'une recherche de sensations fortes et enivrantes à travers l'alcool, les paradis artificiels, le tabac et les médicaments. Mars-Neptune peut vous jouer des tours ou être cause de difficultés voire de souffrances. Vous avez parfois tendance à vous déterminer en fonction de mirages ou d'illusions, par idéalisation des événements et à prendre les vessies pour des lanternes.

Vos réactions sont parfois amplifiées, exagérées et disproportionnées par rapports aux stimuli ressentis. Parce que vous y croyez, parce que tout vous parait possible, parce que vous vous sentez porté par les événements, vous vous précipitez dans le feu de l'action, vous vous emportez et vous emballez en faisant preuve de manque de contrôle, d'organisation, de stratégie et de réflexion, ce qui peut vous conduire vers des sables mouvants, vers des échecs, vers des déceptions et vers des désillusions.

216

Au niveau de la sexualité, Neptune peut engendrer des illusions trompeuses, des fantasmes troubles, une tendance à vivre la sexualité uniquement à travers des fantasmes, une tendance au sadomasochisme et des comportements sexuels contre nature. Certaines personnes ont tendance à vivre incarcéré dans un brouillard plein d'illusions. Elles ont une difficulté à émerger hors d'un état somnambulique ou d'une passivité léthargique. Elles ont une tendance à compter exclusivement sur le hasard pour faire avancer les choses, en attendant que les événements arrivent tout seul, sans prendre les décisions et les initiatives qui seraient nécessaires.

D'autres ont tendance à agir de façon désordonnée et chaotique, compliquée, anarchique et incohérente. Les résultats partent alors en fumée. D'autres encore ont une tendance à vouloir obtenir des résultats par des moyens détournés et louches, une tendance à errer dans la vie sans but précis, à galérer, à fuir la vie, à vivre dans un état de confusion, à tourner en rond et à subir les événements et la volonté des autres à travers une sorte d'emprise psychique hypnotique. Votre corps, vos décisions et vos actes peuvent être influencés par des énergies ou des informations qui sont dans l'air, dans l'inconscient collectif, dans l'astral, dans l'invisible et par une sorte de sensibilité médiumnique au faits qui vous entourent.

Mais cette hypersensibilité à ce qui se passe autour de vous, aux gens, aux vibrations ambiantes et aux événements peut être vécue comme perturbatrice et être mal gérée, mal contrôlée. Vous captez tout tel un radar, vous imprégniez des énergies ambiantes comme une éponge et pouvez être facilement influençable par les désirs ou groupe ou par les autres au point parfois de vous dépersonnaliser. Vous vous sentez parfois trop facilement concerné, affecté et impliqué au moindre événement.

La façon dont sera vécu cet aspect dépendra de la façon dont vous aurez su gérer votre hypersensibilité, vos émotions et votre besoin d'évasion. Parce que vous réagissez au monde et à l'impact des événements avec vos émotions et non avec votre raisonnement, vous commettez facilement des erreurs d'interprétation quant aux causes, au sens et à la signification des faits et de vos expériences vécues. Cela peut être source de malentendus ou de difficultés dans la vie active.

Votre agressivité n'est pas toujours bien maîtrisée et peut s'exprimer de façon inconsciente, en se diffusant autour de vous comme un gaz, en tissant comme une toile d'araignée invisible sur autrui. Vous luttez à distance, dans l'invisible, sans que se soit vous qui déteniez les commandes.

Vous êtes à tel point hypersensible à l'agressivité, aux rivalités et aux différences qu'il y a entre vous et les autres que vous voyez des ennemis partout, sans que cela soit fondé sur des preuves concrètes, et vous pouvez donner l'apparence de combattre des moulins à vent comme Don Quixote. D'après la tradition, cette agressivité mal contrôlée peut induire des rivalités secrètes, des ennemis cachés, des coups fourrés, des guet-apens et des réactions virulentes de la part d'autrui sans que vous compreniez toujours très bien ce qui se passe.

Votre façon d'agir et de décider s'exprime parfois en fonction d'une logique qui vous est propre, une logique irrationnelle, floue, indéfinie et difficilement explicable. Vous agissez en fonction d'inspirations, de pressentiments, de façon inconsciente, au feeling, au pif, à la boussole, au radar et pouvez avoir tendance à foncer dans le feu de l'action en vous emballant, en idéalisant la situation, avec une foi et un dévouement aveugle, parce que vous y croyez à fond ou parce que cela vous fait rêver.

Mais vous ne tenez pas toujours assez compte des limites et des possibilités réelles de la situation, des faits concrets, de vos moyens, des obstacles et de la concurrence. Cela ne vous rend pas toujours très efficace et les rappels à l'ordre de la réalité peuvent alors être douloureux. Et vous pouvez donner l'apparence d'être une personne secrète, mystérieuse, difficile à cerner, subtile, étrange, compliquée et pas toujours très claire.

Certaines personnes peuvent être particulièrement douées pour tromper leur monde en faisant croire ce qui les arrange, pour bluffer ou pour abuser de la confiance d'autrui. Cela rend alors les situations très compliquées. D'autres seront douées pour utiliser l'émotion ou l'illusion comme une arme dont ils usent ou abusent pour parvenir à leurs fins, pour mesurer leur force ou simplement pour alimenter une tension permanente.

La relation Mars-Neptune dissociée peut prédisposer à osciller entre des moments d'enthousiasme et d'engagement intempestifs et des périodes d'avachissement ou de laisser-aller total. Il peut être important pour vous d'apprendre à vous affirmer au grand jour, de définir des objectifs et des projets clairs, de vérifier vos croyances et votre ressenti par des faits, de gérer vos émotions et de vous battre activement pour atteindre des objectifs afin de réaliser quelque chose dans votre vie.

Expression positive consciente et naturelle : Lorsque vous apprenez à maîtriser cette partie de votre personnalité et à utiliser toute sa richesse et lorsque vous avez fait le chemin pour exprimer cette relation en pleine conscience et d'une manière positive.

Pour transformer la relation Mars-Neptune dissociée en relation consciente et dynamique, il peut être utile d'effectuer un travail sur le rôle que doivent avoir la motivation, la prise de décision, la confiance en soi, l'engagement, la combativité et l'action au sein de votre personnalité et de votre vie mais aussi sur le rôle que doivent avoir dans votre vie et au sein de votre personnalité la joie et la souffrance, la force de la foi et des émotions, les facultés de voyance et le développement spirituel. Un travail sur l'arbre généalogique, la méditation et les chants sacrés peuvent vous faire le plus grand bien.

Cette facette de votre personnalité peut être gérée et canalisée en oscillant entre les deux fonctions psychologiques qui sont vécues dans des états d'esprit très différents de façon telle que chaque fonction rectifie l'autre au moindre excès et sans que l'une des fonctions psychologiques gène l'expression de l'autre.

Vous pouvez ainsi vivre des moments où vous faites ce que vous avez envie de faire, où vous exprimer vos instincts, où vous êtes dans l'action, où vous assurez, où vous faites face aux événements et ou vous prouvez aux autres que vous existez. Vous vous exprimez alors en ayant la foi, avec la force de vos ancêtres. Vous avez appris à gérer et à canaliser votre agressivité, votre dynamisme, vos colères et votre besoin de résultats immédiats. Vous pouvez être alors d'autant plus efficace que vous savez sentir à quel moment et comment agir. Puis vous pouvez vivre d'une autre façon à d'autres moments votre besoin de rêve et d'évasion, vos moments de folie, vos convictions religieuses, vos aspirations spirituelles et votre vie intérieure, des moments de détente ou vous vous laisser allez en fonction de vos humeurs, de l'air du temps et du hasard, ou vous vous consacrez à donner une dimension plus vaste à votre vie.

Vous savez alors gérer les moments où il faut attendre et ceux où il faut agir. Votre vie active ne vous empêche alors pas de rêver et vos rêves ne vous empêchent pas d'être réaliste et d'assurer dans la vie, parce que vous savez entre autre vous évader lorsque vous vous sentez trop ancré dans les réalités brutes de la vie tout comme vous savez revenir à la réalité dès que vos rêves, vos fantasmes ou vos illusions vous emmènent trop loin dans l'irréel.

Bien maîtrisée, la relation Mars-Neptune peut vous conférer un ensemble d'aptitudes qui sont alors vécues d'une façon particulièrement consciente et dynamique.

Cela peut par exemple se traduire, pour ce qui concerne Mars, par un dynamisme, une combativité, une capacité à vous motiver et à prendre des décisions, un courage, un sens de l'efficacité et des capacités physiques qui sont hors du commun et qui peuvent vous permettre d'atteindre une position sociale élevée et pour ce qui concerne Neptune par une foi qui fait des miracles, par la capacité à agir de façon inspirée, par des capacités à faire rêver, par des capacités artistiques, par une intuition, une clairvoyance et un éveil spirituel au-dessus de la moyenne.

Cet archétype peut également vous permettre de lutter énergiquement contre les problèmes d'ordre collectif (drogues, sectes, maladies, mythes, légendes), contre les illusions, contre la fraude ou les embrouilles et contre la souffrance.

Lorsque la relation Mars-Neptune est vécue en conscience, vous êtes particulièrement capable de vous battre, de faire preuve de courage, de mobiliser vos énergies, de tenir compte des réalités concrètes du terrain et d'être offensif voire agressif lorsqu'il s'agit de vivre des moments de rêve et d'évasion, de faire rêver autrui, d'accéder à des niveaux de conscience plus élevés ou à des vérités spirituelles qui permettent de dépasser et de transcender les réalités quotidiennes, lorsqu'il s'agit de faire face à l'épreuve ou à l'adversité, à la souffrance ou à la maladie, lorsqu'il s'agit de participer à un mouvement collectif, à un courant idéologique, à des initiatives de groupe ou à des actions de sauvetage et surtout lorsque vous avez la foi.

Vous pouvez besoin que vos initiatives, vos conquêtes, vos résultats correspondent à des aspirations secrètes plus profondes et qu'elles soient approuvées, soutenues, confirmées et bénites par le hasard, par les dieux, par le cosmos, par les personnes présentes dans votre situation ou par ce en quoi vous croyez. Vos initiatives prennent alors la forme d'une mission sacrée envers laquelle vous savez vous dévouez corps et âme, comme si vous vous sentiez être l'instrument d'une volonté collective ou d'une puissance cachée agissant à travers vous. Cela vous permet de vous consacrer à de nobles causes et peut vous donner un sens aigu du sacrifice. Vous vous contentez difficilement d'une vie ordinaire et pouvez avoir besoin de donner un sens magique à votre vie et à ce que vous faîtes.

Vous pouvez avoir des facilités pour comprendre le sens caché des événements, pour prendre conscience que votre existence terrestre n'est qu'une toute petite partie de votre existence éternelle et avoir l'impression de venir à l'origine d'un autre monde, d'un autre état de conscience, d'ailleurs.

Cela peut vous permettre de donner à votre vécu et à votre existence un sens plus vaste, une signification plus profonde et une dimension inhabituelle. Par contre, vous avez moins de facilité pour vous motiver et vous mobiliser si ce que vous faites n'a pas de sens, si " vous n'y croyez pas " ou si "vous ne le sentez pas ". Plus que d'autres vous fonctionnez au feeling, de façon inconsciente et involontaire, au radar, au pif, à la boussole, en fonction de comment vous le sentez, grâce à la force de la foi ou grâce à une force psychique qui vous guide dans vos actes.

Et lorsque vous y croyez, lorsque vous avez la foi, lorsque ce que vous faîtes a un sens à vos yeux ou lorsque le hasard est de votre coté, vous foncez tête baissée en improvisant sur le champ en fonction des nécessités qui s'imposent. Vous réagissez alors d'instinct, vivez au jour le jour sans réflexion préalable, sans calcul, sans avoir besoin de preuves concrètes et sans toujours savoir où vous mettez les pieds, pourquoi vous faîtes ce que vous faîtes, où cela va vous mener et quels seront les résultats susceptibles d'être obtenus. Mais parce que vous avez la foi, parce que vous connaissez la force de la foi, parce que vous croyez que tout est possible et que vous ne faîtes pas vraiment la différence entre le possible et le rêve, vous pouvez remuer des montagnes et obtenir des résultats surprenants, incroyables voire miraculeux, comme si les événements se produisaient d'eux même sans démarche consciente de votre part.

Vos puissantes inspirations vous permettent de faire ce qu'il faut, comme il faut ou et quand il faut. Bien utilisé, la relation Mars Neptune peut devenir un véritable catalyseur. La foi soulève des montagnes et engendre des actes magiques quand on sait s'en servir. Il peut être bénéfique pour vous de cultiver la force de la foi. Vous n'allez pas toujours directement au but et atteignez parfois vos objectifs par des moyens et des chemins détournés. Vous avez parfois besoin d'un certain désordre pour agir et dans vos initiatives, vous agissez souvent en fonction d'inspiration, de pressentiments ou d'informations que vous puisez dans l'air ou dans l'inconscient collectif.

Votre agressivité se manifeste parfois de façon inconsciente et il peut émaner de vous une aura d'agressivité, de tension, de combativité et de dynamisme qui se diffuse autour de vous comme un gaz et qui tisse de multiples fils invisibles à travers l'espace et le temps sans efforts conscients de votre volonté. Cela peut parfois vous attirer des rivalités, des conflits ou des réactions virulentes de la part d'autrui sans que vous compreniez toujours très bien ce qui se passe. Mais cela vous permet aussi d'être doué pour lutter dans l'invisible, pour sortir victorieux de guerres psychiques ou émotionnelles, pour conquérir, pour faire avancer les choses et pour produire des résultats à distance sans intervention directe, pour vous adapter aux circonstances qui se présentent et pour faire face à des situations complexes de façon surprenante, même si vous paraissez un peu désordonné et irrationnel.

221

L'aspect Mars-Neptune peut conférer des aptitudes pour ou être canalisé par des activités touchant au domaine paramédical (ambulancier, infirmier, travail avec les hôpitaux ou en hôpital), aux métiers sociaux, aux métiers de la mer ou impliquant l'utilisation de produits marins (thalassothérapie, pêche, marine), aux bars et aux boissons, au pétrole et au plastic, au tabac, à la lutte contre la drogue, contre la maladie, contre la souffrance ou contre les sectes, aux métiers de sauvetage, aux activités en lien avec les prisons où l'espionnage, les pieds et les chaussures, le travail de laboratoire, la religion, les sciences occultes (sourcier, voyance, astrologie, parapsychologie), l'âme (psychiatre, psychologue), l'astronomie, la microbiologie et les insectes, les sondages et enquêtes, les métiers sociaux et les voyages. L'activité effectuée a parfois déjà été effectuée dans des vies antérieures. La natation et les sports aquatiques peuvent être pour vous un excellent moyen d'expression.

ASPECT HARMONIQUE MARS-PLUTON

Il y a dans votre thème astral une relation permanente, continue et symbiotique entre Mars et Pluton qui s'expriment en vous comme deux partenaires. Dans la mesure où vous êtes sensible aux effets positifs que chacune des fonctions à sur l'autre et où vous tendez à croire que lorsque vous vivez l'une des fonctions, alors l'autre viendra systématiquement la soutenir, vous tendez à récolter le meilleur de chacune de ces deux fonctions psychologiques et des expériences qui y sont associées.

Lorsque vous exprimez votre Mars, vous vivez des expériences, vous vous affirmez dans la vie et vous mobilisez votre énergie pour obtenir des résultats. Dans ces situations, vous avez besoin d'intensité, de passion, d'authenticité, parfois d'excès, d'explorer l'inconnu et les mystères, de vous initier à la mort et aux forces secrètes de la nature, de révélations, de transformer et de vous transformer, ou de développer vos capacités à gérer des crises et problèmes. Les effets de cet archétype dépendront de votre degré de maturité et de la façon dont vous avez su le canaliser.

Vous disposez souvent d'une énorme réserve d'énergie que vous puisez dans les profondeurs de votre inconscient. Cette énergie peut vous rendre capable de grandes réalisations et vous conférer de puissantes capacités de travail. Vous avez cependant parfois d'être en situation de crise pour vous motiver à agir. Vous tirez votre force de votre énergie sexuelle et vous avez des besoins sexuels puissants. De cette maîtrise de la sexualité peut naître une aptitude à influencer votre entourage, un certain magnétisme, une aptitude à manier des énergies subtiles ainsi qu'un épanouissement sexuel pour vous et votre partenaire.

Cette énergie peut vous aider à faire face dans tout ce qui est « guerres psychologiques» grâce à un système de missiles à têtes chercheuses que vous envoyez sur l'adversaire. Votre puissante agressivité et l'énergie occulte dont vous disposez peuvent vous conférer des facilités pour agir et lutter dans l'astral, pour quitter votre corps et pour faire des voyages astraux. Votre capacité à exercer des pressions, à résister à de fortes pressions et à vous régénérer rapidement après une expérience pénible ou des efforts épuisants vous confère une grande résistance dans les situations difficiles.

Une volonté puissante, une ténacité dans vos décisions et un besoin compulsif et parfois obsessionnel d'être vainqueur vous permet de vous fixer des objectifs et de poursuivre votre voie sans défaillances, jusqu'aux résultats et à la victoire, quitte à écarter tout ce qui pourrait vous contrarier ou à éliminer la concurrence avant qu'elle ne devienne dangereuse. La fin pour vous justifie les moyens.

Vos réactions peuvent être dures envers vous-même comme envers autrui. Elles peuvent manquer de tendresse, de pitié, de diplomatie et de bonté au point d'être parfois sadiques et machiavéliques. Vous ne vous embarrassez guère des sentiments d'autrui et méprisez facilement la médiocrité. Vous avez tendance à vivre en temps de guerre et êtes plutôt taillé psychiquement pour la guerre, pour l'initiation, pour le Grand Combat que pour la paix et pour une vie tranquille. Il peut cependant être important pour vous de cultiver la patience, d'apprendre à accepter vos échecs et votre vulnérabilité tout en vous transformant pour évoluer.

Vous êtes particulièrement capable de vous battre et d'être offensif voire agressif lorsque vous êtes face à une situation difficile, à des crises ou des obstacles, à des pressions occultes, à des manipulations insidieuses, lorsque votre sécurité et votre survie sont en jeu, lorsque vous êtes en temps de guerre ou face à l'ennemi, lorsqu'il s'agit d'élucider un mystère, d'influencer le cours des événements ou de parcourir les différentes étapes de l'initiation.

Votre force peut être de faire preuve d'un courage qui ne tremble devant rien. Vous pouvez être attiré par des activités comportant des combats, des risques et des dangers, procurant des sensations fortes ou pouvant vous permettre de vaincre la peur et de défier la mort. Un lien étroit et une parfaite complicité entre d'une part vos décisions et vos engagements et d'autres part vos pulsions inconscientes et vos exigences profonde vous donne une tendance à agir en fonction de motivations qui vous sont propres et dont vous n'avez pas toujours conscience.

Vous faites parfois ce que vous faites parce que c'est plus fort que vous. On peut appeler cela la force de l'instinct. Une tendance à n'en faire qu'à votre tête, à résister aux opinions des autres et aux événements, à suivre votre logique et votre voie sans autre considération, à faire preuve d'individualisme et parfois d'égoïsme font que vous agissez beaucoup mieux en solo qu'en groupe et que vos efforts ne sont pas toujours appuyés par la chance malgré l'intensité de l'activité dont vous pouvez faire preuve. Votre logique et vos repères peuvent vous être tellement personnels qu'ils peuvent vous marginaliser.

Vous avez parfois le besoin irrésistible de dominer, d'imposer vos décisions, de manipuler votre entourage en tirant les ficelles dans l'ombre, de faire monter de suspens et la pression, d'impressionner, de fasciner, de captiver, de transformer ou de détruire pour recréer. Cela peut vous permettre de jouer le rôle d'un agent de transformation dans la société. Mars Pluton vous confère une grande lucidité dans vos engagements, dans vos combats et dans votre vie active. Votre flair, qui est particulièrement fonctionnel parce que tenant compte des faits concrets, peut parfois prendre la forme d'un don de voyance.

Vous êtes sensible à l'envers du décor, aux énergies subtiles et à ce que les faits dissimulent qu'à ce qu'ils révèlent. Votre tendance à agir en fonction de détails qui passent inaperçus au plus grand nombre fait qu'une stimulation de très faible intensité peut vous faire réagir, vous irriter ou vous faire sursauter, et qu'un rien peut vous agresser. Cela peut être pratique sur un champ de bataille, pour manier des substances toxiques ou des énergies invisibles, dans le combat contre les forces occultes de la terre.

Vous savez ainsi voir derrière les apparences, détecter les tensions, les rapports de force, les manifestations d'agressivité, les enjeux non exprimés et les intentions cachées, deviner les besoins et motivations d'autrui et repérer les causes subtiles responsables des situations auxquelles vous avez à faire face. Votre grande sensibilité aux défauts et faiblesses de la nature humaine vous rend quelque peut méfiant. Vous pouvez également être particulièrement fort dès qu'il s'agit de disséquer une situation ou un objet, pour voir ce qui ne va pas, ce qui ne fonctionne pas, pour détecter, les problèmes et les obstacles et pour réagir.

Cela peut vous conférer des goûts et aptitudes pour les actions souterraines, pour les entreprises secrètes et clandestines, pour les luttes anonymes, pour le travail au noir, pour les activités nocturnes et aussi pour les arts martiaux.

Cela peut aussi vous donner un côté secret et mystérieux, ou la croyance que vous pouvez être plus efficace si vous ne dévoiler rien de ce que vous faites ou vivez. Et vos actes sont induits par des motivations et des intentions plus profondes, en fonction d'un plan caché et de calculs subtils. Votre tendance à ne rien dire aux autres sur ce que vous faites et à vous draper d'une aura de mystère peut cependant vous empêcher de partager beaucoup de choses et vous priver de certaines aides.

Dans certain cas, Mars-Pluton engendre une tendance à regarder la vie active, vos engagements, vos combats et les différentes situations auxquelles vous avez à faire face de très loin, par rapport à l'éternité, à l'au-delà et à l'ensemble de votre existence. Une certitude que ce que vous faites ou vivez (mais aussi la façon dont vous le faites ou le vivez) produit des effets dont les conséquences perdurent longtemps après la mort du corps terrestre peut donner à votre vie un sens profond et une dimension tout à fait inhabituelle.

Si vous avez bien intégré Mars-Pluton, une force occulte provenant d'une dimension au-delà du terrestre ou un allié caché peut venir soutenir, favoriser et faciliter vos initiatives, vos engagements, vos combats et contribuer aux résultats que vous cherchez à obtenir. Votre grande expérience du développement personnel peut aboutir à un puissant éveil spirituel.

Vous pouvez avoir des goûts, des aptitudes et des talents naturels pour transformer, régénérer, de percer les secrets de la vie et de la mort, diagnostiquer, surveiller, garder, sécuriser et gérer les affaires de sécurité et d'assurance, utiliser des dons occultes ou des facultés psychiques, évacuer, pour gérer les crises et les conflits et pour vous occuper de difficultés ou de personnes en difficultés.

Votre image de l'homme est celle d'un homme authentique, ayant du caractère et de la puissance, passionné, combatif, mystérieux, secret, fascinant, envoûtant, doté d'un fort magnétisme sexuel et détenteur du pouvoir d'initier aux mystères de la vie et de l'au-delà. Si vous êtes une femme, vous pouvez avoir une certaine fascination pour l'homme à qui vous accordez toutes sortes de pouvoirs. Vous pouvez être capable de vivre avec lui des liens authentiques qui vous unissent pour l'éternité, des relations sexuelles épanouies et des expériences spirituelles fortes. Ce lien, chez vous, entre votre homme intérieur et votre besoin de développement spirituel peut se manifester d'une façon problématique, par une tendance à stimuler le côté obscur des hommes que vous rencontrez, en faisant ressortir leurs points faibles et les problèmes qu'ils n'ont pas encore résolus.

Cela peut engendrer des réactions violentes de l'autre qui se sent souvent agressé. Il est donc essentiel pour vous de prendre conscience de cette faculté que vous avez, de transformer l'homme, et de l'utiliser d'une façon consciente et positive, dans une activité thérapeutique par exemple.

ASPECT DISSONANT/DYNAMIQUE MARS-PLUTON

Il y a dans votre thème astral une relation permanente, mais discontinue, dissociée, duelle, tendue et conflictuelle, entre Mars (votre moteur, la décision, l'action, le combat) et Pluton (votre sexualité, votre besoin de transformation et d'initiation) car ces deux planètes vibrent en vous à deux fréquences totalement différentes. Chaque planète veut se vivre, à sa façon, à travers vous et tend à considérer l'autre comme une rivale ou comme une perturbatrice. Vous avez alors tendance, soit à exprimer l'une puis l'autre des planètes d'une façon excessive, soit à vivre l'une des planètes et à rejeter l'autre parce que vous la considérez comme perturbatrice, parce que vous voyez son côté sombre plus que son côté lumineux.

Tant que vous nourrissez ce conflit à l'intérieur de vous, vous récoltez le moins bon de chacune des deux fonctions psychologiques et des expériences qui y sont associées. La solution, que vous verrez plus bas dans le texte, est de vivre chaque fonction en pleine conscience et de savoir alterner rapidement et consciemment, entre chacune des deux fonctions psychologiques représentées par la planète Vous transformez ainsi une relation conflictuelle en une grande force et vous vivez cette relation de façon consciente et dynamique.

Gérer l'aspect dissocié Mars-Pluton, qui a mauvaise réputation, n'est pas une tâche facile. Il est souvent nécessaire, pour se libérer du Karma qu'il engendre et pour pouvoir vivre une vie heureuse, d'effectuer des prises de conscience et un travail d'évolution psychologique.

Ce n'est en général que lorsque vous avez atteint un certain degré de maturité, de lucidité, de pouvoir personnel et d'évolution sur le chemin de l'initiation que votre vie active et vos relations avec les hommes peuvent devenir une source de bonheur durable.

La relation Mars-Pluton a un rôle initiatique dans le sens où elle a pour objectif de vous faire prendre conscience que votre vie terrestre n'est qu'une toute petite partie de votre vie éternelle, de vous apprendre les secrets de la vie et de la mort, de vous faire prendre conscience de ce que vous avez à travailler pour évoluer, c'est à dire les déchets psychologiques qu'il vous faut purifier et évacuer, le vide qu'il vous faut remplir, les dettes karmiques qu'il vous faut payer et les pertes et transformations qui sont nécessaires à votre évolution. Si vous intégrez les transformations qui vous permettre de devenir plus authentique, si vous effectuez les prises de conscience et le travail sur votre personnalité qui sont nécessaire, cela peut déboucher sur une puissante évolution spirituelle et vous permettre d'initier autrui à ce qui leur est inconnu.

Chez la femme mais aussi chez l'homme, la relation Mars-Pluton dissociée peut engendrer une ignorance et une peur de l'homme, une crise ou un problème par rapport aux valeurs masculines.

Cela s'est parfois matérialisé par une expérience douloureuse en rapport avec un homme, par la présence d'un homme (le père, un membre de la famille, un ami, un collègue de travail ou un inconnu) que vous avez ressenti comme, ou qui fut objectivement, dévalorisant en vous balançant vos erreurs et imperfections à la figure, qui fut cassant, manipulateur, un peu sorcier, obsédé par la sexualité, qui s'est laissé dominer par ses instincts primitifs ou manipuler par ses propres démons, qui avait des problèmes plus ou moins graves ou qui est mort prématurément, de façon physique ou symbolique.

Cela peut vous donner une tendance à développer une image de l'homme violent, manipulateur, objet, sale, obscur, exclu, marginal, tourmenté, effrayant, fatal, un peu sorcier, louche, pas clair, angoissé, ne s'intéressant qu'au sexe.

La Femme peut avoir tendance à ne pouvoir vivre la relation avec l'homme qu'à travers le rapport sexuel, en le considérant comme un objet que l'on manipule et à ne pouvoir vivre avec lui qu'à travers un climat de crise (où la femme a le don de mettre l'homme hors de lui, de le dévaloriser et de le rendre violent), de conflit, de tension extrême, de problèmes et de rapports de force ou l'un domine voir écrase l'autre. Certaines femmes rejettent pour ne pas être rejeté, ou se vengent cruellement. D'autres mènent une vie tellement intense qu'elles n'ont pas la disponibilité pour vivre une relation avec un partenaire. La tendance à voir l'homme en négatif peut aboutir à un rejet ou à un dénigrement de l'homme, à un vide et une insatisfaction à ce niveau et à attirer des hommes qui sont la réplique extérieure de cette image déformée de l'homme.

Sans doute y gagneriez-vous alors à effectuer une prise de conscience quant à votre force, votre valeur et vos qualités mais aussi à développer une image de l'homme plus positive, c'est à dire une autre image de l'homme que l'aspect destructeur qu'il peut à priori vous inspirer.

Cette facette de votre personnalité peut initialement engendrer, lorsqu'elle n'est pas maîtrisée, des comportements et par conséquent des événements dans votre vie active ou dans vos relations amoureuses qui peuvent être une source de crises et de douleurs, de culpabilité et parfois d'autodestruction, des difficultés dans la vie active, des difficultés dans la prise de décision, dans la gestion de votre énergie, dans l'affirmation de soi et au niveau de l'engagement, des difficultés à vivre heureux sur Terre, des difficultés à vivre des relations harmonieuses mais aussi des difficultés pour vous transformer, pour accéder à votre vérité, pour évoluer spirituellement et pour être en paix avec vous-même de par une dissociation, un conflit ou une contradiction entre par exemple un besoin un besoin de vivre dans le présent sur le terrain et un besoin de prendre du recul, entre votre perception des faits et votre vérité profonde, entre un besoin d'agir dans le concret et un besoin d'agir dans les coulisses, entre vos instincts primaires et vos pulsions inconscientes, entre un besoin d'efficacité et un besoin de pouvoir, entre un besoin d'agir dans la matière et un besoin de suivre le chemin de l'initiation vers l'évolution spirituelle.

Vous avez alors tendance à incarner plusieurs scénarios, en alternant parfois de l'un à l'autre.

Scénario 1 : Mars domine et Pluton est rejeté ou mal intégré à votre personnalité.

Si vous êtes plutôt identifié à Mars, vous avez avant tout besoin de vivre dans le présent, d'agir et de réagir, de vous affirmer et de vous engager, d'assurer dans la réalité, de mobiliser vos énergies pour obtenir des résultats, d'extérioriser vos instincts et de faire face aux défis qui peuvent se présenter. Vous pouvez alors être très sensible aux effets perturbateurs que peuvent avoir dans votre vie le décès d'une personne qui comptait pour vous, une expérience sexuelle malsaine, les effets pervers de la jalousie, de la haine, des conflits, des rapports de force, de la guerre, de catastrophes naturelles ou de pratiques occultes malsaines, l'influence de personnes louches et dangereuses ou l'influence d'une personne qui vous a mis sur le mauvais chemin, qui vous a dévalorisé, manipulé, rejeté, trahi ou qui vous a fait menée une vie infernale.

Cela peut vous donner une tendance à attirer ce que vous redoutez et se traduire par une peur que des influences mystérieuses, qu'une une force occulte, que la fatalité, qu'une personne manipulatrice ou que vos propres démons viennent perturber ou anéantir ce que vous faîtes. Où peut être avez vous une peur bleue de la mort et des transformations? Vous avez alors tendance à nourrir vos propres angoisses et à rejeter tout où une partie de ce que représente Pluton.

Ce rejet de Pluton peut engendrer des difficultés à voir derrière les formes et les apparences, à ressentir puis à gérer les non-dits, les angoisses, les malaises et les émotions non exprimées, à analyser les événements en profondeur, à comprendre le langage de la nature ou la justice divine, à garder un secret, à être lucide, à détecter les enjeux non exprimés, les tensions et les rapports de force sous jacents, à deviner les besoins, les intentions et les motivations d'autrui, à tenir compte de votre vérité profonde et à bien vivre l'expérience de la relation sexuelle.

Vous pouvez également avoir du mal à voir les problèmes en face, à accepter les crises et transformations nécessaires à l'évolution de toute vie, à gérer crises et conflits, à vous régénérer après des moments difficiles, à percer les mystères de l'existence et à vivre l'expérience initiatique, à réagir aux pressions, aux manipulations et aux magouilles, à influencer discrètement le cours des événements ou à tenir compte de vos exigences profondes. Si votre vie n'est pas tout à fait tel que vous le souhaiteriez, peut être en trouverez vous là la cause?

Peut-être vous laissez-vous dominé ou abusé par les événements ou par des personnes présentes dans votre situation ? Mais vous pouvez être insatisfait dans votre vie active, dans vos initiatives, dans vos combats, dans votre relation avec votre père ou avec un homme, ou dans les résultats obtenus parce que vous avez l'impression qu'il y manque ce que vous refoulez, c'est à dire cette part de vérité, d'authenticité, de tension, de mystère, de suspens, d'épanouissement sexuel, de culture métaphysique ou d'expériences initiatiques qui vous sont nécessaires pour vous sentir exister.

Peut être avez vous l'impression que ce que vous vivez ne correspond pas à votre vérité profonde, à votre réalité intérieure, à vos aspirations secrètes et à vos instincts primitifs, ou encore que même s'il se passe plein de choses dans votre vie et que ça bouge, qu'il vous manque toujours quelque chose pour être satisfait. Ces sentiments de manque et d'insatisfaction peuvent produire de violentes réactions de compensations qui peuvent à leur tour vous nuire dans votre vie active.

Scénario 2 : Pluton domine et Mars est rejeté ou mal intégré.

Si vous êtes plutôt identifié à Pluton, prédomine alors chez vous un besoin de vivre selon votre vérité, d'exercer le pouvoir, d'initiation, de percer les secrets de la vie, d'être détaché de tout en vivant les choses de très loin, d'être sexuellement épanoui, de développer votre instinct de survie et de résistance à de fortes pressions, d'être lucide, de vivre intensément, de suivre votre voie personnelle sans rien devoir à personne, d'expérimenter le développement personnel et d'effectuer une recherche spirituelle. Vous pouvez être fortement sensibilisé aux effets perturbateurs que peuvent avoir la colère, l'agressivité, la combativité, l'usage de la force, la présence d'un homme, l'expression spontané de vos besoins, de vos différences et de vos instincts et le face à face avec la réalité. Cela peut vous inciter à rejeter tout ou une partie de ce que représente Mars, c'est à dire votre corps, l'expression de vos instincts ou les valeurs de combativité, d'action et d'initiative.

Vous pouvez alors avoir des difficultés à vous battre, à mobiliser vos énergies, à franchir les obstacles, à réagir de façon offensive, à être efficace, à tenir compte des réalités environnantes et des faits concrets sur le terrain ou à être pratique, fonctionnel et opérationnel lorsque vous avez affaire à l'inconnu, au mystère, à des révélations, à la mort, à de fortes pressions, à des tentations, à des tentatives d'influence et de manipulation, à des crises et problèmes, lorsque des changements et des transformations s'imposent, lorsqu'il s'agit d'exorciser vos propres démons ou ceux des autres ou lorsqu'il s'agit d'influencer le cours des événements. Peut-être refusez-vous la confrontation avec la réalité en fuyant le monde et ses combats ?

Vous pouvez être insatisfait au plus profond de vous-même parce que vous avez l'impression de ne pas réellement exister, que votre existence est monotone, qu'il ne se passe rien ou que vous ne servez à rien, que votre lucidité, votre vérité profonde, vos pulsions, votre haine ou votre dégoût, vos expériences et vos connaissances des secrets de la vie et de la mort vous empêchent de vivre ou de faire ce que vous auriez envie de faire ou chez la femme d'avoir des rapports normaux avec un homme.

Scénario 3 : Votre moteur surchauffe

Une réaction de compensation à un sentiment de manque d'événements concrets, de vie, d'aventure, d'efficacité et de résultats peut se traduire par des accès de colère non maîtrisée, par une tendance à vivre toujours dans l'urgence, par un besoin brutal d'affirmations de vos besoins et de vos instincts ou par un sentiment de révolte et de contestation généralisée. La demande et la puissance de vos instincts peuvent se manifester chez vous avec une telle intensité que vous faites parfois ce que vous faites parce que cela est plus fort que vous et parce qu'une nécessité impérieuse et irrésistible vous pousse à le faire sans que votre raison ai son mot à dire. Cela peut vous pousser à faire « n'importe quoi» ! Sans doute vous demandez-vous alors ce qui vous a pris.

Vous êtes parfois trop dépendant des événements ou tellement identifié au présent que vous vous emportez dans le feu de l'action et réagissez à toute situation ou à toute agression de façon trop instinctive, impulsive et mécanique, sans forcément être efficace. Votre force n'est alors pas toujours bien utilisée. Elle peut se traduire par un surcroît d'activité qui peut nuire à votre équilibre et par une indisponibilité qui est parfois pour vous un prétexte, de façon inconsciemment recherchée, pour ne pas faire face à vos angoisses, à vos pulsions, à votre dégoût ou à votre haine, à votre besoin d'initiation ou à votre besoin de vous transformer ou d'être transformé.

Scénario 4 : Pluton est dominant en excès.

Lorsque vous êtes identifié à Pluton, vous pouvez avoir tendance à l'être excessivement. Vous risquez alors d'amoindrir votre efficacité et les résultats que vous obtenez, ou de perdre ce pour quoi vous vous êtes battu par une tendance excessive à vouloir vivre votre part d'intensité, par vos excès ou par vos réactions de rejet. L'influence excessive de Pluton peut se traduire par une tendance à vouloir systématiquement tirer les ficelles, à manipuler votre entourage, à influencer les événements, à dominer et à transformer tout ce qui vous tombe sous la main en imposant vos décisions de façon impérieuse et en laissant rarement le choix aux autres, à faire monter la pression, la tension, le suspens et l'angoisse quand les événements vous paraissent trop calme ou à vouloir systématiquement fasciner, influencer, impressionner ou diviser pour mieux dominer.

Et lorsque vos besoins ne sont pas satisfaits, c'est parfois l'ultimatum, le drame, la crise, le chantage, les explosions de colère, la violence, la négation et le rejet en bloc. Rien ne va plus ! Ou peut être faites-vous preuve d'une mentalité policière, culpabilisante et punitive dès qu'il y a chez vous ou chez autrui une manifestation spontanée de besoins, d'affirmation, de vie et d'action ? Certains ne se sentent exister que dans des situations violentes ou infernales, que lorsqu'ils prennent des risques insensés, que lorsque qu'ils défient la mort ou la provoque, qu'en compagnie de gens pas clairs, que lorsqu'ils ont de gros problèmes, que dans des luttes perpétuelles pour le pouvoir ou que dans un climat d'intensité extrême, de tourmente, de conflit, d'excès et de crise. Chez l'homme cet aspect peut quelque fois conférer la tendance à ne voir en la femme qu'un objet sexuel permettant de satisfaire les instincts de la bête et à subir les conséquences douloureuses d'une telle attitude.

D'autres auront tendance à n'en faire qu'à leur tête, à résister aux opinions des autres et aux événements, à suivre leur voie personnelle de façon égoïste et individualiste en méprisant le reste du monde, à fonctionner selon une logique tellement différente de la logique commune que cela les

231

marginalise, à se rebeller systématiquement contre les contraintes ou contre toute forme d'autorité, à dénigrer les codes, les modèles et les idéaux admis dans leur contexte socioculturel ou à se révolter contre eux.

Mars-Pluton peut conférer la tendance à se laisser aller à une agressivité caustique, à magouiller pour satisfaire des besoins personnels en ne respectant ni les lois sociales, ni les droits de l'homme, ni les sentiments d'autrui, ni la morale, à semer le désordre et les ennuis en toutes circonstances, à détruire systématiquement les œuvres d'autrui.

Il peut engendrer une tendance à détruire ce qui a été réalisé par la force du poignet, à se laisser dominer par la jalousie, la haine, un esprit de vengeance ou par une forme de cruauté, à se lancer dans des débordements passionnels ou dans une recherche malsaine de violence et de sensations fortes au point de brûler la chandelle par les deux bouts et d'obscurcir la conscience.

Cette recherche d'initiation, d'intensité ou de violence se traduit parfois par un attrait pour la guerre, pour les stupéfiants, pour la pornographie ou le sadomasochisme, pour des expériences occultes dangereuses et par une tendance à l'auto destruction. Cet aspect peut donner une tendance, peut être par compensation à un sentiment de vide ou suite à des pulsions difficilement contrôlable, à passer de conquête en conquête sans être jamais satisfait, à vivre des passions dévorantes qui aboutissent parfois à des maladies sexuellement transmissibles ou à éprouver un rejet et un dégoût de la sexualité. Une sensibilité excessive à tout ce qui ne vas pas dans toute situation et aux problèmes rencontrés peut vous donner tendance à dramatiser, à croire que le pire va toujours arriver ou à être tout le temps en train de critiquer, de vous plaindre, de gémir et de grogner.

Une sensibilité excessive à des détails subtils qui passent inaperçus aux autres faits qu'un stimulus de très faible intensité peut vous faire réagir et que le moindre obstacle, la moindre contrariété ou le moindre désaccord peut vous agresser. Cela peut vous rendre méfiant et vous donner tendance à vous compliquer la vie.

Une tendance excessive à prendre de la distance par rapport aux événements, à les comparer de façon particulièrement critique à l'éternité, à l'au-delà ou à l'ensemble de votre existence peut vous donner l'impression que tout combat, tout engagement, toute initiative n'est qu'illusoire, temporelle, accidentelle et dérisoire. Peut-être voudriez-vous donner à vos actes une dimension d'éternité, une dimension dépassant le quotidien, tout en ayant peur de cette façon de voir chaque acte en fonction de votre vie éternelle.

Il peut parfois en résulter une croyance que votre vie concrète n'a aucun sens, que rien ne vaut vraiment la peine d'être vécu ou entrepris parce que selon vous cela ne marchera pas de toute façon et que la vie n'est qu'une farce absurde. Cela vous coupe parfois l'envie d'agir, de vous battre et de prendre des initiatives, et peut engendrer un état général d'indifférence, de rejet, mais aussi de peur, de vide et d'ennui. «On est peu de chose » dites-vous alors.

Votre efficacité peut, suite à ces comportements, être diminuée. Mais peut-être vous servez-vous mal de votre lucidité ? Peut être qu'à force de ne rien faire parce ce que les autres ou les circonstances risquent d'anéantir vos efforts, vous n'obtenez naturellement pas les résultats voulus dans votre vie ? Mais vos attitudes de rejet, de détachement et de négation ne sont t'elles pas un prétexte pour ne pas affronter la vie et pour ne pas faire face aux réalités présentes ?

Une tendance à être indifférent aux conséquences de vos actes, à vous croire tout permis, à vous croire au-dessus des lois sociales, de toute morale et des droits de l'homme peut vous donner tendance à faire n'importe quoi n'importe comment, et ce que vous semez et alors aussi douloureux que ce que vous récoltez. Votre tendance à tout le temps manipuler peut se retourner contre vous et provoquer des situations où c'est vous qui êtes durement manipulé. Il peut donc être important pour vous de ne pas poursuivre des buts douteux, des buts qui ne vont pas dans le sens de votre évolution ou de ceux de la société.

Expression positive consciente et naturelle : Lorsque vous apprenez à maîtriser cette partie de votre personnalité et à utiliser toute sa richesse et lorsque vous avez fait le chemin pour exprimer cette relation en pleine conscience et d'une manière positive. Pour transformer la relation Mars-Pluton dissociée en relation consciente et dynamique, il peut être utile d'effectuer un travail sur le rôle que doivent avoir la motivation, la prise de décision, la confiance en soi, l'engagement, la combativité et l'action au sein de votre personnalité et de votre vie mais aussi sur le rôle que doivent avoir dans votre vie et au sein de votre personnalité les notions de purification et de transformation, les pulsions instinctives, la sexualité, l'au-delà et les voyages astraux (sorties hors de corps), les forces secrètes de la nature ainsi que l'initiation aux vérités spirituelles et à votre vérité profonde. Un travail sur la conscience corporelle (Tai-chi, Tantrisme), la pratique d'un art martial et un peu de sport peut vous faire le plus grand bien. Les deux planètes peuvent être vécues dans des états d'esprit, dans des lieux ou à des moments très différents, de façon à ce que chacune rectifie l'autre au moindre excès et sans que l'une des fonctions psychologiques gène l'expression de l'autre.

Vous pouvez ainsi vivre des moments où vous faites ce que vous avez envie de faire, où vous exprimer vos instincts, où vous êtes dans l'action, où vous assurez, où vous faites face aux événements et ou vous prouvez aux autres que vous existez.

Même si votre vie peut vous paraître monotone, cela ne vous empêche pas de la vivre et de vous rattraper sur d'autres expériences qui vous permettent de vivre cette part d'intensité, de mystère, de subtilité et d'exploration de l'inconnu dont vous avez également besoin. Sachant qu'il existe au-delà des réalités concrètes du terrain une partie de votre personnalité plus profonde, plus lucide, plus authentique et plus exigeante qui demande à s'exprimer à travers vous, vous pouvez vivre d'autres moments ou vous vous investissez dans une forme d'investigation ou de recherche spirituelle, où vous allez au-delà du monde des apparences.

Vous pouvez alors vivre des expériences intenses qui correspondent à une vérité plus profonde que celle de vos désirs et de votre corps, en sachant éviter les excès dès que vous sentez votre équilibre menacé. Vous pouvez maîtriser l'art de dédramatiser sans pour autant renier. Vous pouvez aussi être capable de tempérer votre violence intérieure et de la canaliser dans une activité productive.

Bien maîtrisée, la relation Mars-Pluton peut vous conférer un ensemble d'aptitudes qui sont alors vécues d'une façon particulièrement consciente et dynamique. Cela peut par exemple se traduire, pour ce qui concerne Mars, par un dynamisme, une combativité, une capacité à vous motiver et à prendre des décisions, un courage, un sens de l'efficacité et des capacités physiques qui sont hors du commun et qui peuvent vous permettre d'atteindre une position sociale élevée et pour ce qui concerne Pluton par une capacité à faire face aux crises et aux difficultés, à lutter contre la bêtise humaine, l'injustice, la corruption, la fatalité, les « magouilles », à affronter des situations complexes, à être initié les secrets de la vie et de la mort, à manier des énergies subtiles, à vous transformer et à infléchir le cours des événements qui est au-dessus de la moyenne. Tel l'aigle volant en hauteur, vous savez garder vos distances, observer avec lucidité, puis frapper sans laisser aucune chance à l'adversaire. Votre lucidité vous permet du lutter pour des causes justes et parce que vous savez que l'on récolte ce que l'on sème, vous employez votre agressivité et votre énergie constructivement.

Lorsque la relation Mars-Pluton est vécue en conscience, vous êtes particulièrement capable de vous battre et d'être offensif voire agressif lorsque vous êtes face à une situation difficile, à des crises ou des obstacles, à des pressions occultes, à des manipulations insidieuses, lorsque votre sécurité et votre survie sont en jeu, lorsque vous êtes en temps de guerre ou face à l'ennemi, lorsqu'il s'agit d'élucider un mystère, d'influencer le cours des événements ou de parcourir les différentes étapes de l'initiation.

Votre force peut être de faire preuve d'un courage qui ne tremble devant rien. Vous pouvez être attiré par des activités comportant des combats, des risques et des dangers, procurant des sensations fortes ou pouvant vous permettre de vaincre la peur et de défier la mort. Vous disposez souvent d'une énorme réserve d'énergie que vous puisez dans les profondeurs de votre inconscient. Cette énergie peut vous rendre capable de grandes réalisations et vous conférer de puissantes capacités de travail.

Vous avez cependant parfois d'être en situation de crise pour vous motiver à agir. Vous tirez votre force de votre énergie sexuelle et vous avez des besoins sexuels puissants. De cette maîtrise de la sexualité peut naître une aptitude à influencer votre entourage, un certain magnétisme, une aptitude à manier des énergies subtiles ainsi qu'un épanouissement sexuel pour vous et votre partenaire.

Cette énergie peut vous aider à faire face dans tout ce qui est « guerres psychologiques» grâce à un système de missiles à têtes chercheuses que vous envoyez sur l'adversaire. Votre puissante agressivité et l'énergie occulte dont vous disposez peuvent vous conférer des facilités pour agir et lutter dans l'astral, pour quitter votre corps et pour faire des voyages astraux. Votre capacité à exercer des pressions, à résister à de fortes pressions et à vous régénérer rapidement après une expérience pénible ou des efforts épuisants vous confère une grande résistance dans les situations difficiles.

Une volonté puissante, une ténacité dans vos décisions et un besoin compulsif et parfois obsessionnel d'être vainqueur vous permet de vous fixer des objectifs et de poursuivre votre voie sans défaillances, jusqu'aux résultats et à la victoire, quitte à écarter tout ce qui pourrait vous contrarier ou à éliminer la concurrence avant qu'elle ne devienne dangereuse. La fin pour vous justifie les moyens. Vous avez parfois le besoin irrésistible de dominer, d'imposer vos décisions, de manipuler votre entourage en tirant les ficelles dans l'ombre, de faire monter de suspens et la pression, d'impressionner, de fasciner, de captiver, de transformer ou de détruire pour recréer. Cela peut vous permettre de jouer le rôle d'un agent de transformation dans la société.

Mars-Pluton vous confère une grande lucidité dans vos engagements, dans vos combats et dans votre vie active. Votre flair, qui est particulièrement fonctionnel parce que tenant compte des faits concrets, peut parfois prendre la forme d'un don de voyance. Vous êtes sensible à l'envers du décor, aux énergies subtiles et à ce que les faits dissimulent qu'à ce qu'ils révèlent. Votre tendance à agir en fonction de détails qui passent inaperçus au plus grand nombre fait qu'une stimulation de très faible intensité peut vous faire réagir, vous irriter ou vous faire sursauter, et qu'un rien peut vous agresser. Cela peut être pratique sur un champ de bataille, pour manier des substances toxiques ou des énergies invisibles, dans le combat contre les forces occultes de la terre. Vous savez ainsi voir derrière les apparences, détecter les tensions, les rapports de force, les manifestations d'agressivité, les enjeux non exprimés et les intentions cachées, deviner les besoins et motivations d'autrui et repérer les causes subtiles responsables des situations auxquelles vous avez à faire face. Votre grande sensibilité aux défauts et faiblesses de la nature humaine vous rend quelque peut méfiant. Vous pouvez également être particulièrement fort dès qu'il s'agit de disséquer une situation ou un objet, pour voir ce qui ne va pas, ce qui ne fonctionne pas, pour détecter, les problèmes et les obstacles et pour réagir.

Cela peut vous conférer des goûts et aptitudes pour les actions souterraines, pour les entreprises secrètes et clandestines, pour les luttes anonymes, pour le travail au noir, pour les activités nocturnes et aussi pour les arts martiaux. Cela peut aussi vous donner un côté secret et mystérieux, ou la croyance que vous pouvez être plus efficace si vous ne dévoiler rien de ce que vous faites ou vivez. Et vos actes sont induits par des motivations et des intentions plus profondes, en fonction d'un plan caché et de calculs subtils. Votre tendance à ne rien dire aux autres sur ce que vous faites et à vous draper d'une aura de mystère peut cependant vous empêcher de partager beaucoup de choses et vous priver de certaines aides. Dans certain cas, Mars-Pluton engendre une tendance à regarder la vie active, vos engagements, vos combats et les différentes situations auxquelles vous avez à faire face de très loin, par rapport à l'éternité, à l'au-delà et à l'ensemble de votre existence.

Une certitude que ce que vous faites ou vivez (mais aussi la façon dont vous le faites ou le vivez) produit des effets dont les conséquences perdurent longtemps après la mort du corps terrestre peut donner à votre vie un sens profond et une dimension tout à fait inhabituelle. Si vous avez bien intégré Mars Pluton, une force occulte provenant d'une dimension au-delà du terrestre ou un allié caché peut venir soutenir, favoriser et faciliter vos initiatives, vos engagements, vos combats et contribuer aux résultats que vous cherchez à obtenir. Votre grande expérience du développement personnel peut aboutir à un puissant éveil spirituel.

C'est à travers vos expériences concrètes dans la vie active que vous ferez l'apprentissage de l'initiation, de l'au-delà et des forces secrètes de la nature. Mars-Pluton peut vous permettre de travailler dans des activités en lien avec les mines et les métaux, les sciences occultes, les mystères et l'initiation (voyance, tarologie, radiesthésie, magnétisme, parapsychologie), l'astrologie, la psychanalyse ou la psychiatrie, les arts martiaux, la sexualité (sage femme, gynécologue), la spéléologie et les forages, en rapport avec certains domaines paramédicaux (stérilisation, chimie, alchimie, dentiste, chirurgie, virologie, acupuncture) la mort et les sinistres (assurances, pompes funèbres, suivi de deuil). Il peut être canalisé par des activités en rapport avec les exclus, les marginaux, les gens qui ont des problèmes ou qui sont classés problématiques par la société (métiers sociaux), en rapport avec la sécurité et la lutte contre les gens manipulés par leurs propres démons (police, armée, agents secrets, criminologues, agents de sécurité et de surveillance, gardiennage), en rapport avec l'investigation, le sondage et l'enquête (détective ou enquêteur), en rapport avec l'abattage, la boucherie et la charcuterie, en rapport avec l'évacuation des ordures ménagères, en rapport avec la transformation des métaux ou d'autres matières, ou en rapport avec la justice, la répression des fraudes et le contrôle.

Bien vécu, Mars-Pluton à la femme de vivre avec l'homme des rapports intenses, passionnants, authentiques, synonyme d'une excellente entente sur le plan sexuel, de révélations et d'expériences initiatiques. Elle attend plus ou moins consciemment de l'homme qu'il la protège de façon quasi occulte, qu'il lui fasse des révélations sur les mystères de la vie et de la mort, qu'il la domine, qu'il la transforme et qu'il la rapproche de sa vérité profonde.

BIBLIOGRAPHIE

L'art de l'interprétation en astrologie
Transits planétaires et destinée
Georges Antares

L'astrologie, la psychologie et les 4 éléments
Astrologie, Karma et transformation
Les cycles astrologiques
Stephen Arroyo

Traité pratique d'astrologie
Soleil et Lune et Uranus et Neptune
André Barbault

Les transits
Sylvie Beauget

Les aspects astrologiques
Bernard Blanchet

Dictionnaire astrologique
Henri G Gouchon

L'Astrologie
Joëlle de Gravelaine

Saturne
Liz Greene

Saturne et Uranus/Pluton
Astrologie mondiale
Hadès

La condition Solaire
Jean Pierre Nicolas

Le cycle de la lunaison
Le rythme du zodiaque
Dane Rudyar

COURTE BIBLIOGRAPHIE HISTORIQUE

Anthologies
Vétius Valens

Tetrabiblos
Ptolémée

Six traités astrologiques
Masha Allah

Astrologica Gallica
Morin de Villefranche

Astrologie Chrétienne
William Lily

Services proposés en Développement Personnel

Outils de conscience

Votre Diamant de Naissance

En tant qu'être humain créé par la Source, vous êtes un Diamant qui ne demande qu'à briller ! Pour faire briller le Diamant que vous êtes, il est nécessaire de polir, c'est à dire de prendre conscience, puis d'exprimer, chacune de ces facettes ! Véritable outil de connaissance de soi, ce « Thème Numérologique », basé sur votre nom+prénom+date de naissance, vous révèle dans toutes vos dimensions…et surtout dans celles qui vous sont inconnues, à travers les 22+1 facettes de votre être. Environs 25 pages.

Votre Thème Astral Approfondi

Votre thème de naissance représente la structure et le cheminement de votre âme, mais aussi ce qu'elle a choisi de rencontrer comme expériences. Axé sur la dimension psychologique et karmique, ce thème astral révèle votre structure, vos fonctionnements, vos atouts, vos contradictions et vos possibilités d'expression. Il vous aide à comprendre certaines difficultés et schémas de vie répétitifs, afin de les résoudre. 120 pages.

Votre Thème annuel

Chaque année (à la date de votre anniversaire), un nouveau thème se dessine pour vous…c'est votre Révolution solaire (nouvel ascendant, nouvelles configurations planétaires). Elle est le paysage de votre année, avec ses propositions, ses potentialités à exprimer, ses difficultés à transcender. Cette étude offre un éclairage sur votre année. Elle vous aide à l'optimiser et à lui donner du sens. Environs 15 pages.

Plus d'infos sur http://www.coaching-evolution.net

Sur demande par mail à : jacksoneric@neuf.fr ou 06 62 51 32 26